RITMO AL ÉXITO

RITMO AL ÉXITO

Cómo un inmigrante hizo
su propio sueño americano

EMILIO ESTEFAN

A CELEBRA BOOK

CELEBRA
Published by New American Library, a division of
Penguin Group (USA) Inc., 375 Hudson Street,
New York, New York 10014, USA
Penguin Group (Canada), 90 Eglinton Avenue East, Suite 700, Toronto,
Ontario M4P 2Y3, Canada (a division of Pearson Penguin Canada Inc.)
Penguin Books Ltd., 80 Strand, London WC2R 0RL, England
Penguin Ireland, 25 St. Stephen's Green, Dublin 2,
Ireland (a division of Penguin Books Ltd.)
Penguin Group (Australia), 250 Camberwell Road, Camberwell, Victoria 3124,
Australia (a division of Pearson Australia Group Pty. Ltd.)
Penguin Books India Pvt. Ltd., 11 Community Centre, Panchsheel Park,
New Delhi - 110 017, India
Penguin Group (NZ), 67 Apollo Drive, Rosedale, North Shore 0632,
New Zealand (a division of Pearson New Zealand Ltd.)
Penguin Books (South Africa) (Pty.) Ltd., 24 Sturdee Avenue,
Rosebank, Johannesburg 2196, South Africa

Penguin Books Ltd., Registered Offices:
80 Strand, London WC2R 0RL, England

First published by Celebra,
a division of Penguin Group (USA) Inc.

First Printing (Spanish Edition), January 2010
10 9 8 7 6 5 4 3 2

Copyright © Estefan Enterprises, Inc., 2010
Foreword copyright © Quincy Jones, 2010
Translated by Karelia Baez
All rights reserved

CELEBRA and logo are trademarks of Penguin Group (USA) Inc.

Celebra Spanish edition hardcover ISBN: 978-0-451-22643-3

The Library of Congress has catalogued the English-language hardcover edition of this title as follows:
Estefan, Emilio.
    The rhythm of success: how an immigrant produced his own American dream/Emilio Estefan.
      p.   cm.
    ISBN 978-0-451-22642-6
    1. Success—United States.   2. Immigrants—United States.   3. Hispanic Americans.
4. United States—Emigration and immigration—Economic aspects.   I. Title.
    BF637.S8.E88 2010
650.1—dc22   2009031730

Set in Simoncini Garamond
Designed by Ginger Legato

Printed in the United States of America

*A cualquier joven con el sueño de convertirse algún día
en el primer presidente hispano de los Estados Unidos.*

AGRADECIMIENTOS

Las siguientes personas han jugado un papel importante en mi vida y quisiera darles las gracias por su amor y su apoyo:

Carmen y Emilio Estefan —porque sin ellos, esta historia no sería posible.

Gloria, Nayib y Emily Estefan

José "Papo", Patricia y Jennifer Estefan

Gloria Fajardo

Lili, Lorenzo, Lorenzito, Lina (Angelina) Luaces

Juan "Michy" Estefan

Rebecca Fajardo

Frank Amadeo

Ricardo Dopico

Cathleen Farrell

Quincy Jones

Phil Ramone

Tommy Mottola

Janet de Armas

José Maldonado

Raymond García

Todo el personal de Estefan Enterprises, Inc.

El personal de Crescent Moon Studios.

ÍNDICE

PREFACIO

Emilio Estefan es el embajador de la música latina en los Estados Unidos. Él tiene un sentido tan profundo de orgullo y herencia, que emana de cada cosa que toca. Todos sus grandes éxitos han sido posibles gracias a una sola razón: Hace lo que ama.

Me identifico con Emilio de tantas maneras. Cuando era pequeño, no había ningún ídolo negro haciendo lo que haría yo algún día. La verdad es que cuando yo era chico, lo único que quería era ser gángster. Me metí en todo tipo de problemas, pero recuerdo con claridad el día en que mi vida cambió. Cuando tenía once años me metí sin permiso en un centro de recreación local y entré a una de las oficinas de la administración, donde en una esquina oscura encontré un piano. Casi salgo del lugar y cierro la puerta tras de mí, pero gracias a Dios oí una voz en mi cabeza que me dijo: "Idiota, regresa a la habitación". Abrí la puerta, me senté en el piano y lentamente puse mis dedos sobre el teclado y comencé a tocar. En ese instante, todo mi cuerpo me dijo que la música siempre formaría parte de mi vida, mi corazón y mi alma. Antes de eso había tocado instrumentos en la escuela, pero en realidad no sabía cómo tocar música. Simplemente siempre me había encantado. Pero en ese momento supe, de la misma manera en que sabía que necesitaba comida y agua para sobrevivir, supe que siempre necesitaría la música para vivir. Doy gracias a Dios que a los once años ese piano me salvó la vida.

Cuando Emilio estaba creciendo en los Estados Unidos, no existían magnates latinos de la música para que él emulara. Él también tuvo que crear su propio sueño. Emilio descubrió su amor por la música a una temprana edad con un acordeón. Sabía que la música corría en sus venas y que la llevaría en sí durante toda su vida. Al igual que yo, su vida cambió a los once años. Él tuvo que dejar Cuba con la responsabilidad de traer a su familia a los Estados Unidos. Aunque Castro lo robó de su vida, su cotidiancidad, no pudo quitarlc su pasión por la cultura, su determinación por triunfar y su amor por la vida. Emilio llegó a los Estados Unidos y transformó la música latina en una fascinación cultural con Miami Sound Machine. Le abrió las puertas a muchos nuevos artistas como Ricky Martin y Shakira y ayudó a preservar la increíble influencia de la música cubana a través de leyendas como Israel "Cachao" López y Celia Cruz.

Yo entiendo muy bien a Emilio porque me encanta la música cubana. No es como el jazz. Tiene influencias clásicas, africanas, de rumba y tantas otras. A los diecinueve años tuve la suerte de ir a Cuba, cuando Batista era presidente, y allí comprendí realmente los orígenes de estos sonidos tan increíblemente técnicos y conmovedores. La gente, los colores y la música de la isla siempre permanecerán conmigo. Para cuando tenía veintidós años, yo ya estaba tocando con Dizzy Gillespie y algunos de los mejores percusionistas cubanos de todos los tiempos, como el conguero máximo Carlos "Patato" Valdez, que estaba en mi banda, el talentoso Candido Camero y el innovador Cano Pozo. A comienzos de los cincuenta, iba con Brando al Palladium todos los domingos a ver a los gigantes de la música latina, como Chico O'Farrill, Tito Puente, Johnny Pacheco, Machito, Mario Bauzá e innumerables leyendas más. Aquella música quemaba la pista de baile como si fuera fuego, te digo. Esa es la energía que Emilio lleva por dentro.

He tenido el honor de arreglar y grabar con algunos de los artistas musicales más grandes de la historia, tales como Ella Fitzgerald, Louis Armstrong, Aretha Franklin, Lionel Hampton, Sarah Vaughan, Ray Charles, Count Basie, Duke Ellington, Billy Holiday y Miles Davis, por nombrar sólo a unos cuantos. Descubrí a una nueva generación de talentosos artistas como el incomparable Michael Jackson, Oprah y Will

Smith. A lo largo de los años, he conocido y he trabajado con miles de personas extraordinarias en todo el mundo. Y te digo, sientes algo especial cuando llegas a conocer a alguien que es tan real. Emilio es real de verdad. Su extraordinaria esposa, mi hermanita Gloria, su hijo y mi chico Nayib, y su hija y mi preciosa ahijada Emily son realmente mi familia, mi sangre. Siempre tendrán mi amor eterno.

He vivido toda mi vida según el principio fundamental que dicta: "Ni una gota de mí depende de tu aceptación de mí". Como Emilio y yo tuvimos que crear nuestros propios caminos, tuvimos que creer en nuestros sueños sin importar lo que dijeran los demás. Nos sobrepusimos a todos los obstáculos para que se oyera nuestra música. La música que estábamos tocando no tenía nada que ver con el dinero o la fama. Créeme, en aquella época no se tocaba bebop o música cubana para hacerse rico. Simplemente hacíamos lo que amábamos. Nuestro éxito tenía un ritmo. Simplemente lo escuchamos y lo seguimos. Y, si hay alguien que puede inspirarte a escuchar tu propio ritmo del éxito y a seguirlo, esa persona es mi hermano Emilio Estefan.

En las páginas siguientes aprenderás mucho acerca de un hombre extraordinario, pero más importante, aprenderás de tu propio y extraordinario potencial.

Quincy Jones

RITMO
AL ÉXITO

Emilio Estefan nadando a los seis años en Cuba

Introducción

Mi infancia duró once años. Sé exactamente en qué instante terminó. De pie, oculto tras una puerta en nuestra casa, escuché a mis padres hablar de la situación que aguardaba a nuestro país y eventualmente a nuestra familia. Si tomas en cuenta que este episodio tenía lugar a mediados de los años sesenta y que el país en el que vivíamos era Cuba, sabrás que no oí nada alentador, nada que revelara optimismo respecto a los años por venir. Las voces de mis padres denotaban tal preocupación que me invadió el temor. Muchas personas de nuestro círculo cercano ya se habían marchado de Cuba, incluyendo niños que asistían conmigo a la escuela, y otras lo estaban planeando con discreción. Reinaba la incertidumbre.

Aunque al principio me asustó lo que escuché, rápidamente sentí que me llenaba una extraordinaria sensación de propósito. En los breves segundos que siguieron dejé de ser un niño. Me hice hombre en el acto.

Mientras mis padres hablaban sobre la revolución de Castro y el rumbo que estaba tomando, supe lo que tenía que hacer. Iba a tener que asumir una gran responsabilidad y dejar mi país si quería que mi familia tuviera un futuro del que disfrutar juntos. Como todos los padres, los míos estaban preocupados por sus hijos. En aquel entonces, mi hermano mayor, que ya estaba en edad militar, estudiaba ingeniería en la universidad y de ninguna manera el gobierno lo dejaría salir de Cuba. Pero a mí me faltaban varios años para llegar a la edad de cumplir el servicio militar obligatorio; era lo suficientemente joven para irme. Aquel día no tenía un plan definido, sólo la convicción de que abandonar Cuba era mi única opción para lograr vivir en un mundo libre. De que era la única esperanza de mi familia.

¿Qué significa el concepto de la libertad para un chico de once años? No podría haber opinado sobre el gobierno constitucional ni sobre la vida, la libertad y la búsqueda dc la felicidad. Simplemente sabía que la libertad era un lugar donde los soldados no llegaban a tu hogar y arreaban a las personas a punta de ametralladoras —algo que le acababa de ocurrir a mi familia. Sabía que la libertad era un lugar donde el gobierno no podía, sin más ni más, quitarte el dinero sólo porque esa era su voluntad —los soldados habían venido buscando dólares estadounidenses en nuestra casa. En aquel momento, de pie en el umbral del cuarto de mis padres, probablemente no habría podido dar un nombre a la libertad pero estaba seguro de que existía en los Estados Unidos de América y de que mis seres queridos dependían de mí para encontrarla.

El objetivo a largo plazo sería reunir a nuestra familia en Estados Unidos. Yo no podía salir solo y mi madre no queria dejar a sus padres. Por tanto, quedábamos mi papá y yo. Él tendría que convencerla de que nos dejara ir, hacerle ver que debíamos separarnos para poder tener juntos un futuro en libertad. En vísperas de la invasión de Bahía de Cochinos y en momentos en que el estado de las relaciones entre Cuba y Estados Unidos era deplorable, necesitábamos hallar un tercer país en el que vivir provisionalmente, y acordamos que sería España.

Cuba se encuentra a sólo noventa millas de la Florida. A la vez tan cerca, y tan lejos. Yo solía observar el agua que besaba la arena de nuestras bellas playas cubanas e imaginar que había acariciado la costa de Estados Unidos, ¡todo parecía tan cercano! También acostumbraba a mirar el cielo y pensar en que personas de todo el mundo contemplaban el mismo firmamento. Sólo que ellas lo hacían a través de los ojos de la libertad.

Aquellos fueron tiempos horribles para mí. Tenía la responsabilidad de tomar una decisión. Mi padre no era un hombre de hacer planes; mi madre no quería que nos fuéramos. Ella se sentía muy confundida, a la vez que no quería dejar a su papá aunque al fondo supiera que era lo correcto para mi papá y para mi. Cuando finalmente llegó el día de abordar el avión y partir en un vuelo desde La Habana, mi corazón estaba destrozado.

Mientras me encaminaba hacia lo desconocido lo que más temía era no volver a ver jamás a mi madre. Cuando los abracé, a ella y a mi hermano en la despedida, no sabía si nos reuniríamos otra vez. Pensé que aquel podría ser el último abrazo que les daría. Al echarme al cuello de mi abuelo y decirle adiós, tuve la sensación de estar enterrando a alguien en vida. Lo miré a los ojos y presentí que no lo vería nunca más.

Tenía razón.

A medida que el avión se desplazaba por la pista para despegar, mi mano se fue incrustando en el cristal de la ventanilla, y la tristeza me agobió. No había regreso. Fue raro ver a otras personas en el avión, algunas felices y sonrientes con sus familias, de vuelta a España. Yo no podía decir si retornaría un día a mi hogar. No tenía idea de lo que el futuro me deparaba.

Mi padre y yo pasamos momentos muy duros en España. Estuvimos a punto de quedarnos en la calle y casi a diario comíamos en un comedor de beneficencia. No teniamos permiso de trabajo asi que era imposible mantenernos. Fue el año y medio más difícil de mi vida. Pero tenía la certeza de que al final la lucha valdría la pena. Dieciocho meses después viajé solo de España a Miami con la esperanza única de reunir a mi familia. Esa ilusión nunca flaqueó, pero mi viaje estaba aún lejos de terminar. Durante toda esa etapa y aún mucho después me impulsó la misma energía y persistencia que me imbuyó cuando tenía once años y oí a mis padres hablar sobre la fatalidad que se cernía sobre Cuba.

Aunque fue un período muy difícil, sigo agradecido a España por brindarnos nuestro primer refugio. Y valoro esa experiencia, mismo fue dolorosa para mi, porque establecí los principios que me han guiado.

De vez en cuando suceden ciertas cosas que me recuerdan lo lejos que he llegado y lo afortunado que he sido en la vida. Hace un tiempo, Gloria y yo vacacionábamos con nuestra hija Emily y volamos desde la bella ciudad de Praga, en la República Checa, a Madrid. Emily tenía casi la misma edad que yo tenía al arribar, cuatro décadas atrás, con mi padre. En un instante me sentí abrumado por una sensación de lo ya visto, y luego, una mezcla de emociones. Sentí tristeza, pero a la vez un increíble sentimiento de alegría y orgullo al verme llegar al aeropuerto con mi propia familia y constatar cuán diferente era mi realidad del momento en que atravesé aquel pasillo por primera vez con mi padre. Había completado un círculo en la vida. Esto me hizo percibir con mayor claridad que nunca que la decisión que había tomado de dejar Cuba cuarenta años antes, había sido la correcta. Porque gracias a aquella decisión, mi familia ahora podía vivir en libertad.

En el fondo, sigo siendo el mismo de entonces; decidido, lleno de vida y energía, y listo para enfrentar cualquier desafío que la vida me ponga en el camino. Si de joven era un inmigrante lleno de ilusiones en busca de libertad, de mayor vivo hoy el sueño americano junto a una esposa maravillosa, con quien he compartido treinta años de matrimonio y mis dos bellos hijos.

Espero que en este libro encuentres la filosofía que me ha guiado, la que me ha ayudado a alcanzar el éxito en el ámbito profesional y una inmensa felicidad en el plano personal. Mis valores forman los cimientos para todas mis acciones y siempre he sabido que la mejor garantía para obtener un resultado positivo es adoptar una actitud positiva desde que te planteas la meta. Hace mucho tiempo que aprendí cómo tornar lo negativo en positivo y cómo revertir las cosas. Soy además un practicante convencido de la planificación a largo plazo, como muestran estas historias que acabo de contar.

Sobre todo, siempre he seguido mi corazón y mi intuición. He hecho lo que me gusta y creo en mí, en mis ideas y en mis sueños.

Juntos, Gloria y yo hemos trabajado muy duro para crear una empresa tremendamente exitoso que abarca editoras musicales, restaurantes, hoteles, y la producción de música cine y televisión. Pero no vine a este país con el objetivo de lograr fama y fortuna.

Vine en busca de libertad. Siempre he tenido presente mi herencia cultural y el lugar del que provengo es parte esencial de quien soy. No he imitado; he creado. Como percusionista puedo decir que he trabajado a mi propio compás —es lo que emprende el ritmo de mi éxito.

Los primeros compases de ese ritmo sonaron cuando yo era aún muy joven, mientras pasaba de niño a hombre viviendo la experiencia de ser dos veces inmigrante. Cuando me veas lucir feliz, seguro de mí mismo y sonriente en una foto, piensa en aquel niño que dejaba atrás a su madre, aterrorizado de no volver a verla nunca más. Porque sin el uno, no existe el otro.

CAPÍTULO UNO

Asume la responsabilidad

S oy un empresario y todos los empresarios nos parecemos en algunas cosas. Se me ocurren cuatro: Nos arriesgamos, pensamos en grande, somos creativos y somos ingeniosos. Quizás hay otra similitud. No nos podemos quedar tranquilos y somos un poquito impacientes. Pero voy a dejar esas ideas a un lado por el momento (¡sea paciente!) y hablaré de una cualidad que no todos compartimos.

Lo que no todos los empresarios tienen es sentido de responsabilidad, ya sea por sí mismos, por el proyecto que tienen entre manos o por las personas que trabajan para ellos. Una de mis convicciones más arraigadas es que la responsabilidad es una virtud esencial en la fibra de un empresario. Y no solamente es importante para las personas que buscan tener éxito en los negocios. Toda persona que desea alcanzar algo en general, necesita ser resuelta, tomar decisiones y responder por ellas.

Cuando somos pequeños respondemos sólo por nosotros mismos. La infancia debe ser una época despreocupada y feliz. A medida que crecemos, nuestra cartera de problemas se va abultando hasta llenarse y casi estallar. Como parte de una familia, uno tiene al menos parcialmente algo de responsabilidad por el bienestar de cada uno de sus integrantes. Para un niño, esto puede significar cumplir algún que otro encargo o ayudar en los quehaceres de la casa. Luego, cuando obtienes un empleo, tienes obligaciones con la gente que confía en que hagas bien tu trabajo. Al formar tu propia familia, ya sientes una verdadera presión por garantizar el sostén de tus seres queridos. Siempre he tenido un enorme sentido de responsabilidad. Creo que se reveló por primera vez aquel día en que, a la entrada del cuarto de mis padres, los escuché hablar de nuestro futuro. Decidí que sería yo quien sacaría a mi familia del país, y me atuve a mi decisión hasta que cumplí cabalmente la tarea. Eso es asumir la responsabilidad.

Me vi obligado a decidir y a comportarme como un adulto a tan temprana edad porque sabía que mi padre no iba a dar un paso. Yo lo amaba con la vida —el me enseñó todo— pero mi padre no era hombre que asumiría una responsabilidad tal como esa. Era un jugador profesional que vivía la vida minuto a minuto. No hacía planes para el futuro porque consideraba que el futuro se encargaría de todo por sí mismo, y así es si uno lo deja al azar. Era un hombre extremadamente generoso y me enseñó que era mejor dar que recibir. Toda su vida, si mi padre obtenía algún dinero, lo regalaba. Incluso cuando estábamos en la miseria, si tenía dos dólares, daba uno. Años después, cuando vivíamos juntos en Miami, yo le regalaba cosas —relojes finos, carros de lujo— y luego nunca los volvía a ver. Él se los daba a alguien que, en su opinión, lo necesitaba más que él. Mi padre quería morir con un par de zapatos y un traje como sus únicas posesiones y así fue, pese a todos mis esfuerzos.

Aunque entonces era muy joven, yo ya estaba consciente de la opresión que existía en Cuba. La gente tenía miedo. Debido al sistema comunista, por mucho tiempo no había transacciones comerciales reales en la isla, no existía la libre empresa y los negocios legales estaban siendo confiscados por el gobierno. Antes de la revolución, mis padres habían montado un negocio en casa, cosiendo ropa interior para una tienda, de uno de los hermanos de mi padre. Después de la revolución, nos dedicamos más de lleno al negocio, hasta que el régimen comunista tambien lo confiscó.

Parecia que a más y más personas se les quitaba su medio de sustento. Los empresarios, gente como mi abuelo que siempre habían trabajado por cuenta propia, hallaban difícil, por no decir imposible, trabajar para otros que no tenían ni la más mínima idea de cómo administrar un negocio. La mayoría de las empresas simplemente empezaban a fracasar. La debacle económica y la salida del país se convirtieron en los principales temas de conversación en casa de mi abuela Julia.

La moneda cambió de dólares a pesos cubanos, y quienes tenían dólares tenían que convertirlos en pesos. Era ilícito poseer dólares estadounidenses, o cualquier otra divisa extranjera, en realidad. Un día, soldados fuertemente armados entraron en mi casa y quedé pasmado con su manera de proceder; fueron tan groseros y agresivos. Yo no entendía lo que sucedío. Se dirigieron al dormitorio de mis padres. Un cuadro colgaba de la pared, y detrás de él había una caja fuerte empotrada. Los soldados tumbaron el cuadro y vieron la caja fuerte. Por supuesto, automáticamente dieron por sentado que mis padres escondían dólares y que mi padre estaba haciendo algo ilegal.

Uno de los soldados nos empujó a todos hacia fuera, hasta el patio trasero de la casa. Los tipos no estaban de humor para escuchar explicaciones; tampoco nosotros estabamos muy deseosos de ofrecerlas. Después de tenernos afuera por unos minutos, los soldados llamaron a mi padre. A esas alturas todos estábamos ya muy tensos, cuando oímos a mi papá discutir con un soldado. Mi padre había olvidado la combinación de la caja fuerte. Hacía años que no la usaba, ¿por qué habría de recordarla? Esto empeoró las cosas. Los soldados nos obligaron a sentarnos. Pusieron una carga de dinamita en la caja y la volaron para abrirla. Dentro solamente hallaron algunas joyas antiguas de mi madre y un montón de papeles, nada de valor, y mucho menos nada ilícito.

Daba la impresión de que los agentes del gobierno habían puesto ahora la mirilla sobre mi padre. Mi familia había sido estremecida un poco antes por la detención de uno de mis primos, que había acudido a una embajada extranjera en La Habana para tratar de conseguir una visa. Mi tía, que había ayudaba a mi primo, terminó pasando veinte años en la cárcel por ello. Cada mes que pasaba los riesgos aumentaban.

Muchos de mis amigos y compañeros de escuela ya se habían marchado. Esto sólo sirvió para reafirmar mi resolución de irme. Miles de niños salieron de Cuba solos. Entre 1960 y 1962, 14.000 niños viajaron de Cuba bajo la Operación Pedro Pan, el éxodo de menores sin acompañantes más grande que jamás se haya producido en el hemisferio occidental. Cerca de la mitad de ellos se reunió con sus familiares en Estados Unidos, mientras los otros fueron alojados en hogares de familias adoptivas norteamericanas que los cuidaron hasta que sus padres o miembros de sus familias pudieron salir. Muchos de ellos no vieron a los suyos por años y años. Algunas familias quedaron separadas para siempre.

Sé que a mis padres les aterrorizaban especialmente esta posibilidad. De todos modos, después de la crisis de los misiles de Cuba en octubre de 1962, se hizo imposible viajar a los Estados Unidos durante tres años. Todos los viajes entre los dos países se suspendieron hasta fines de 1965, cuando ambos gobiernos convinieron en establecer un puente aéreo para todos los cubanos que quisieran trasladarse a Estados Unidos. Pero no fue tan fácil. Aunque los Vuelos de la Libertad se mantuvieron hasta los años setenta, no todo el que quería pudo irse; como mi hermano, por ejemplo.

Mi hermano Papo estuvo a punto de ser un Pedro Pan. Cuando el programa comenzó, solicitó su pasaporte y la familia se preparó para su partida. Tenía entonces catorce años. El gobierno no dejaba salir del país a los jóvenes de entre dieciséis y treinta años de edad porque podrían ser necesarios para servir en el ejército, por lo que el tiempo de Papo se estaba agotando. Pero cuando obtuvo su pasaporte resultó inválido porque habían escrito incorrectamente el apellido. Cumplió dieciséis antes de que se le expidiera un nuevo pasaporte y Papo no se pudo ir. Pasarían otros veinte años antes de que pudiera salir de Cuba.

A mi familia le tomó muchísimo tiempo acostumbrarse a la idea de tener que abandonar el país. Quizás porque, tanto por la línea paterna como por la materna, habían llegado a Cuba desde otros países, se resistían a aceptar irse tan rápido. Habían venido en busca de una vida mejor y la habían construido a base de esfuerzo y trabajo arduo. Tanto los padres de mi padre como los de mi madre habían arribado a Cuba cuando ésta era aún una nación joven. Mi abuelo materno no quería ser inmigrante otra vez.

Cuba había alcanzado la independencia de España apenas medio siglo antes de la revolución. Creo que mis abuelos, e incluso mis padres, pensaban que a eso se debía lo que estaba sufriendo la república naciente, dolores del crecimiento, por así decir. Muchos de nuestros conocidos, que se quedaron durante aquellos primeros años, creían que Castro no era tan malo como algunos pensaban o que eventualmente sería derrocado. No todo el mundo veía en la revolución una amenaza inminente para su modo de vida.

Para mi madre, partir estaba completamente fuera de discusión porque sus padres no se querían ir y mi hermano no podía. Algunos miembros de mi familia comenzaron a dejar la isla. Muchos parientes de mi padre, sus hermanos y sobrinos, trabajaban en negocios particulares y empezaban a sentir la presión del gobierno comunista, sospechando que sus pequeñas empresas privadas serían confiscadas.

La primera en irse fue la hermana mayor de mi padre, Isabel —a la que todos llamábamos Javivi (como *habibi* que significa "mi amor" en árabe) y su esposo, mi tío Pepe Medina. Él era dueño de un concesionario de automóviles y llevaban una vida relativamente holgada. Las actividades políticas de mi tío, quien escribía artículos y se expresaba en contra del régimen de Castro, los forzaron a decidir la salida. Fueron los primeros en irse y pasaron muchos años trabajando duro en empleos de baja categoría en Miami, para hacer el dinero necesario para sacar a tantos miembros de la familia como fuera posible.

Todo esto sucedía como trasfondo en el momento en que oí tras la puerta a mis padres aquel fatídico día. Fui hasta donde estaba mi madre y le dije que yo tenía que irme para poder lograr la salida de todos. Mi mamá vio que yo estaba absolutamente resuelto a marcharme de Cuba y entre todos se decidió que tratarían de sacarme, junto con mi padre. Alguien en la familia se dio cuenta de que teníamos posibilidad de conseguir entrada en España. Mis abuelos habían nacido allá, por lo que mi madre era eligible para una visa española y esto nos permitiría a mi padre y a mí obtener una visa para viajar a España. Después de decidirnos por España, nos enteramos de que muchos cubanos estaban haciendo lo mismo.

Mis padres comenzaron a tramitar el papeleo en la embajada española en La Habana y mi tía Javivi comenzó a enviarnos el dinero para los pasajes. Era un proceso largo y los resultados no estaban garantizados. Durante aquella etapa de incertidumbre, mis sentidos se aguzaron como yo nunca recordara que lo fueran anteriormente. No quería dormir; me quedaba acostado en la cama estudiando el cielo raso. Me concentraba en tratar de memorizar cada pulgada de mi casa. Y mucho tiempo después todavía sería capaz de recordar su olor. Ya empezaba a extrañar a mi abuelo y todavía estaba con él.

Al fin, llegó el día; nos otorgaron las visas. Era hora de partir.

Mi hermano nos acompañó a mi padre y a mí a La Habana, donde tomaríamos el vuelo con destino a España. Corría febrero de 1967, unas semanas antes de cumplir los 14 años y sería la última vez que estaríamos todos juntos en los siguientes trece años. Si lo hubiera sabido entonces, no estoy seguro de que habría tenido el coraje necesario para abordar el avión. Creo que fue bueno que no lo supiera.

La noche antes de nuestra partida, Papo y yo caminamos y hablamos durante horas. Mi hermano ya estaba casado y tenía una hija. Su deseo de irse de Cuba era más profundo que nunca. Escuchándolo comprendí que no podía ver mi salida del país desde un punto de vista egoísta, no podía preocuparme tanto por mis sentimientos personales; tenía que ver el propósito superior de todo aquello. Pero para mí era tan duro irme. Sentía un peso en el alma.

Mi padre y yo nos fuimos sin nada más que las ropas que llevábamos puestas. No teníamos muchas, para empezar; en Cuba ya se empezaba a sufrir de todo tipo de escasez. La mayoría de los que se iban no se llevaban casi nada.

Recuerdo cada detalle de mi salida de Cuba. Recuerdo que iba tomado de la mano de mi padre mientras subíamos la escalerilla del avión. Recuerdo el olor del avión. Principalmente recuerdo la imagen de mi madre y de mi hermano a través de la ventanilla. Cuando la nave se empezó a mover, empecé a llorar. Y lloré. Y lloré. Y lloré durante todo el viaje hasta llegar a España. Fue como si mi alma se hubiera separado de mi cuerpo. Lo juro por Dios.

Fue ahí cuando comprendí, de la manera más dolorosa posible, que el asumir responsabilidades tiene un costo alto. Me era imposible predecir lo que pasaría en mi vida ni en la de mis familiares, pero en lo más profundo de mi corazón estaba seguro de que estaba haciendo lo correcto. Y estaba resuelto. Había tomado una decisión y había asumido una responsabilidad, y me mantuve fiel a ellas. Este ha sido el principio que ha regido todas las áreas de mi vida desde entonces.

Gracias a esa decisión, nuestra familia volvió a tomar las riendas de su destino, algo que todos deseábamos. Pero de todas las duras lecciones que aprendí a tan tierna edad, esta fue la más difícil y probablemente la más importante. Asumir la responsabilidad puede ser doloroso, y sumamente costoso. Pero no asumir la responsabilidad puede costar todavía más.

CAPÍTULO DOS

Sé positivo

Ser positivo es una decisión. Uno no se despierta siendo positivo cada mañana; es algo en lo que hay que trabajar. Y la actitud positiva es uno de los mejores recursos de los que uno dispone. Esa fue otra importante lección que aprendí desde temprano. Lo aprendí por experiencia, y lo aprendí con el ejemplo. Una perspectiva positiva de la vida es, además, el mayor legado que recibí de mi padre.

El avión que nos traía a mí y a mi padre a Madrid aterrizó en una pista bordeada de luces azules. Recuerdo vívidamente aquellas luces azules. Arribamos ya avanzada la noche, alrededor de las once de la noche. El vuelo había sido largo, y me sentía agotado de llorar y de cargar un peso tan grande en mi corazón. Pero las luces azules de la pista de aterrizaje me resultaron extrañamente reconfortantes y decidí que representaban un destello de esperanza.

Bajamos del avión y nos llevaron a una habitación para llenar algunos formularios. Era tarde, estaba muy cansado y traté de no sentirme desorientado. Caminé a lo largo del pasillo del aeropuerto, completamente abatido. No sé si era la frialdad o la sensación de vacío. Un sacerdote nos recibió y nos llevó hasta un refugio donde llenamos otras planillas para recibir alimentos y para que se nos asignara una pensión en la ciudad, que nos serviría de hogar durante muchos meses. Estábamos agradecidos de tener una persona amable que nos recogiera y nos ofreciera un lugar donde hospedarnos.

Lo primero que me impactó de Madrid fue el frío. Nunca había experimentado algo igual. Nací en una isla en el trópico y nunca había viajando afuera de Cuba. Sentía escalofríos y un hormigueo en la piel. Era una sensación rara. No estaba seguro si era desagradable, pero ciertamente me causó una profunda impresión. ¿Cuánto más tendría aún que soportar?

A pesar de saber que España representaba un nuevo punto de partida para nosotros, todo el tiempo que pasé allí me aguijoneó el dolor de la separación de mi familia y la sensación que nunca volvería a verlos. Vivía en dos tiempos, en dos husos horarios diferentes. A menudo me imaginaba lo que mis seres queridos y amigos estarían haciendo en ese momento en Cuba. "Ahora están almorzando", pensaba. O, "todavía están durmiendo", cuando ya yo me había levantado en las mañanas. Pasé muchas noches en vela pensando que nunca volvería a ver a mi madre. Tuve que reunir una enorme fuerza de voluntad y darme constantes arengas para no olvidar que aquel era el paso necesario para reunir a mi familia en libertad. Desde el instante en que aterrizamos en España, en realidad desde que vi la hilera de luces azules en la pista, supe que tenía que encontrar lo positivo de la situación.

Nada es más importante para mí que hallar lo positivo en cada asunto. Eso dice más sobre quién soy que cualquier otra cosa. Busco el ángulo positivo, convierto lo negativo en positivo. Siempre. Cada vez. Es una actitud, una forma de ver la vida que ha sido esencial para mi éxito. Toma como ejemplo la actual recesión. Por supuesto, es difícil, todo el mundo ha sido afectado. Pero yo lo percibo como una oportunidad, una ocasión para desplegar toda la creatividad en el manejo de nuestros bienes y recursos. Si sólo ves lo negativo, te estás negando la oportunidad de triunfar, e incluso de sobresalir.

Es posible que yo haya llevado siempre dentro la simiente de tal actitud, pero esta germinó realmente durante el tiempo que mi papá y yo pasamos en España. Al mudarnos a nuestro nuevo país yo era todavía muy joven para poder conseguir un empleo y el tipo de visa que tenía mi padre no le permitía trabajar. El hecho de no poder trabajar no parecía molestarlo mucho. En realidad nunca nada le molestaba a mi padre. Estaba de lo más despreocupado. Jamás parecía inquietarse o angustiarse por las cosas y no recuerdo haberlo visto triste. Durante años me pregunté por qué nunca se mostró deprimido mientras estuvimos en España si él, como yo, estaba lejos de la familia y a mí me dolía tanto.

Su actitud hacia la vida, por muy noble que haya podido ser, me obligó a hacerme responsable por los dos. Tuve que asumir la responsabilidad por nuestra salida de Cuba y luego comportarme responsablemente mientras estuvimos fuera. Él era de verdad como un niño y yo tuve que convertirme en un adulto: el padre de mi padre. Esto nos sucede a muchos en etapas posteriores de la vida, pero yo tenía catorce y él era un hombre vigoroso y saludable de cuarenta y tantos. Me acostumbré a ser el que planeaba, ahorraba y se encargaba de las cosas.

Pero la aversión de mi padre hacia la negatividad nos ayudó a no darnos nunca por vencidos.

La vida no fue fácil para nosotros en España. Descubrimos que había muchos cubanos en nuestra misma situación: refugiados que usaban a España como puente para pasar a Estados Unidos. Incontables personas esperaban para poder seguir adelante con sus vidas, en muchos casos para reunirse con sus seres queridos fuera de Cuba.

Hablábamos español, lo que debió haber sido una ventaja. Pero la realidad es que aunque estábamos legalmente en el país, no teníamos permiso para trabajar. Cada mes, como un reloj, recibíamos un sobre de Miami, de mi tía Javivi, con un giro postal para que mi padre y yo pagáramos la pensión y algo más para ir aguantando. Estirábamos aquel dinero como una banda elástica para asegurarnos de que alcanzara hasta la llegada del próximo cheque. Con eso alquilábamos un alojamiento sencillo, comíamos lo que podíamos y andábamos a pie cuando no teníamos con qué costear el transporte público.

Pasábamos los días esperando a que se nos otorgaran las visas que nos permitirían viajar a Estados Unidos. Además, teníamos que ahorrar, de lo que fuera que nos mandaran mi tía Javivi y unas amistades de mi padre que vivían en los Estados Unidos, para poder comprar los boletos para el viaje, una vez que tuviéramos la autorización. De lunes a viernes, mi padre y yo íbamos a un comedor de beneficencia de una iglesia, donde nos ofrecían sopa, pan, una manzana y un poco de café. Recuerdo en parte el menú porque era muy sencillo y además porque consistía siempre en lo mismo. Nunca variaba, pero igual agradecíamos cada comida que nos brindaban.

Los fines de semana, el comedor de beneficencia cerraba y teníamos que arreglárnoslas por nuestra cuenta. La mayor parte de los días simplemente matábamos el tiempo. Si alguna vez contábamos con un dinerito extra íbamos al cinc, pero eso era un lujo excepcional. Le escribía a mi madre todos los días, aún sabiendo que las cartas demoraban meses en llegar a sus manos y las de mi hermano. Y ella me contestaba tan a menudo como podía. Sr. Emilio Estefan, Alcalá 281, Madrid, decían los sobres. Nunca supe si ella y mi hermano me enviaron cartas que no llegaron. Con frecuencia las cartas venían abiertas, o con palabras tachadas por los censores del gobierno cubano.

En mis cartas a casa, contaba sobre España, narrando los pormenores de todo lo que hacíamos. Recuerdo que mientras escribía pensaba cuánto me hubiera gustado que mi familia viera lo que yo estaba viendo. A pesar del lóbrego tiempo que atravesábamos, podía percibir la belleza de la ciudad y disfrutaba conociendo un lugar que era tan distinto de mi patria. Recuerdo con toda claridad el tomar un autobús en Madrid y pasar frente a todas las bellas tiendas y *boutiques*, y mirar las vitrinas y pensar "qué cantidad de ropa y zapatos, hay tanto." Había una increíble abundancia de todo. Y había luces por todas partes. Yo venía de un mundo que yo percibía como oscuro y sin esperanza y había llegado a uno rebosante de colores resplandecientes. Veía todo eso, y me tomaba la libertad de apreciarlo aunque mi madre y mi hermano no pudieran. Eso me daba fuerzas y me hacía pedirle a Dios que permitiera al resto de mi familia gozar también de esta experiencia, aunque fuera con las narices pegadas a la ventanilla adentro de un autobús.

No hay manera bonita de describirlo: vivíamos en la miseria. Varados en tierra extranjera, prácticamente sin un centavo, y dependiendo de la misericordia y bondad de familiares que vivían al otro lado del océano. ¿Podría haber sido peor? Sí, claro que sí. Podríamos haber estado padeciendo la represión en el país que amábamos. Y amábamos nuestro país, pero no a su gobierno, de modo que España representaba un inmenso paso hacia adelante. Y yo trataba de tener presente este hecho en todo momento.

Claro que a veces me deprimía e incluso me sentía desalentado. ¿Cómo podía disfrutar al comer esto o ver lo otro, me preguntaba, si los míos no podían disfrutarlo? Pero nuestro duro bregar en España consolidó mi resolución de reunir a toda la familia. Quería salir adelante en este mundo. Mis sueños siempre tenían que ver con mi familia, y en ellos estábamos todos juntos de nuevo.

Los difíciles tiempos en España me prepararon en muchos sentidos. El dolor que marcó nuestras vidas mientras vivimos allí, básicamente por la separación familiar, fue preparándonos para las buenas cosas que nos deparaba el futuro, en particular para la reunificación con todos los demás. Este era un paso necesario, por doloroso que fuera. Me enseñó además a evaluar el panorama en toda su amplitud, a comprender que algunos sacrificios valen la pena en pro de un beneficio mayor. Así, incluso en medio de las dificultades, uno tiene que hallar el lado bueno y agradecer cada pequeña cosa que se nos cruce en el camino.

Aprendí a agradecer auténtica y sinceramente cada una de mis bendiciones, cada día de mi vida. Y a apreciar todo el panorama.

La edad y la experiencia me han hecho arribar a la conclusión de que quizás mi padre sí se sintiera triste y solo en España, pero ponía su mejor cara por mí. Quería que yo fuera fuerte para que pudiera soportar los malos tiempos. Quería que yo viera lo positivo en todo. Poder hacerlo es un gran don. Heredé de mi padre la habilidad de vivir el momento y de no preocuparme sin necesidad por el futuro si uno no lo puede controlar. La frase clave aquí es "sin necesidad". Si existe un buen motivo por el que preocuparse, yo me preocupo, mientras que mi padre era despreocupado al extremo. Vivir el momento, bueno, él hizo de eso un arte.

Concuerdo con él en que el presente es lo más importante. No sé qué va a suceder esta noche, pero sé lo que está sucediendo en este preciso instante. Tú planificas para el futuro pero lo que estás viviendo es el momento.

El bien más valioso de mi padre era su personalidad. Era un hombre muy simpático. No puedo encontrar una palabra que lo describa mejor. Se trataba de algo más que "encanto". Era sincero, cálido, desenfadado, abierto y afectuoso. Tenía una risa contagiosa que hacía que la gente se sintiera a gusto rápidamente. No creo que haya habido alguien que no le gustara, y estoy casi seguro de que a todo el que lo conocía él le caía bien de inmediato. Incluso ahora, años después de su muerte, quienes lo trataron sólo superficialmente aún sonríen al oír su nombre.

Hablando de lo cual, nunca respondió por "Emilio", su nombre de nacimiento. Todo el mundo lo conocía como "Capetillo". Emilio Capetillo era un personaje de un popular programa radial cubano titulado *Los tres Villalobos*. Emilio Capetillo era el malo, "el terror de los Villalobos", el villano, siempre tratando de confundir a los demás. Nada que ver con el tipo de persona que era mi padre, pero alguien lo apodó "Capetillo" por el personaje y el sobrenombre prendió.

Entre mi padre y yo existió siempre un vínculo especial, que se hizo aún más fuerte durante nuestra estancia en España. Toda mi vida sentí una gran afinidad con él, y nunca me enojé con él ni esperé que fuera algo o alguien más que él mismo. En España, cuando comencé a sentir que yo era el adulto y él el niño, simplemente lo dejé serlo y jamás lo juzgué. Yo había acabado de vivir la traumática experiencia de dejar atrás mi país, mi familia y todo cuanto conocía para partir hacia lo desconocido. Eso dejó una huella profunda que me marcó en muchos sentidos. Soy el hijo de mi padre, y lo digo con inmenso orgullo y cariño. Pero las circunstancias de la vida tienen un efecto formador sobre las personas, ¿cómo si no? Estaba resuelto a asimilar las mejores facetas de la personalidad de mi padre —su generosidad, su alegre talante— y fusionarlos con los atributos que yo creía necesitar para sobrevivir y prosperar en la vida.

Sobre todo adopté su visión positiva. Prefiero inclinar las probabilidades a mi favor mediante el trabajo duro y la planificación, pero él me enseñó el valor de ver el lado bueno de las cosas. Para el momento en que dejé España ser positivo ya era un reflejo en mí y me ha sido de gran utilidad durante toda mi vida.

CAPÍTULO TRES

Define tu propio éxito

El concepto de éxito es diferente para cada persona. Para alguien, puede significar llegar a casa a las tres de la tarde y jugar a la pelota con sus hijos. Otro podría preferir limpiar calzado cuatro horas al día y pasar el resto del tiempo practicando *surfing* o echado en la playa, contemplando el océano. Algunos se abstienen de eso y trabajan hasta las nueve de la noche para poder mandar a sus hijos a una buena escuela. Hay quien podría no descansar hasta poder darse el lujo de comprarse todo un equipo de béisbol para sí, pero yo no soy así. Yo divido el tiempo a la mitad: trabajo en los días de semana y dedico los fines de semana a mi familia. Además, me levanto por la mañana, le preparo el desayuno a mi hija y la llevo a la escuela. La lección importante es que he decidido lo que necesito hacer para sentirme satisfecho: he definido mi propio éxito.

Muchas personas se esfuerzan arduamente, trabajan largas jornadas pero no tienen una meta clara. ¿Qué es lo que necesitas para alcanzar el éxito? ¿Dinero? A algunos no les interesa el dinero. Desean vivir en paz. Tal vez deseas tener un empleo en el que puedas disfrutar de vacaciones flexibles y un buen salario para poder viajar. O deseas pagarles los estudios universitarios a tus hijos, cosa que cada año cuesta más y más. Si lo has definido, y puedes conseguirlo, ser feliz y hacerlo funcionar, entonces eres una persona exitosa.

Vuelvo a pensar en mi padre, quien fuera el modelo de conducta más importante cuando estaba creciendo. Nunca tuvo muchas cosas materiales, ni era un hombre codicioso. Ni siquiera el tener una familia lo motivaba a algo más que a hacer el trabajo necesario para conseguir lo que hacía falta y hasta ahí. Ahorrar y planificar para el futuro jamás estuvo entre sus prioridades. Y tampoco tenía alma de hombre de negocios, aún cuando descendía de una larga casta de empresarios. (Viendo a mi abuelo y su prosperidad en el comercio de géneros textiles, que posiblemente en mi familia el gen del espíritu empresarial se salte una generación.)

Los padres de mi padre eran naturales del Líbano, un pequeño país del Medio Oriente que ha engendrado una impresionante cantidad de comerciantes a lo largo de los siglos. El matrimonio de mis abuelos se concertó entre las dos familias. Entonces mi abuelo Jalin tenía unos cuarenta años y mi abuela Julia era apenas una adolescente. Luego de la boda, que tuvo lugar en África donde vivía la familia de mi abuela, viajaron primero a Francia y luego a Cuba, y allí se establecieron. Mi abuelo fue un comerciante muy exitoso, que amasó una enorme fortuna. Tenía una sorprendente visión para los negocios; importaba mercancías, vendía telas y supo prosperar y garantizar el sustento de su esposa y de sus doce hijos.

Pero un día, en medio de una disputa relacionada con el negocio, alguien sacó un arma y mató a mi abuelo de un disparo. Mi abuela se quedó sola, viuda, con doce hijos y sin medios de sostén económico. A duras penas hablaba español. Mi abuelo tenía dinero pero, según la costumbre de entonces, jamás conversaba con su esposa sobre los negocios o las finanzas. Mi abuela pudo vender la mercancía, las telas y los tejidos que habían quedado en los almacenes, así como algunas joyas que mi abuelo le había regalado, y así pudo mantener a los suyos por un tiempo.

Mi padre no era siquiera un adolescente cuando su padre murió, y se convirtió en vendedor ambulante. Vendía jabones, cuchillas de afeitar, artículos de tocador, cepillos, peines, cremas, tintes, productos de limpieza, cosas por el estilo. Todavía lo recuerdo pregonando la lista de artículos que solía vender, como un rematador de subasta.

La obligación de empezar a trabajar significó el fin de la educación formal de mi padre. No había dinero para que pudiera seguir asistiendo a la escuela y la familia necesitaba la contribución de cada uno de sus miembros. En lo que respecta a mi padre, él consideraba que la mejor escuela del mundo era la calle. Era una frase que repetía con frecuencia. Si la calle era el mejor sitio para estudiar una carrera, como él decía, entonces él tenía un doctorado. De algún modo tenía razón. He conocido a personas que ostentan varios títulos y no tienen picardía callejera (¡ni siquiera sentido común!).

En algún momento, mientras asistía a esta "escuela" de la calle, mi padre aprendió a jugar cartas. Descubrió que, no sólo era bueno con los naipes, sino que tenía buena suerte en el juego y pronto lo convirtió en su oficio. Todavía era un adolescente cuando se hizo jugador de cartas profesional. Ganarse la vida de esa manera no tenía nada de vergonzoso. Los juegos de azar formaban parte de la idiosincrasia cubana. De hecho, el juego era lícito en Cuba hasta que Fidel lo prohibió y ordenó cerrar los casinos. Hasta ese momento, la gente iba de todas partes a jugar allá, como sucede con Las Vegas en la actualidad.

Para mi padre, jugar a las cartas era un empleo y un empleo que él disfrutaba enormemente. Le importaba poco ganar; la idea era simplemente hacer lo suficiente para mantenerse jugando. Así es como él definía el éxito. Pero sus habilidades para el juego no nos sirvieron de mucho en España. Nunca jugó cartas allá y, puesto que no tenía permiso de trabajo, nunca hizo dinero en todo el tiempo que permanecimos en aquel país.

Aunque la vida en España fue dura, mi padre nunca dejó que fuera penosa. Era lo que era, e íbamos a aprovecharla al máximo y a encontrar placer en los detalles sencillos. Él consideraba que la vida se trataba de mucho más que de simple supervivencia. Estamos aquí para disfrutar. Algo que he observado a menudo en la gente rica —y conozco a muchas personas que tienen muchísimo dinero— es que en el fondo no disfrutan de la vida. Yo lo hago. Es otra cosa que heredé de mi padre —la decisión de gozar la vida, todo el tiempo. Vivo cada día al máximo, vivo cada día como si fuera el último.

Me parezco mucho a él en que no le tengo apego al dinero ni a las cosas materiales. De él aprendí lo que realmente tiene valor en la vida: Las cosas simples son las que uno más disfruta. Puedo ser despreocupado como él. Sé demasiado bien cómo la vida puede cambiar de un instante a otro. Disfruto el abrazar a mis hijos, a mis amigos. Me encanta pasar tiempo con mi familia y divertirme con mis colegas. El momento que pasa, no regresa. Pero soy mucho más práctico de lo que él era. Me gusta planear, me trazo metas y trabajo en base a ellas, tal vez no a pesar de él sino debido a él. Las ocurrencias de mi padre y su alegría de vivir me hacían reír, pero a la vez me hacían comprender la necesidad de ser responsable. Su risa nos animaba en los momentos difíciles, pero yo he combinado eso con la seguridad que proviene de atenerse a las metas planteadas y mirar hacia el futuro.

Es posible que a medida que planifiques y avances, tu definición del éxito cambie. Has estado planeando mandar a los chicos a la universidad. ¿Qué pasará cuando se gradúen? Quizás empezarás a planear para asegurarte una buena jubilación. Cuando salí de Cuba tenía un propósito, que era reunir a mi familia. Una vez que lo alcancé, orienté mi vida en función de otra prioridad: que mis hijos nunca tuvieran que pasar por lo que yo pasé.

El cambiar tu definición del éxito tiene mucho que ver con la motivación, de la que hablaremos en el capítulo siguiente. Además se relaciona con la inspiración, que a su vez es otra cosa. ¡Quizás estamos viendo lo mismo de tres maneras diferentes! Pero lo importante es que estés consciente de tu propia actitud. Puedes tener una especie de conversación permanente contigo mismo. ¿Estoy avanzando hacia la consecución de mis metas? ¿Puedo seguir haciendo esto durante toda mi vida laboral? ¿Qué puedo hacer para cambiar? ¿Y cuáles *son* mis metas, por cierto?

La verdadera medida del éxito, y quizás lo que realmente deseas lograr, es poder compartir lo que tienes con la gente que amas, darles todo lo que necesitan y también todo lo que desean. Un día, cuando ya todos vivíamos en Miami, recibí una factura del dentista por un monto enorme. Comprendí rápidamente que se trataba de mi papá y le pregunté cómo había gastado tanto dinero en el dentista. Me confesó que había estado mandando a personas que conocía a la consulta para que les arreglaran los dientes a mi cuenta. Al final supongo que los dos ganamos. Mi papá logró que a sus amigos les arreglaran los dientes. Yo estaba supliendo lo que necesitaba mi padre: mi familia.

Y el éxito radica en las pequeñas alegrías. Cuando veo a mi hija jugando, me siento tan feliz. Mi niñez no fue nada despreocupada. Creo que es importante reflexionar sobre esas cosas para entender lo que impulsa el éxito.

Para mí, el éxito es también hacer algo positivo y creativo. He hallado el éxito en el mundo de los negocios al trabajar con personas de una creatividad asombrosa. Es difícil separar al hombre del empresario. Es, quizás, imposible. Tu compañía o tu negocio serán un reflejo de quien eres. Tus valores se transmitirán a tu empresa e inspirarán a aquellos que trabajan para ti y junto a ti.

Las personas que triunfan o pasan a una esfera superior de poder, y cambian su forma de ser, van por el camino equivocado. No dejes que el éxito te cambie. Haz lo correcto, siempre. Te sentirás bien al respecto, aunque sea difícil. Es importante que lo recuerdes. Cuando hayas realizado tus sueños y seas una persona de éxito según tus propios criterios, no cambies. Sé real, sigue siendo auténtico. Y mantén esa personalidad y esa visión positiva de la que ya hablamos.

CAPÍTULO CUATRO

¡Motívate!

A cabo de hablar sobre la definición del éxito. ¿Cómo ves tu propia vida en estos momentos? Por muy interesante que pueda ser el averiguar cómo otras personas han vivido y alcanzado el éxito, necesitas mirarte a ti mismo y estudiar tu situación, tus valores y tu estilo de vida particulares, para estar en posición de llevar adelante tus metas personales.

Primero lo más importante. Es de importancia vital que determines qué es lo que realmente te motiva. Existe una diferencia entre la *motivación* y la *inspiración*. La motivación es mucho más apremiante y urgente que la inspiración. Es lo que te hace salir de la cama cada mañana —la inspiración puede ser lo que te llega mientras descansas en una playa de arenas doradas en algún lugar. Estoy exagerando, pero sólo para resaltar un punto de vista: la motivación es una necesidad, la inspiración es más bien un lujo. Digámoslo así: Si no estás motivado, ¡jamás estarás en condiciones de sentirte inspirado!

Por supuesto, la motivación abarca más que los incentivos básicos de la vida, y la inspiración es más que simplemente tener ideas brillantes nacidas de un sentimiento profundo. A menudo la oración se describe como el acto de "hablar" y la meditación como el acto de "escuchar". Es una distinción interesante que podemos usar para describir la diferencia entre motivación e inspiración. Nos motivamos primero por necesidad y luego por deseo, y nos inspiramos por algo todavía superior. Dicho de forma sencilla: la motivación mueve el cuerpo, la inspiración llena el alma. La motivación es la expresión ("hablada") de lo que quieres hacer y lograr. La inspiración implica escuchar mucho, empezando con escucharte a ti mismo.

Piensa en la motivación en términos de "movimiento". Es algo físico, es acción. La motivación tiene mucho que ver con la iniciativa. Es el combustible que te mueve para que hagas las cosas. La motivación proviene de la necesidad, fundamentalmente, y algunas necesidades son sumamente básicas: tener comida, alojamiento, calor; mientras otras son mucho más profundas — tener un sentido de valía y propósito, bondad, compañía, amor. El definir la combinación de tus necesidades básicas y de tus necesidades más profundas te ayudará a comprender tu motivación y a aprovecharla a tu favor.

Dicho esto, podría ser que ya te sientas feliz con tu situación actual, cualquiera que esta sea. Si es así, sigue haciendo lo que estás haciendo. Es posible que ya hayas alcanzado la cumbre de lo que ambicionas; estás todo lo motivado que necesitas estar. Eso es formidable. Algunas personas tienen ambiciones limitadas. Si no tienes un centavo y te pasas todo el día en la cama y te parece bien, entonces puedes estar seguro de que no te sucederá nada bueno. Se trata de tener *sueños*. Pocas personas, muy pocas, han visto cumplidos sus sueños. La mayoría de nosotros tiene ambiciones insatisfechas que nos obligan a levantarnos e ir en pos de su realización. Para hacerlo necesitamos tener presente nuestra motivación.

COMENCEMOS POR LAS COSAS BÁSICAS. No importa cuán cansado me sienta, no importa cuán tarde me haya acostado la noche anterior y no importa en qué lugar del mundo me encuentre, siempre me siento motivado a comenzar mi día temprano. Cuando digo temprano quiero decir a las cinco en punto de la mañana. En parte, me levanto temprano por hábito. Pero además por necesidad —necesidad de hacer las cosas— y nunca siento que me alcanza el día para resolver todo lo que tengo que hacer.

Me motiva esa necesidad básica, práctica. Tengo que estar continuamente en movimiento, haciendo cosas, creando, logrando. A estas alturas de mi vida esta motivación fundamental es todo lo que necesito. Es posible que tú estés en una etapa en que la clave es que necesitas trabajar para mantenerte y mantener a tu familia. Es esencial. Además necesitas trabajar porque el no hacer nada es desmoralizador. A todo el mundo le gusta tomar vacaciones, pero son pocas las personas que podrían pasarse 365 días al año descansando en una playa. Sé que yo no podría. Todos necesitamos dar un significado a nuestras vidas y el trabajo bien hecho es algo que nos puede hacer sentir realizados. Una motivación sencilla, básica.

En mi opinión, aunque algo te guste mucho, de cuando en cuando el entusiasmo decae. Quizás estés cansado, quizás estés aburrido con lo que estás haciendo, quizás estés frustrado porque las cosas no está saliendo como querías o no están avanzando tan rápidamente como esperabas. Así que siempre necesitas tener una razón para seguir adelante incluso aunque estés haciendo lo que quieres hacer.

Para encontrar esa razón, pregúntate qué es lo que realmente te hace levantarte y echar a andar, y qué es lo que te mantendrá andando a lo largo del camino largo y difícil. A veces necesitas solamente un pequeño empujón para ponerte en movimiento. Una tarea de último momento que haya que entregar cuanto antes puede servir de motivación poderosa, aunque de corta duración.

La oportunidad de ganar dinero fácil es otro ejemplo de motivador poderoso o, hablando con mayor propiedad, de incentivo. No hay nada malo en este tipo de motivación, pero lo que sucede a menudo es que las oportunidades y las recompensas que las acompañan son bastante limitadas. Consigues un trabajo fuera de serie que te permite obtener una buena suma de dinero pero una vez que lo terminas, regresas a la lucha diaria. Cuando esto ocurre, necesitas tener una razón para hacer lo que haces y no puedes perder de vista esa razón. Una vez que hayas comprendido qué es lo que te motiva, comenzarás a descubrir qué es lo que te inspira y te conduce a nuevas alturas.

Para comprender tu motivación más allá de tu necesidad debes examinar profundamente tu alma. Necesitas examinar tus valores. ¿En qué crees y qué haces para poner esas creencias en práctica? Estás tratando de descubrir quién eres. Tienes que definir tu propia vida y saber verdaderamente quién eres, sin máscaras, sin fingir, sin ninguna de las murallas que levantas entre ti y el mundo. Haz primero esto contigo mismo y será mucho más fácil ser auténtico con los demás.

Muchas personas no pueden avanzar hacia la realización de sus sueños porque no logran determinar con claridad quiénes son. Yo considero importante adoptar una actitud de agradecimiento. Piensa en todo y por lo que tienes que estar agradecido: Tu salud, tu familia, tu trabajo, tu país. Para unos, esto es más fácil que para otros, pero todo el mundo debe ser capaz de actuar con un poco de humildad y afirmar: "Me siento agradecido", o "soy muy afortunado", o incluso "tengo tanta suerte".

Así, reconoce tus bendiciones, literalmente: tus bienes materiales y tus dones espirituales. Al hacerlo te guiarán dos cosas: Tu conciencia y Dios. Si en algún momento sientes que estás haciendo algo incorrecto, probablemente lo estás haciendo, pues tu conciencia no se equivoca. Creo que más que nada el karma es importante. Toda la bondad que guardes en tu corazón regresará a ti. Y todo el odio que albergues, también regresará a ti.

Después que hayas dado gracias o te hayas dispuesto mentalmente a sentir gratitud (ya sea hacia Dios, hacia un poder supremo o simplemente hacia la Señora Fortuna), piensa en todo lo que tienes. ¿Tienes un techo? Mucha gente no lo tiene, quizás porque son pobres, porque han caído en desgracia o porque son refugiados. Da gracias por tener un lugar seguro donde vivir, sin importar cuán humilde sea. ¿Gozas de buena salud? Este es un gran bien. Yo me levanto cada mañana y me siento sencillamente agradecido por poder hacerlo por mí mismo. Mucha gente no puede. Considérate una persona con suerte. ¿Haces lo que te gusta? Bueno, de eso se trata este libro, así que si no estás haciendo lo que te gusta, pronto lo estarás. Y si haces lo que te gusta, eres verdaderamente muy, muy afortunado.

No pienses sólo en ti mismo. ¿Están saludables tus familiares? No hay nada tan triste como la enfermedad, ni tan desafiante como la discapacidad, de un ser querido, sea este el padre o la madre, la pareja o un hijo o hija. Nuevamente, considérate afortunado.

El reconocer nuestras bendiciones y el estar agradecidos forma parte de la actitud positiva que, como he dicho, es esencial para alcanzar el éxito en la vida. Y es ahí donde encaja el panorama amplio. No importa el tipo de persona que seas, una actitud positiva te llevará mucho más lejos que una actitud negativa. Aún cuando yo tenía muy poco, era feliz de tener lo que tenía. No me quejaba de mi situación, salía y trataba de mejorarla. Una y otra vez regresaremos a este tema: ¡Piensa desde el punto de vista positivo! Incluso cuando no te sientas especialmente motivado, el pensar positivamente te pondrá de nuevo en órbita.

Inevitablemente, toda esta introspección nos lleva a reflexionar sobre nuestro lugar en el mundo y la espiritualidad o la religión. Fui criado como católico pero ya no profeso una religión en específico. Pienso que todas las religiones tienen algo que ofrecer y que podemos aprender algo de cada una de ellas. Creo en un poder superior y en un propósito superior, y creo que debemos ser bondadosos unos con otros, ayudarnos unos a los otros y siempre esforzarnos por hacer y ser lo mejor que podamos. Y encima de todo eso, tenemos que dar gracias por todo lo que tenemos, todo lo que hemos hecho y todo lo que somos capaces de hacer. Ese es mi credo, ni más, ni menos.

Es posible que lo que te motiva día a día cambie a lo largo de la vida, pero para mí el cimiento ha seguido siendo el mismo. Siempre ha sido, y sigue siendo, la familia. Todo lo demás, por importante que sea, es secundario. De adolescente me motivó tanto la falta de oportunidad —cuando el gobierno comunista acabó con todas las libertades—como la oportunidad, la posibilidad de irme a Estados Unidos y realmente vivir mi vida a plenitud y en libertad.

Por primera vez sentí el estímulo y la motivación durante los años en que mi vida y la de mis familiares cambiaron tan drásticamente. Más que otra cosa, mi motivación original para triunfar surgió del hecho de haber tenido que encarar a muy temprana edad la realidad que nos aguardaba a mí y a mi familia. Cuando el comunismo llegó a Cuba cambió completamente el país. Cambió nuestro modo de vida y luego cambiaría nuestro futuro.

A pesar de lo joven que era, sentía que debía hacer algo por los míos ya que no podíamos correr el riesgo de quedarnos atrapados en aquel sistema por años y años. ¿Qué opción teníamos en aquel entonces? Nuestra familia era muy unida, pero sabía que nuestra salvación dependía de la separación. Quizás podría salir del país y tratar de traerlos a todos conmigo —con el tiempo. Decidí que mi salida era nuestra única esperanza. Si lo hacía, Dios mío, podríamos no volver a estar juntos nunca más. Esta era una terrible, desgarradora posibilidad. Pero la idea de quedarnos todos condenados a vivir bajo un régimen comunista era todavía peor.

Sabía que existía la posibilidad de no volver a verlos, pero también que era la única decisión a tomar. Fue la decisión más importante de mi vida. Desde aquel momento la resolución de reunir a mi familia fue toda la motivación que necesité. Aún siento ese estímulo aunque las circunstancias hayan cambiado. Y constantemente regreso a esos recuerdos y a los sentimientos que me despiertan para forzarme a seguir adelante. Esos mismos recuerdos y sentimientos también forman parte de mi inspiración, algo aún mas complejo que la motivación.

Mi entusiasmo y pasión por todo lo que hago son motivaciones formidables. Otra de mis motivaciones es el deseo de hacer y de llevar a término lo iniciado. Es maravilloso soñar y hablar sobre lo que se desea o lo que se puede hacer, pero en última instancia lo que se necesita es emprender la acción y terminar lo que te has propuesto.

No será difícil encontrar tu motivación. Algunos se motivan por la oportunidad —sus padres se sacrificaron y les dieron una educación— mientras que otros se motivan por la falta de oportunidad. En ocasiones, es un acontecimiento dramático, como el fallecimiento del padre o de la madre, o el infortunio de la familia, lo que cambia tu vida y te ayuda a definir el camino a seguir. No obstante, la manera en que transitas por ese camino queda en tus manos.

CAPÍTULO CINCO

Ábrete al cambio

Temer al cambio es humano. Pero ¿has notado alguna vez cómo los cambios repentinos y drásticos pueden presentar las mejores oportunidades en la vida? Ábrete al cambio y a las cosas nuevas que éste proporciona. El cambio más grande de nuestras vidas —dejar nuestra patria— dio a mi familia la más grande de las oportunidades: vivir en Estados Unidos, vivir en libertad. Y salir de Cuba fue solamente el comienzo de muchos cambios. Así como de muchas oportunidades.

Transcurre 1968. Tengo quince años, y con mi padre Emilio Sr. he estado viviendo en España durante dieciochos meses después de haber dejado nuestro amado país natal, Cuba. Mi madre y mi hermano mayor están todavía en la isla y todos estamos desesperados por reunirnos. De hecho, la familia está a punto de separase aún más porque me han otorgado una visa de estudiante con la que puedo viajar a Estados Unidos. Me dirijo a Miami donde viven mi tía y mi tío. Esta será sólo una separación temporal: nuestro sueño es pronto vivir todos juntos, como ciudadanos estadounidenses libres.

Por generaciones, las familias que han tratado de mudarse a este país se han visto obligadas a separarse del padre, quien viaja primero que los demás para establecerse. Los Estefan van a hacerlo de una forma ligeramente diferente. Soy el más joven y voy abriendo la brecha para el resto.

Tan pronto como pueda, presentaré la reclamación para que mi padre se reúna conmigo y luego poder al fin traer a todos los demás.

Debo mencionar aquí algo que tuvo lugar en España. Pocos días antes de salir de Cuba, comencé a sentir un dolor agudo en el abdomen que me asustó. Cuando llegamos a España ya tenía un bulto bastante notable e incómodo allí. No tenía idea de qué podía ser y como no contábamos con dinero para ver a un médico no me quedó más remedio que vivir con aquella molestia ocasional. Pronto, sin embargo, el dolor se intensificó y mi padre halló un hospital de beneficencia en el que aceptaron atenderme. El doctor me diagnosticó una hernia, y nos dijo que no se me curaría sola, que necesitaba una operación. La idea de una intervención quirúrgica me asustó, especialmente porque no había nadie cercano que pudiera ayudarnos durante mi recuperación. Pero mi padre insistió en que me operara, para que me pusiera bien otra vez y no anduviera con aquel dolor casi constante.

El día antes de la fecha fijada, ya avanzada la tarde, mi padre me registró y me dejó en el hospital. No le permitieron quedarse conmigo, ni siquiera acompañarme más allá de la recepción. Tenía que ir solo. Debía pasar la noche allí para prepararme para la operación que se haría al otro día por la mañana. Tuve que mantenerme en ayunas y no pude comer nada después de las diez de la noche.

Un hospital de beneficencia no es un lugar bonito. Me asustó. Sentía que me invadía una profunda soledad. La habitación en que me encontraba era una sala grande y abierta, compartida por docenas de personas. El aire estaba viciado y había mucho ruido; se podía oír todo lo que se hablaba, los gemidos, el llanto; en general, el sonido de la miseria humana. Había alguien moribundo en una de las camas cercanas; lo sabía porque un sacerdote había venido a darle la extremaunción. Decidí que allí no iba a quedarme. En medio de la noche me escurrí de la cama, saqué la ropa de la gaveta donde la había guardado, me vestí y doblé la bata del hospital colocándola con cuidado sobre la cama. Luego, salí sigilosamente del hospital y caminé hasta la casa.

Cuando llegué, me escondí en la tina del baño. Creía que mi papá me iba a matar. A primera hora de la mañana la policía se presentó en la casa preguntando por mi padre. En el hospital se habían dado cuenta de mi ausencia y habían venido a buscarme.

¿Se sorprendió mi padre al verme? Probablemente no. Nunca más discutimos el incidente. Estaba claro que esa había sido mi decisión y él no iba a obligarme a hacerme la operación. Tendría que vivir con la molestia hasta que pudiera enfrentar el quirófano o hasta que el dolor se volviera insoportable. Yo estaba dispuesto a asumir las consecuencias de mis actos y para mi padre eso era suficiente.

Mi padre y yo nunca tuvimos la intención de quedarnos en España, ni de arraigarnos allí. Era un lugar de transición y estábamos agradecidos por el refugio que se nos daba. Lo peor de la espera era el no saber cuánto iba a durar. Ningún funcionario de la embajada estadounidense nos dijo nunca si nuestras visas demorarían seis meses, un año o más. Ellos no tenían forma de saberlo y había muchísimas personas en trámite antes que nosotros. La otra cuestión era el dinero, porque los familiares en Estados Unidos por lo general tenían que demostrar que estaban en condiciones de mantener a la persona a la que reclamaban. Y nosotros no éramos los únicos parientes que tía Javivi y tío Pepe estaban tratando de sacar de Cuba hacia los Estados Unidos.

Finalmente, el momento llegó. Dieciocho meses después de nuestro arribo a Madrid me otorgaron una visa de estudiante para ingresar en Estados Unidos. Mi padre no podría ir conmigo de inmediato. El plan era que yo me adelantara y lo reclamara. Como menor de edad, creo que tenía cierto nivel de prioridad para la reunificación con mis padres.

Una vez más, mi tía Javivi había enviado el dinero para mi boleto. Sólo me resta imaginar cuán duro debió trabajar ella para ganarse aquel dinero, cuánto se habrá sacrificado y ahorrado. Hasta el día de hoy, me conmueve y maravilla su generosidad. Sentía instintivamente, sin embargo, que no había mucho que yo pudiera hacer por ella. La única forma de pagarle sería haciendo por otros lo que ella había hecho por mí. Y tenía fe en que mi oportunidad para demostrarlo estaría muy pronto al alcance de mis manos.

Luego de año y medio en España me reuní con mis familiares en Miami. Estaba listo para aprender un nuevo idioma. Me entusiasmaba pensar en todo lo que tenía por delante. Aunque Estados Unidos fuera un país todavía más ajeno que España, me embargaba la euforia por la idea del cambio. Las penurias económicas de España fueron reemplazadas rápidamente por las numerosas oportunidades que nos ofrecía nuestro nuevo país. El oro no corría por las calles de Miami. Siempre lo supe. Y estaba dispuesto a apretarme el cinturón y a trabajar para realizar mi sueño de sacar a mi madre y a mi hermano de Cuba. Me sentía sumamente agradecido por aquella oportunidad y hoy dia todavía lo estoy.

Es extraordinaria la nitidez con que podemos recordar esas escenas que cambian nuestras vidas para siempre. Como si hubiera sido ayer. Ese día, el día que llegué a Estados Unidos está marcado en mi memoria de manera especial. Mi padre me llevó al aeropuerto de Madrid y, antes de la despedida, me entregó unas botellas de coñac como regalo para un amigo en Estados Unidos, que en ocasiones nos había enviado dinero a España. ¡Qué diferente fue esta partida de mi salida de Cuba! No sentía aquella abrumadora, casi paralizante sensación de tristeza que había experimentado cuando me despedí de mi madre y mi hermano. Por el contrario, me sentía libre y lleno de esperanza. Aunque dejaba atrás a mi padre, mi viaje a Estados Unidos representaba un paso más hacia la realización del sueño de reunificar a nuestra familia.

Cuando el avión sobrevoló el aeropuerto Kennedy de Nueva York, apenas pude contener la emoción. Horas antes, había renunciado al intento de dormir durante el largo vuelo. Todo el nerviosismo que tenía era opacado por el entusiasmo de llegar a Estados Unidos. El mundo me parecía colmado de promesas. En los dieciocho meses que había pasado en España, maduré años. Tenía confianza en que podría enfrentar todo lo que me aguardaba. Y la certeza de que habría grandes oportunidades para mí y para mi familia en Norteamérica. Me confortaba la idea de reunirme con mi tía y mi tío y los demás familiares que habían salido de Cuba y ahora vivían en Miami. En casa de mi tía tendría mucho amor y cariño, y anhelaba reencontrar al resto de la familia. Los había extrañado tanto.

Salí del avión y pasé por la aduana y los trámites de inmigración sin incidente alguno. Después debía hallar dónde abordar mi vuelo de enlace y no sabía cómo preguntar cuál era la salida correspondiente. Me mantuve diciendo: "¿Miami?, ¿Miami?" hasta que al fin alguien me indicó. Una vez que supe dónde debía estar me sentí casi aturdido de la emoción. Ya no estaba asustado.

Los inmigrantes exitosos cuentan a menudo sobre su arribo a este país con sólo una muda de ropa y un par de dólares en el bolsillo. En mi caso, es verdad que cuando aterricé en el aeropuerto Kennedy realmente no poseía ni bienes ni dinero. Pero lo que traía conmigo valía mucho más que una maleta llena de ropas o una billetera decentemente abultada. Nada de lo que traía podía ser medido o cuantificado.

Llegué a este país con una extraordinaria sensación de optimismo respecto al futuro. Iba a ser libre y nada podía detenerme. También cargaba conmigo una fuerte voluntad de trabajar duro. Si me veía obligado, trabajaría todas las horas que Dios me diera. Estaría feliz de trabajar porque sabía que así era como iba a prosperar en este país. Estaba convencido de que poseía muchas otras cualidades —ideas, entusiasmo, pasión, energía— pero los cimientos sobre los que construiría mi vida serían la esperanza y el trabajo arduo. Todo lo que necesitaba era la oportunidad. Apenas llegaba y ya estaba impaciente por poner manos a la obra. Ese día de 1968, aquel niño emocionado logró pisar tierra, sano y salvo, en Miami. (Pero nunca me encontré con el amigo de mi padre para darle el coñac que le había traído de España. Todavía conservo las botellas.)

El niño de quince años que arribó al aeropuerto Kennedy no disfrutó de una sucesión ininterrumpida de triunfos en su empeño por abrirse camino en Estados Unidos. Nada de eso. En innumerables ocasiones se me dijo que no podía lograr algo. Primero, era demasiado joven. Y poco después ya me decían que tenía demasiada edad para adquirir nuevas habilidades. Al principio, mi desconocimiento del inglés fue un obstáculo. He sido demasiado hispano para algunos y no lo suficientemente hispano para otros. Incluso después de haber triunfado en los negocios me he enfrentado con negativas: No puedes invertir en ese barrio; no puedes contratar a esa persona; nadie quiere oír ese tipo de música. Todos los que me conocen lo pueden afirmar: No me digas que no lo puedo lograr.

Decirme que no es como lanzarme un reto; siempre trataré de convertir lo negativo en positivo.

Y no se trata sólo de mí. Mi familia entera vive con ese espíritu y esa actitud. Ningún acontecimiento me ha inspirado tanto en la vida como ver a mi bella esposa Gloria caminar después que los médicos le dijeron que nunca lo volvería a hacer tras el devastador accidente que sufrió en 1990. Tampoco le digas a Gloria que no puede.

Sé que, de haberme quedado en Cuba, mi vida habría sido un callejón sin salida, una frustración. En ese país, no significa no. Estoy infinitamente agradecido con los Estados Unidos por las oportunidades que se me han dado aquí. La frase no es menos cierta por ser un cliché. En Estados Unidos, donde logré la libertad, siempre encontré una forma de hacer realidad las cosas. Sabía cuando llegué a Norteamérica que tendría la posibilidad de triunfar en mis propios términos. El cambio rara vez resulta fácil, estoy de acuerdo. Pero si te decides a encararlo, podrás con mayor facilidad aprovechar las oportunidades que te ofrece.

CAPÍTULO SEIS

Encuentra tu ventaja

E s posible que en tu vida profesional sientas que estás siendo discriminado. Debes ser cuidadoso al hacer tales suposiciones. En ocasiones se nos trata de determinada manera porque somos diferentes. Vivimos en una sociedad muy diversa, y eso nos enriquece un poco más a todos. Pero las personas pueden albergar temor, envidia o ser ignorantes respecto a lo que es diferente.

Casi puedo contar con los dedos de la mano las ocasiones en que realmente he sido discriminado debido a mi origen. La mayoría de las veces, el ser quien soy, y el venir de donde vengo, ha sido una gran ventaja. Y cuando no ha sido precisamente una ventaja, yo la he puesto a mi favor.

Los inmigrantes. Tantos de nosotros llegamos a este país sin nada más que un enorme empuje y un ferviente deseo de triunfar. Cuando, en el siglo XIX, los inmigrantes zarpaban por oleadas hacia este país, millones de ellos buscaban la Estatua de la Libertad, en el puerto de Nueva York, el monumento que les indicaba que habían alcanzado su tierra prometida. Para esas personas la Dama de la Libertad simbolizaba la esperanza. La esperanza es el mayor tesoro del inmigrante y su valor es incalculable. Era cuando tenía menos que yo estaba más lleno de esperanza.

El inmigrante tiene reservas prácticamente inagotables de esperanza. Hemos pensado en el "sueño americano" desde el momento en que decidimos vivir en este país y haremos cualquier cosa por alcanzarlo. Por supuesto, eso no significa que olvidamos nuestra cultura y nuestra herencia en el instante en que ponemos un pie en Estados Unidos. Estoy muy orgulloso de mi procedencia. Es maravilloso no sólo preservar tu cultura sino también compartirla con los demás. Los estadounidenses son indudablemente muy receptivos en este aspecto. Ellos han aceptado y adoptado tradiciones de todo el mundo. No se debe subestimar lo abiertas que pueden estar las personas a probar cosas nuevas.

Siempre he usado mi idioma y mi cultura como una ventaja. Nuestra música es un excelente ejemplo. Toda mi carrera se basa en quien soy y de donde vengo. A lo largo del camino, me ha tocado lidiar con gente intolerante y de mentalidad estrecha. En el plano personal, fue difícil. Pero de nuevo, perseveré y luché contra los obstáculos.

Recuerdo que una vez, hace años, iba de viaje en avión con mi hijo Nayib. No nos sentaron juntos; yo estaba en una fila y Nayib justo detrás de mí. Era una situación desafortunada porque aquel día Nayib tenía un ataque de asma y acababa de tomarse un medicamento para controlarlo. Las pastillas que tomaba lo alteraban un poco, algo bastante inconveniente para un chico de diez años que debía volar en avión.

Me estaba acomodando en mi asiento, con el boleto en la mano, cuando la aeromoza se me acercó. Me preguntó si no me importaba cambiarme pues había tres personas que deseaban sentarse juntas. Le contesté: "No me importa siempre que pueda estar cerca de mi hijo porque tiene un ataque de asma". La aeromoza, en lugar de tratar de acceder a lo que cualquiera hubiera considerado una solicitud razonable, repentinamente se enojó y me dijo con brusquedad: "Levántese. Tiene que cambiarse". Le mostré mi boleto pero siguió insistiendo en que abandonara mi lugar. Y su tono cambió. Comencé a sentir que me estaba tratando mal porque yo era diferente, evidentemente por ser "extranjero". Y tenía razón, pues tras decirle que no, que no me movería sin mi hijo, ella espetó: "¿Por qué no regresa al lugar de donde vino?".

Conservé la calma, aunque su comentario me hirió. Le señalé que lo que estaba haciendo era incorrecto. No pareció importarle. Entonces, le pregunté su nombre. No armé un lío, no la insulté. Ni siquiera me sentí tentado a hacerlo. Con toda firmeza le dije que yo era un cliente y que, como tal, tenía derechos. Que no me iba a sentar en otro sitio, y después de eso menos. Me quedé donde estaba, cerca de mi hijo.

Más tarde envíe una carta a la aerolínea y al cabo de dos semanas recibí una respuesta muy cortés del presidente de la compañía, ofreciéndome disculpas. (Al parecer, ésta no había sido su primera ofensa.) La mujer que me había agraviado había recibido una suspensión temporal. Yo no quería que la despidieran. Quería que comprendiera que me había tratado mal sin razón. Era necesario comunicárselo. Tal vez ella había tenido un mal día, pero lo que dijo fue algo terrible y yo estaba ejerciendo mis derechos. Sabía que había hecho lo correcto en no confrontarla directamente porque no hubiera logrado nada, y además, el incidente hubiera terminado en mala nota. Si he aprendido una lección en el camino es que existen tres frases mágicas cuando uno se trata con otros seres humanos: "por favor", "perdóname" y "gracias". No las usamos lo suficiente.

Por cada anécdota de discriminación y rechazo que pueda contar, atesoro centenares de experiencias positivas. No, digamos mejor millones, ¡si juzgamos por las ventas récord que hemos tenido a lo largo de los años! Ese es el verdadero indicador de nuestra aceptación en este país. El público estadounidense ha sido receptivo y ha dado la bienvenida a un sonido diferente y a una cultura diferente.

Y es en eso en lo que me concentro.

MUCHAS VECES, LOS INMIGRANTES TRAEN sus costumbres a este país y asumen que las instituciones de Estados Unidos funcionan de la misma manera que en las naciones de donde provienen. Ten cuidado de no asumir cosas que quizás no tengan base. Por ejemplo, si crees que te han negado un préstamo bancario debido a tu país de origen, verifica que en realidad no hayas olvidado llenar correctamente los formularios, o que no se te haya olvidado presentar toda la documentación necesaria. Quizás no tienes historial crediticio, o tienes un mal historial crediticio. Esas son cosas que con un poco de esfuerzo y disciplina se pueden corregir.

Recuerda que algunas veces no obtenemos lo que deseamos, o lo que creemos merecer, porque realmente no estamos calificados para ello o no procedimos de la manera adecuada. Haz bien las cosas desde la primera vez y no saques conclusiones demasiado apresuradas. Aprende a seguir las reglas y a acatar las leyes de este país, y de cualquier país en el que trabajes o tengas negocios. Pero también recuerda que tienes derechos y que el más básico de todos los derechos es el de ser tratado con respeto y de forma justa.

Si tu nombre es difícil de pronunciar, ten paciencia. Ayuda a la persona que está intentando pronunciarlo. Sin embargo, si eres un cliente y sientes que no te están tratando bien debido a tu origen étnico, pide hablar con el supervisor. No armes un escándalo, ¿para qué? La persona que te está maltratando ciertamente no comprende, pero quizás su supervisor podrá explicárselo de una manera más efectiva que tú. Dile al supervisor que sientes que te han dado un mal trato, pero nuevamente, respalda tus palabras con hechos. Existen leyes en este país que protegen a las personas contra la discriminación. Y al igual que estamos deseosos de respetar las leyes de esta nación, tenemos derecho a recibir protección en virtud de dichas leyes. Conoce tus derechos. Cuando estés emprendiendo algo nuevo, ya sea mudándote a un nuevo país, estableciendo un nuevo negocio, o empezando en un nuevo empleo, habrá momentos en los que sientas que estás en el fondo del montón. Comenzar de nuevo, incluso desde el fondo, puede ser una oportunidad maravillosa. Esto puede ayudarte a ser más comprensivo y compasivo. Si todo te lo han dado en la vida, simplemente no puedes tener la misma motivación para prosperar y cubrir tus necesidades básicas y las de tus familiares. Pero cuando has pasado por circunstancias difíciles, es muy fácil entender y ponerse en el lugar de los demás. La necesidad es un gran motivador.

Es por eso que muchos inmigrantes tienen tanto éxito. Llevan el fuego dentro. Es otra faceta importante de la ventaja del inmigrante. El ser inmigrante me ayudó a ser agresivo y perseverante, no sólo respecto al dinero sino también a la vida. Hay muchas personas en posiciones de poder e influencia que prácticamente no tienen contacto con lo que realmente pasa en las calles, con lo que realmente sucede en el mundo. El venir desde abajo, establecer un nuevo negocio y empezar por cuenta propia, pueden ser experiencias maravillosas, si dejas que lo sean.

Como he mencionado antes, pienso que los latinos que se mudan a este país en la actualidad tienen ciertas ventajas de las que yo no disfruté a finales de los años sesenta. El mercado es más receptivo a las ideas y los productos latinos, lo que significa que es más fácil introducir elementos adecuados de tu cultura natal en esta nación.

Eso fue algo en lo que siempre trabajé muy duro. La música cubana era lo que conocía, así que trabajé con los sonidos con los que estaba familiarizado, ya fuera tocando el acordeón por propinas en un restaurante o produciendo una grabación para un artista que luego obtendría discos de platino por sus ventas. De la misma manera, cuando tuve la oportunidad de abrir un restaurante nunca pensé en hacer otra cosa que no fuera comida cubana—justamente lo que hicimos cuando abrimos Bongos Cuban Café.

Sé que hay toda una generación de hijos de cubanos que nunca han visitado la isla. Ha pasado el tiempo suficiente para que sean quizás dos generaciones. Su contacto con la música cubana y la comida cubana —la cultura cubana en general— puede ser bastante limitado. Tenemos que trabajar para mantener vivas las tradiciones que trajimos de nuestra patria. Para mí es importante tratar de defender mi herencia cultural y recordar de donde vengo. Ha significado también que lo que he hecho no ha sido el producto masivo típico norteamericano. Siempre he tenido algo distinto que ofrecer.

Tenemos que defendernos en todo momento de las caricaturas y de los estereotipos. Nuestra cultura latina no se reduce a un plato de tamales picantes. Recuerdo que una vez, en un espectáculo de entrega de premios, querían vestirnos a Gloria y a mí con atuendos con arreglos frutales en la cabeza, como si fuéramos Carmen Miranda. Puede ser que fuéramos inmigrantes, pero no somos estereotipos. Los inmigrantes merecen que se les trate con respeto.

La experiencia de ser inmigrante ha contribuido definitivamente a moldear mi enfoque sobre la vida. Todavía tengo mentalidad de inmigrante aunque he pasado más tiempo en Estados Unidos que el que pasé en Cuba. Las comunidades afro americanas, de origen asiático y latinas hacen mucho por este país. Todas las comunidades de inmigrantes aportan en gran medida. Todos contribuimos económicamente, culturalmente, en la guerra, en todas las áreas de la vida. Lo sabemos, pero a menudo tenemos que recordarle a la comunidad más numerosa acerca de nuestras contribuciones. Me siento impresionado y al mismo tiempo humilde delante de todas las contribuciones de los inmigrantes a este país. Y defino la palabra "inmigrante" liberalmente—los hijos y nietos de inmigrantes han logrado avances para sus familias y en sus comunidades y han hecho contribuciones enormes. Aquellos de nosotros que somos inmigrantes —no todos los latinos son inmigrantes; muchos han vivido aquí por generaciones— no hemos venido a quitarles los empleos a los estadounidenses. Hemos venido a contribuir y a ayudar a seguir construyendo esta gran nación, un país al que amamos y al que somos fieles, hayamos o no nacido en él. Encuentra tu propia ventaja. Puede tratarse de los mismos atributos que he destacado como parte de mi experiencia como inmigrante. Sentirte orgulloso de quien eres, de donde provienes (tus antecedentes culturales, familiares, educacionales, laborales, y tus intereses, aficiones y facultades especiales) son las partes constituyentes de tu ventaja. Identifica tus diferencias, tus habilidades y celébralas y usalas para tu beneficio.

CAPÍTULO SIETE

Honra tu familia

He sido sumamente bendecido al formar parte de dos familias maravillosas en mi vida. Nací en el seno de la familia que fundaron mi madre y mi padre. Más tarde, tuve la extraordinaria buena fortuna de formar la mía propia con mi esposa Gloria y nuestros hijos Nayib y Emily y tambien con mis otros parientes, especialmente mi suegra, Gloria Fajardo, quien se ha convertido en una segunda madre para mi a través de los años. Rodéate de familia y dedícate a fortalecer esas relaciones. Comprométete con ellas, siéntete orgulloso de ellas, séles leal. Los únicos que siempre van a estar a tu lado, para celebrar tus triunfos y consolarte en el fracaso, son los miembros de tu familia.

Todo comienza con la familia. Sería imposible exagerar lo importante que es para mí la família. Todo lo que yo y Estefan Enterprises somos hoy, comienza y termina en la familia. Para mí, ha sido un increíble manantial de apoyo y fortaleza.

Por supuesto, las familias están siempre en el flujo. Los parientes mayores nos dejan; los más jóvenes se casan y añaden nuevos retoños al árbol familiar. Pero la presencia de la família es una constante, desde cualquier punto de vista.

Rememoro mi infancia y todos los recuerdos giran alrededor de mi primera familia.

En el mejor recuerdo de mi niñez, me veo buceando en las aguas azul turquesas del mar Caribe, flotando en la superficie, tan inmóvil como puedo, simplemente deleitándome con el momento. El sol brilla, las olas golpean suavemente la playa y no tengo ninguna preocupación en el mundo, ni la más mínima. Es un día ideal de verano y estoy completamente feliz y rebosante de energía. Me paso todo el día entrando y saliendo del agua, o en la orilla jugando sobre la arena. Sólo me interrumpo cuando mi abuela o mi madre insisten en que salga del agua y para comer.

No todos los días de mi infancia fueron así de despreocupados, claro. Un verano, en que tendría unos ocho años, caí gravemente enfermo. De repente me dio una fiebre alta que no hacía más que subir y subir. Lo poco que recuerdo es que me ordenaron acostarme y guardar reposo en cama. Yo era un niño bastante inquieto —hoy en día me llamarían "hiperquinético"— de modo que mantenerme tranquilo exigía normalmente un gran esfuerzo por parte de mi madre y de mi abuela, que eran quienes cuidaban de mí casi todo el tiempo. Pero en aquella ocasión estaba tan enfermo que no creo que haya puesto mucha resistencia.

La mayor parte de mis recuerdos de aquellos días son borrosos. Pero sé que mi familia me cuidó con devoción. Puedo cerrar los ojos y recordar a mi madre acariciándome suavemente las manos, poniéndome paños fríos en la frente. Puedo escuchar su voz suave y reconfortante. Estuve enfermo por muchos días, quizás varias semanas, antes de que la fiebre empezara a ceder. Y cuando bajó, me dejó muy débil.

Mi estado era lo bastante serio como para que mi abuela insistiera en que dejáramos la ciudad y fuéramos a La Socapa, una pequeña isla no lejos de nuestra casa en Santiago, donde me podría recuperar. Mi abuela pensaba que, como tenía las defensas bajas, lo mejor era mantenerme aislado de otras personas y posibles fuentes de infección. También afirmó que el estar lejos de la humedad de la ciudad y el aire del mar me curarían y fortalecerían. Y así fue, al poco tiempo de llegar a la isla, yo andaba corriendo nuevamente, lleno de energía. Mi abuela tenía razón; no sólo estaba mejor de salud, estaba feliz, plenamente feliz.

La Socapa quedaba a sólo un viaje en ferry desde nuestro hogar en Santiago, la segunda ciudad más grande de Cuba, en la provincia de Oriente.

Luego de mi enfermedad, comenzamos a pasar todos nuestros días libres y vacaciones —y a veces los fines de semana— en La Socapa. Era un lugar cálido, colorido y luminoso, y yo me sentía como un pequeño isleño, recorriendo la playa, construyendo castillos de arena, subiéndome a los árboles, y nadando en el agua cristalina. Enfermarme había sido una cosa buena, suponía, ya que después de eso tuve la posibilidad de pasar tanto tiempo en nuestro pequeño paraíso propio.

Esos días en mi isla mágica pertenecen a uno de los períodos verdaderamente bellos de mi infancia. Mis primeros años transcurrieron colmados de calidez y amor familiar, pero flotando sobre todo ello recuerdo haber tenido un persistente presentimiento de que algo malo iba a pasar. Para el momento en que empecé a asistir a la escuela, la revolución estaba en todo su apogeo y la gente estaba empezando a irse de Cuba por montones. Algunos se habían ido incluso antes de que Castro tomara el poder. Podían entrever lo que estaba por suceder, y no les gustaba. En todo caso, irse o quedarse fue el tema de conversación constante en la mayoría de las reuniones familiares durante mucho tiempo.

Nací en Santiago de Cuba el 4 de marzo de 1953, el año que marcó el verdadero comienzo de la Revolución Cubana. Fue este un acontecimiento que, tras cristalizar en 1959, nos obligaría a abandonar nuestro hogar y dividiría a mi familia por años. Yo era muy pequeño para entender en detalle lo que estaba sucediendo en aquellos primeros tiempos, pero supe durante toda mi infancia que las cosas no andaban bien en el mundo; al menos no en el mundo que existía más allá de nuestras puertas. Fuera de casa, la vida era mucho más complicada. Recuerdo una intensa sensación de incertidumbre. Y esa incertidumbre se escurrió en nuestras vidas y amenazaba la existencia tranquila y feliz que llevábamos juntos.

La ciudad de Santiago se encuentra en la región oriental de Cuba. Debido a su tamaño y ubicación desempeñó un papel fundamental en la revolución. Estudiantes universitarios y obreros que odiaban el régimen de Batista habían fundado un movimiento de resistencia urbana en Santiago, y se aliaron con el grupo de Fidel Castro después de un intento fallido de éste de derrocar al gobierno en 1953. Nuestra ciudad comenzó a sentir los efectos de la revolución desde el mismo momento en que se inició. Y fue allí, desde un balcón del ayuntamiento de Santiago, que Castro anunció la victoria de sus fuerzas y el triunfo de la revolución, el 1 de enero de 1959. Yo aún no había cumplido los seis años de edad.

Vivíamos en una casa grande en la zona de la Carretera del Morro de Santiago, cerca de los familiares, la escuela y con muchos amigos en el vecindario —la cosas habituales y entrañables de la infancia. Vivía allí con mi madre, mi padre y mis abuelos —los padres de mi madre—, mi hermano mayor y uno de los dos hermanos de mi madre. Cabíamos perfectamente en aquella espaciosa casa, pues ocupaba casi una manzana completa y tenía por lo menos siete dormitorios. Puertas adentro, nuestra vida hogareña era bastante confortable y feliz. Nunca tuvimos muchas riquezas materiales —a pesar del tamaño de la casa, no éramos ricos— pero nos teníamos unos a los otros y eso pareció ser siempre suficiente.

Los padres de mi madre, Antonio Gómez y Carmen Vásquez, habían emigrado de España antes de que naciera mi madre. Antonio, nacido en La Coruña, se ganó primero la vida en Santiago con una verdulería y, luego, se dedicó a la compra y venta de tierras y bienes raíces. Al poco tiempo abrió su propio negocio y fue capaz de vivir con holgura, proveyendo todo lo necesario para mi abuela, mi madre y sus dos hermanos, aunque en realidad nunca llegaron a ser verdaderamente acaudalados. En aquel entonces, el negocio de los bienes raíces bastaba para asegurarse una existencia decente, pero no para hacer una fortuna. Y así estaba bien para todos.

Mi abuela Carmen fue una figura sobresaliente en nuestras vidas, literal y metafóricamente. Era muy alta, mucho más alta que su esposo Antonio. Jugó un papel en la familia proporcional a su altura, cuidando de cada uno de nosotros. Carmen había dejado a su familia en Galicia y había venido a Cuba como parte de una gran ola de inmigrantes que arribó a Cuba a comienzos del siglo XX. Consiguió empleo en Santiago, con una familia adinerada y prominente —los Bacardí, fundadores y dueños de la famosa empresa productora de ron.

Carmen trabajaba para los Bacardí cuando mi abuelo la conoció y se enamoró de ella. Como el padre de la joven se había quedado en España y ella no tenía más parientes masculinos en Santiago, mi abuelo pidió a Don Emilio Bacardí, la cabeza de familia, su mano en matrimonio. Mi abuela fue feliz en su nuevo país, en su matrimonio y en el hogar que formó con Antonio. Ellos habían dejado atrás España y habían hallado la felicidad y la prosperidad en Cuba.

Mis padres, Emilio y Carmen, nacieron y se criaron en Santiago. Se conocieron un día, por casualidad, cuando mi madre tenía unos veinte años cortos y mi padre casi veintiséis. Se sentaron uno junto a otro en la matiné del cine y él enseguida la distinguió. Comenzó a coquetear con ella, preguntándole si podía prestarle el abanico. Ella se lo prestó. Y así se inició una relación que duraría más de sesenta años.

Procedían de mundos totalmente diferentes, tanto en términos culturales como de características familiares. Pero eso no impidió que se casaran poco después de conocerse. Mi padre era muy simpático y muy seguro de sí mismo y de lo que quería. Cuando vio a mi madre, que era tan bella como delicada, imaginó una futura vida feliz para los dos.

Pero Antonio, el padre de mi madre, no estaba tan seguro de Emilio. Mi padre no tenía una profesión, "no tenía medios sólidos de sustento". De niño había sido vendedor ambulante hasta que se convirtió en jugador de cartas profesional. Estaba luchando por labrarse un camino por sí mismo. Mi abuelo no creía que jugar póker era una profesión apropiada para el esposo de su hija. "¿Cómo se va a ganar la vida? ¿Cómo va a mantener una familia?", decía desesperado mi abuelo a mi abuela. Pero mi padre prevaleció sobre sus suegros futuros.

Mi hermano José nació en 1945, el año siguiente al año en que nuestros padres se casaron, y tuvo a nuestra madre y a nuestro padre prácticamente para sí solo hasta que llegué yo, ocho años más tarde. Debido a la diferencia de edad, mi hermano y yo no pasamos mucho tiempo juntos. Él era un chico cuando yo era un bebé, y para cuando yo asistía a la escuela, Papo —siempre se le dijo así— ya estudiaba en la escuela secundaria. Pero éramos parte de un hogar cálido y amoroso, y de un clan todavía más amplio, de modo que siempre hemos sido muy allegados.

Siempre he pensado que las diferencias entre nuestros padres

Carmen and Emilio Estefan Sr. on their wedding day /
Carmen y Emilio Estefan en el día de su boda

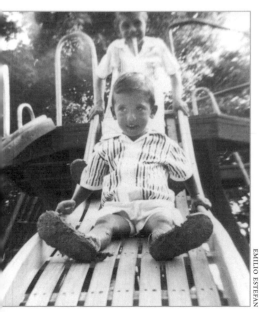

Emilio Estefan Jr.

Emilio Estefan Jr.

Carmen Gomez (grandmother), Emilio, Jose "Papo," and Antonio
Gomez (grandfather) / Carmen Gomez (abuela), Emilio, Jose "Papo," y
Antonio Gomez (abuelo)

Emilio Estefan Jr.'s passport pic-
ture when leaving Cuba for Spain /
El foto del pasaporte de Emilio
Estefan cuando viajaba de Cuba a
España

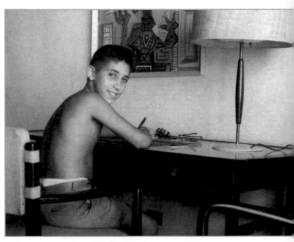

Emilio Estefan Jr. studying hard /
Emilio Estefan estudiando mucho

Emilio playing in the Capetillo Orchestra in Cuba / Emilio tocando en la orquesta Capetillo en Cuba

Emilio Estefan playing accordion with his mom, Carmen / Emilio Estefan tocando acordeón con su madre, Carmen

Emilio Estefan Jr. at WLTV Channel 23 playing on a Sunday show / Emilio Estefan en WLT
Canal 23 tocando en el show del domingo

Julia (grandmother) and Emilio / Julia
(abuela) y Emilio

Aunt Javivi and Emilio / Tía Javivi y Emil

Mr. and Mrs. Emilio Estefan on their wedding day /
El Señor y la Señora Estefan en el día de su boda

Gloria and Emilio Estefan / Gloria y Emilio Estefan

Gloria, Carmen, Emilio, Nayib, and Emilio Estefan Sr. celebrating his
parents' 50th wedding anniversary / Gloria, Carmen, Emilio, Nayib, y
Emilio Estefan, padre, celebrando el aniversario de los 50 años
de matrimonio de sus padres

Emilio Sr., Carmen, and Emilio at his parents' 50th anniversary
celebration / Emilio, padre, Carmen, y Emilio Estefan en la celebración
de su 50 aniversario

Emilio and his brother, Jose
"Papo" Estefan / Emilio y
su hermano, Jose
"Papo" Estefan

Emilio and Nayib with their dalmatian puppies / Emilio y Nayib con sus cachorros dálmatas

Emilio, Gloria, and Emily Estefan in Vero Beach / Emilio, Gloria, y Emily Estefan en Vero Beach

EMILIO ESTEFAN

EMILIO ESTEFAN

Bongos Cuban Cafe opening in Orlando / La abertura de Bongos Cuban Cafe en Orlando

Emilio and Gloria Estefan at the naming of Miami Sound Machine Blvd. / Emilio y Gloria Estefan en la inauguración del Miami Sound Machine Blvd.

Emilio Estefan, Gloria Estefan, and Marco Avila at Miami Sound Machine Platinum Record presentation / Emilio Estefan, Gloria Estefan, y Marco Avila en la presentación de un disco de platino a Miami Sound Machine

—culturas distintas, tipos de familias distintas— nos dieron a mi hermano y a mí muchas ventajas. Tengo la certeza de que lo distinto de sus orígenes me condicionó para ser una persona abierta, más interesada y más receptiva hacia otras culturas y personas.

Recuerdo bien las entradas y salidas de mi abuelo. Tenía un horario fijo y lo observaba estrictamente. Venía a almorzar a casa al mediodía, todos los días, y todos debíamos estar allí con él. Y puntualmente a las seis de la tarde, llegaba a casa para comer con todos nosotros. Esta regularidad inspiraba mucha confianza. Uno podía tener la seguridad de que mi abuelo estaría allí para nuestras comidas en familia y él podía contar con que estaríamos con él, como deseba. Mi abuelo Antonio era el hombre más dulce del mundo. Estar a su lado era un placer y su presencia fue siempre un bálsamo para todos nosotros.

La madre de mi padre, Julia, que había enviudado, y todos sus hermanos y hermanas, once en total, también vivían en Santiago. Mi papá había sido el penúltimo en nacer. Hasta que su padre murió, cuando él era todavía un niño, habían sido una familia adinerada. Mi abuelo paterno, que era natural del Líbano, se dedicaba al comercio de géneros textiles y debido a su trabajo viajaba por toda Cuba y el Caribe. Todos los hermanos mayores de mi padre se consagraron al mismo negocio o a otros afines de comercio de ropa en Santiago.

La familia era muy conocida, tanto por su tamaño como por su éxito, y los Estefan eran un clan muy unido. La familia entera se reunía a menudo. Después de la revolución, cuando la gente comenzó a preocuparse visiblemente sobre el futuro, la frecuencia de estas reuniones aumentó. De hecho, mi abuela Julia empezó a insistir en ver a sus hijos —y a los hijos de sus hijos— todos los días. (Afortunadamente, su casa era lo suficientemente grande para albergar un flujo constante de visitas.)

Cada noche, pasábamos por su casa para reunirnos con toda la familia. Por lo general, en un día cualquiera había unas setenta personas allí. Nos reuníamos para vernos y hablar de la jornada. Normalmente, no sucedía nada del otro mundo. Los encuentros eran parte de la rutina cotidiana. Jugábamos cartas o dominó, los primos andábamos juntos, algunas veces cenábamos allá, los adultos bebían y reían, y el tono sólo se volvía serio cuando se hablaba de política, algo que empezó a suceder cada vez con mayor frecuencia.

En mis primeros años de vida, pasaba casi todo el tiempo con mi madre y mi abuela (nadie asistía a jardines de la infancia ni al preescolar en aquel entonces). Como mi hermano ya estudiaba, yo era el único niño en el hogar durante el día y desde temprano me acostumbré a la compañía de las mujeres. Mi madre en particular tenía un carácter muy dulce y a mí me encantaba estar con ella. No tenía apuro por ir a la escuela, me sentía pleno y contento en casa. En cuanto al contacto con niños de mi edad, tenía amiguitos en el vecindario, así como todos los primos que veía a diario.

Mi madre fue siempre mi mayor admiradora; jamás tuvo una crítica hacia mí. Vivía concentrada en su familia y nos transmitió siempre la seguridad de que podríamos hacer lo que quisiéramos y ser lo que quisiéramos. Desde que tengo uso de razón y justo hasta el día de su muerte, siempre sentí aquella certeza de que todo es posible. Y sé que aún profeso esa convicción gracias a mi madre.

Cuando mis padres se mudaron a este país estaba resuelto a darles algo a cambio. Compré una casa para nuestra familia. Más tarde compré una casa para mis padres y pagué por ella de contado. (A ellos no les gustaba deber dinero por lo que no tomé un préstamo para comprarla.) Cuando Gloria y yo compramos nuestra casa en Star Island en Miami, compré la casa justo enfrente a la de mis padres. Así fue que pude verlos todos los días. Todas las noches a las diez en punto, los llevaba a tomar helado. Y lo hacía contra viento y marea. Si me hallaba grabando con Shakira, y llegaba la hora, yo decía: no, tenemos que parar, y me iba a recoger a mis padres.

Cuando mi madre murió, sólo me quedó un remordimiento. Después que la familia se reunió aquí en Estados Unidos, dediqué un tiempo de cada día a mis padres. Sabía que al llegar el día fatídico, como siempre nos llega, no quedaría nada por decir entre nosotros, ningún resentimiento de los que suelen quedar entre los hijos adultos y sus padres al final de sus vidas. Nos habíamos querido con toda intensidad y yo sentía que los había honrado tanto como lo hago hoy con mi propia familia. No, lo único que tengo que lamentar es que mi madre vivió sin libertad en Cuba por tantos años.

Vive tu vida de familia de modo que no te queden remordimientos. Mientras construyes tu vida y estableces tu negocio, ten en mente que es más fácil hacerlo con el apoyo de quienes te aman. No tendría sentido el no tenerlos a tu lado para compartir las cargas y los éxitos de tu vida.

CAPÍTULO OCHO

Sé tú mismo

He aquí una dura: Sé tú mismo. ¿Suena fácil? Bueno, ¿cómo es que tanta gente lo ignora? Todo lo que haces y la manera en que lo haces, se reflejará en ti. Además, les revelará a los demás quién eres en verdad y, lo más importante, te lo revelará a ti mismo.

La reputación es la señal externa de quién eres. Es tu "marca", si se quiere. Y tiene que ser real. Tiene que ser auténtica. Tiene que ser tú.

Tanto en los negocios como en la vida, es muy fácil adquirir una mala reputación y muy difícil deshacerse de ella. Toma el caso del trabajo, por ejemplo. Cuando te incorporas al mundo laboral, comienzas con el historial en blanco. Puedes haber enviado una hoja de vida para conseguir el empleo, pero cuando llegas a la oficina, al restaurante o a la obra de construcción el primer día, estás bajo la mirilla. Tu jefe no contrató una hoja de vida, contrató a una persona. Depende de ti. No lo arruines.

Muchas veces a lo largo de este libro me referiré al efecto de la primera impresión. Cuando estuve en posición de ser jefe, trabajé arduamente para que mi negocio —dígase los empleados que trabajaban cara a cara con los clientes— causaran una excelente primera impresión. Un personal clave en una empresa de cualquier envergadura es el que se encarga del área de la recepción. Ellos son la primera impresión que tu empresa le da al mundo. Si son amistosos, eficientes y dispuestos a ayudar, es excelente. Si están hablando por su teléfono celular o no miran de frente al cliente cuando este está solicitando su atención, entonces no es nada bueno.

Pero cuando estás empezando, o cuando tomas un nuevo empleo o te mudas a un nuevo país, como lo hice yo dos veces, todo se reduce a ti. El mejor consejo que te puedo dar es muy sencillo:

Sé tú mismo.

Está bien, eso es maravilloso, pero ¿qué significa? Para ser tú mismo, necesitas saber quién eres: tienes que conocer la historia de tu propia vida. Te sugiero que para ello, primero se la cuentes a un amigo o a uno de tus hijos. Algunas veces otras personas nos preguntan cosas sobre nosotros y lo que hemos vivido, sobre las cuales nunca hemos pensado. Contar con una perspectiva diferente es siempre importante. Otra forma de lograrlo es escribiendo tus vivencias y las de tus familiares inmediatos. Como podrás comprobar, si has leído hasta está página, para mí, el proceso de escribir sobre mi manera de hacer negocios implica el narrar mi propia historia.

Los más jóvenes pueden, con toda razón, afirmar que aún están descubriendo quiénes son. "Pregúntame en un par de años". Otra manera de decir "sé tú mismo" es *sé auténtico*. No intentes ser alguien que no eres. Una parte significativa de lo que *te* define es tu sistema de valores. Realiza una revisión de tus valores.

Puedes hacerlo al mismo tiempo que meditas sobre lo que te motiva. ¿Cuáles son las cualidades que consideras más importantes en ti y en quienes integran tu círculo más cercano? Hay determinadas cualidades que te impulsarán a salir adelante y te harán una persona feliz, con una gran autoestima, alguien a quien la gente desee conocer y con quien desee trabajar. El demostrar compromiso, lealtad y respeto te puede ayudar a llegar muy lejos. Será necesario demostrar estas virtudes durante mucho tiempo antes de que tu nombre se asocie con ellas. Pero podrás estar orgulloso de ti mismo desde el primer día.

Es vital que te sientas orgulloso de quien eres. Esa es otra razón por la que debes conocer acerca del lugar del que provienes y acerca de tus padres. Probablemente esto implicará averiguar quiénes fueron ellos antes de que fueran tu madre y tu padre (sé que muchos jovencitos no logran concebir a sus padres como personas jóvenes, ¡pero sí lo fueron una vez!). Y enorgullécete de todo lo que logres.

Para un inmigrante, el orgullo es de suma importancia. Como hemos visto antes, yo aproveché mi herencia cultural y me aseguré de que formara parte de todo lo que he logrado en mi avance en este país. No importa si te separan dos, cinco u ocho generaciones de los primeros inmigrantes de tu familia, aquella semilla todavía forma parte esencial de ti. Mientras más lejos llegues en tu auto búsqueda, más sorpresas podrías encontrar. ¿Qué mi tatara-tatara-tatarabuelo vino de dónde?

A medida que te examines, que descubras tus verdaderas motivaciones, que averigües nuevos aspectos de la historia de tu vida y que repases tus valores, se irá revelando una imagen interesante. Algo estará entrando en foco: ¡Tú! Verás quién eres. Es importante que entiendas cómo has llegado al punto presente de tu vida, porque no podrás cambiar quien eres intrínsecamente, ni debes. Ser lo que eres —ser auténtico, en otras palabras— es tu mayor fortaleza. Recuerda quién eres y cómo llegaste a serlo.

Sé tú mismo. Parece muy sencillo pero abarca tanto. Ello determinará el tipo de persona con que te rodearás, y el tipo de persona que atraerás y que querrá compartir su tiempo contigo. El ser quien eres además determinará lo que hagas con tu vida. Determinará cómo te comportas y cómo proteges tu buen nombre. Y una parte fundamental de proteger tu buen nombre es el vivir de acuerdo a tus medios. Es una mantra: sé tú mismo, protege tu buen nombre y vive de acuerdo a tus medios. No tiene mucho glamour, pero, créeme, es un excelente consejo.

Toda mi vida profesional se ha desarrollado en base a quien y de donde soy. Nunca he tenido que ceder, ni fingir ser algo o alguien que no soy. Mi música es realmente *mi* música, y no una mala imitación de la de otro. Mis ideas son mis ideas. Lo que me gusta y lo que me disgusta no dependen de las veleidades de la moda del momento. Vienen de dentro de mí. Ser auténtico es la única forma honesta de conducta.

Tu personalidad es también única y el ser tú mismo significa ante todo el aceptarte como persona. Una vez que conoces y aceptas tus puntos fuertes y débiles, es más fácil conocer y comprender tus limitaciones.

El conocer tus limitaciones te libera para poder concentrarte en tus fortalezas.

Una cosa que jamás he ocultado ni negado es que padezco del trastorno de hiperactividad con déficit de atención, conocido como ADD, por sus siglas en inglés. Y no me disculpo ya que lo considero más una ventaja que una desventaja. Una ventaja de la que he aprendido mucho. Mi mente a menudo se desenfrena, soy muy dinámico y realmente detesto estar tranquilo. Yo sabía todo eso sobre mí mucho antes de que oyera por primera vez mencionar el término ADD. No sólo he aprendido a vivir con él, sino que lo he convertido en un don, me parece. Por una parte, me obligó desde muy tierna edad a adquirir el hábito de ser muy organizado: de otra forma, jamás podría hacer nada ¡porque me pasaría todo el tiempo buscando las cosas! Otra cosa que me enseñó desde temprano fue la importancia de finalizar lo iniciado. Muchas personas que sufren de ADD tienen dificultad para terminar de realizar las tareas porque no se pueden concentrar el tiempo suficiente para llevar a término las acciones, algunas veces incluso las tareas más sencillas.

Yo lo manejo haciendo muchas cosas a la vez. Si estoy en medio de algo que me exige pensar, como cavilar sobre un plan de negocios o prepararme para una reunión o una entrevista, a menudo lo hago mientras ejecuto una actividad física que haga falta, como lavar el carro o trabajar en el jardín (¡sí, hago ambas cosas!).

Ser tú mismo significa también no fingir ser más o menos de lo que eres. Si estás orgulloso de tus logros, te sentirás bien contándoselo a otros. En el marco apropiado, por supuesto, a nadie le gustan los alardosos. El ensalzarte con virtudes falsas puede llegar a ser muy costoso. Puede costarte oportunidades y puede llevarte por el mal camino. Tratar de ser algo o alguien que uno no es, cuesta caro.

¿Cuántas veces no oímos hablar de personas que van a la catástrofe financiera por adquirir deudas en su intento por parecer más de lo que realmente son? He sido afortunado de nunca haber necesitado tomar grandes préstamos para mis proyectos. Por lo general, he podido hacer las cosas con mis propios medios. No debo dinero. Todos mis bienes personales ya están completamente pagos. Sé que no todo el mundo puede hacerlo. En realidad, es bastante inusual. Y adquirir cierto nivel de deuda para establecer un historial de crédito es algo bueno.

La crisis crediticia que comenzó en 2008 y la recesión subsiguiente ha cambiado la forma de pensar de la gente respecto al dinero. Parte de la razón por la que terminamos en semejante descalabro radica en el que algunas personas abusaron del crédito fácil, hasta el extremo del desastre. Hoy en día es más difícil recibir dinero en préstamo, por lo que es más fácil seguir este consejo: No gastes el dinero que no tienes para convertirte en alguien que no eres. La esencia de este principio yace en cómo te percibes a ti mismo. Sé tú mismo, enorgullécete de quien eres y protege siempre tu buen nombre. Tú eres tu propio buen nombre y tu actitud hacia el dinero proviene de la percepción que tienes de ti mismo.

La manera en que manejamos el dinero dice mucho de nuestros valores y de nosotros mismos. Si de veras sabes quien eres, mantendrás tu dinero y tu crédito bajo control. Cuando estés poniendo en marcha o tratando de ampliar un negocio, necesitarás financiamiento y otros tipos de respaldo. Simplemente no te sobrepases. Cuántas veces no habremos recibido un sobre que reza: "Usted ha sido preaprobado", que trae una solicitud de tarjeta de crédito parcialmente llena con una tasa de interés y algunas gratuidades tentadoras. Recuerda: Las tarjetas de crédito no son dinero en efectivo; son deudas, y deudas caras. Únicamente es buena idea adquirir una deuda cuando es absolutamente necesario para dar un paso hacia adelante, no para hundirte en un agujero del que difícilmente podrás salir. Hundirse es fácil, algunos gastos innecesarios cada mes rápidamente se acumulan en una buena suma. Pagar ese saldo es como bajar de peso: Es muchísimo más fácil ir en la dirección contraria que volver al punto de partida.

Para emprender proyectos realmente grandes, normalmente es necesario obtener préstamos, pero hay que estar consciente de lo que se hace y de las obligaciones que se contraen con la persona o con la institución que presta los fondos. Tantos inmigrantes (y, por supuesto, ¡esto no está dirigido sólo a los inmigrantes!) han tomado préstamos en condiciones contractuales muy estrictas y con tasas de interés demasiado altas. Es extremadamente difícil emerger del fondo cuando te involucras en una situación así. ¿Vale la pena? Probablemente no. Una vez más, nada vale la pena si sacrificas tu buen nombre.

Nuestra relación con el dinero revela muchísimo sobre quienes somos.

Manejar bien el dinero es parte del buen hábito de ser tú mismo. Tomar préstamos puede ser algo bueno si estás bien informado sobre el proceso. Pide asesoría. No me canso de repetirlo. Busca la mejor asesoría que puedas pagar. Pedir dinero prestado es un asunto muy importante, porque tendrás que devolverlo. El no hacerlo puntualmente puede volverse una obligación costosa, y tener pagos en mora puede poner en entredicho tu buen nombre. Averigua cuáles son las mejores condiciones contractuales, para qué eres elegible y toma lo que necesites y puedas devolver, no más. Estudia tus opciones. Si no eres elegible para algo que crees que necesitas, sé paciente.

Una de las lecciones mas importantes que aprendí cuando viví en España con mi padre fue a vivir con frugalidad. Hay dos cosas que debes tener en cuenta al gastar cuando estás intentando vivir de acuerdo a tus medios: no tomes prestado dinero que no necesites y no gastes el que puedas tener.

Hace poco, conversaba con mi hijo y me decía que deseaba comprar una casa. Le dije: "Escucha, sería muy fácil para mí llenarte un cheque ahora mismo. No necesito pasarme cuatro días discutiendo contigo para explicarte que necesitas preparar un presupuesto. Tienes que ser capaz de mantenerte. Te vas a casar, vas a tener hijos. Con lo que ganas ahora, no puedes comprarte una casa." Estoy tratando de enseñarle lo que creo que es importante que sepa. Es ese antiguo consejo de los padres que hace que todo joven ponga los ojos en blanco. El dinero no cae del cielo.

A mi hijo nunca le ha faltado nada y me siento agradecido por eso. Ninguno de mis hijos ha tenido que pasar por lo que yo pasé. Pero eso significa que se han perdido muchas de las lecciones de la vida que aprendí. A pesar de que fueron malos tiempos, durante la época en que viví en España aprendí muchísimo sobre la bondad; sobre la bondad y sobre la vida con carencias. Es sorprendente como uno redefine la palabra "necesidad" cuando tiene muy poco. También es interesante cómo se define la "generosidad"—no se trata de cuánto tienes y das; realmente se trata de cuán poco tienes y cuánto das de ello.

Mi abuela Carmen tenía una hermana en Galicia. Ella se había enterado de nuestra llegada a España y nos ayudaba con lo que podía. De vez en cuando nos mandaba un paquete por correo, una caja con chorizo, quizás, o con queso y otros alimentos. Aquello para nosotros era la abundancia, porque había muchos días en que mi padre y yo, probablemente sobre todo mi padre, sentíamos retorcijones de hambre. Nunca pudimos pagar un viaje para visitarla, ni ella pudo darse el lujo de venir a vernos a nosotros. Sólo años después me enteré de los sacrificios que había tenido que hacer para enviarnos aquellas provisiones. Poco después de casarnos, Gloria y yo fuimos a visitarla. Vivía de manera muy sencilla y era en realidad bastante pobre, pero eso no le impidió compartir lo poco que tenía. Aquellos paquetes fueron muchas veces nuestra salvación. Jamás olvidaré su bondad.

Me mueve a la humildad pensar en mi tía abuela y su sencillez. Me permite ver muchas cosas en su verdadera dimensión. Me recuerda de dónde vengo. Me recuerda poderosamente quién soy.

CAPÍTULO NUEVE

Estudia y sigue desarrollando tus habilidades y talento

A menos que vayas a trabajar por tu cuenta desde el primer día, tendrás que hallar un empleo. Para la mayoría de los empleadores lo primero que destaca a una persona que solicita trabajo es su educación. Si dejas la escuela sin obtener ninguna calificación va a ser difícil que encuentres un buen empleo, o cualquier empleo en tiempos difíciles para la economía. Es posible que pienses que es una pérdida de tiempo el pasar dos años más en la escuela o cuatro años en la universidad. Puede ser que lo que aprendas no sea útil en el mundo exterior, pero quizás debas comenzar desde peldaños tan bajos en la escala laboral, que terminarás empleando más tiempo en ponerte al día que el que hubieras pasado en la escuela o la universidad. En la mayoría de los casos, nunca te pondrás al día.

No soy el mejor ejemplo en lo que respecta a educación. Obtener una educación formal y títulos no eran una prioridad cuando el problema era procurarse el alimento. Sin duda, cuando contrato a alguien evalúo a la persona, no a la hoja de papel. Muchas veces he empleado a personas que no han tenido las calificaciones adecuadas. Pero no todo el mundo es como yo. Y la educación no termina con la escuela o la universidad.

Cuando era niño, en Cuba, la idea de comenzar la escuela no era ni particularmente emocionante ni particularmente traumatizante para mí. Simplemente no me interesaba mucho. El día llegó, y como todos los chicos de mi edad en Santiago, comencé a asistir al colegio. Lo que más recuerdo son las repetidas advertencias de que tuviera cuidado con lo que decía fuera de casa. Realmente nunca me regañaban ni me castigaban. Más bien era mimado, sobre todo por las mujeres de mi vida, mi madre y mis abuelas. De modo que se sentía muy raro que mis padres y abuelos me hablaran con tanta severidad. En retrospectiva, me doy cuenta de que simplemente era parte del clima de miedo que empezaba a calar nuestras vidas.

Nunca me gustó mucho la escuela, pero siempre lograba sacar buenas notas. Sin embargo no me gustaba estar sentado y tranquilo, ni que me dijeran lo que tenía que hacer. Desde que tengo uso de razón siempre he sabido lo que quiero hacer y me parecía muy aburrido respetar el horario escolar. En la actualidad, un niño como yo sería diagnosticado con ADD, el trastorno de hiperactividad con déficit de atención, como sucedió más tarde con mi hijo. Entonces, simplemente se nos tildaba de "indisciplinados" o "apáticos". Pasé mis años escolares en Cuba básicamente aburrido.

Mi padre, con su concepto de "universidad de la calle", no constituía el modelo de conducta ideal respecto a lo de completar mi educación. Como señalé, concuerdo con él en parte: se puede aprender muchísimo de la vida fuera del salón de clases. Pero las experiencias que viví cuando mi padre y yo llegamos a Miami me sirven como recordatorio de que no se debe abandonar los estudios, incluso aunque sea necesario trabajar.

Nos quedábamos en una pequeña casa, adecuada para alojar a cuatro, a lo sumo a seis personas. Mi tío y mi tía se la alquilaban a una pareja de polacos muy agradables, que no creo que supieran cuántas personas vivían realmente allí. Con frecuencia habían primos, tíos y tías, amigos recién llegados: Todo el que necesitara un lugar donde quedarse hasta abrirse camino, hallar un empleo y encontrar un lugar más estable donde vivir. Uno se quedaba sólo el tiempo indispensable y luego se mudaba para hacer espacio a otra persona que necesitara hospedarse.

Todos entendíamos que nuestro papel o, aun más importante, nuestro deber era tender una mano a los recién llegados y a quienes tuvieran necesidad. Era la forma de pagar a los que nos habían ayudado. Sé que esta es una historia que se ha repetido una y otra vez en las comunidades de inmigrantes por todo el mundo. En el caso de la comunidad cubana, la experiencia del inmigrante fue especialmente dramática porque tuvo lugar en el transcurso de muy pocos años. Eso es, en mi criterio, lo que ha hecho de la nuestra una comunidad tan fuerte.

Particularmente me sentía muy feliz de estar con mi tía Javivi. Se parecía mucho a mi madre: Era sencilla, afable y muy dedicada a la familia. Era muy agradable tener el calor y el cariño de alguien que tenía un fuerte instinto maternal. Qué bueno era regresar en las tardes y recibir un abrazo, un beso y la pregunta de mi tía: "¿Cómo estuvo tu día?, ¿qué hiciste hoy?". Estaba tan agradecido de contar con un lugar donde quedarme que era más que una vivienda, era un hogar.

Mi hernia me molestaba ya bastante para la fecha en que llegué a Miami y finalmente accedí a hacerme la operación. Ya el dolor era demasiado fuerte. Un día, como a las cinco de la mañana, mi tía me llevó al Variety Children's Hospital de Miami. No podía quedarse conmigo porque debía irse a la fábrica donde trabajaba. Se despidió con un beso y se fue. Esta vez no me iba a escapar.

No recuerdo la operación en sí, naturalmente, porque me anestesiaron, pero recuerdo con claridad el haberme despertado con muchísimo dolor y sin poder decir nada porque hablaba muy poco inglés. Soy una persona fuerte, pero esa experiencia me aterrorizó. Tenía la garganta completamente seca. Podía pedir "agua", pero no mucho más. Sentí un alivio indescriptible cuando mi tía vino a verme después del trabajo.

Aunque estaba contento de estar en Miami —un lugar que, con su clima cálido, sus palmeras y el mar, se parecía mucho más a Cuba que Madrid— pasé momentos difíciles. Al igual que en España, algunas noches me acosté a dormir con hambre. Pero aún así, me sentía optimista y de inmediato me dispuse a hallar la forma de ganar dinero.

Recordé la conversación que había tenido con mi hermano la noche antes de partir de La Habana. En todas las cartas que me escribía a España, me decía lo importante que era obtener un título, o al menos terminar la escuela. Confieso que estudiar no tenía tanta prioridad para mí como buscar trabajo. Ganar dinero significaba tener más posibilidades de traer a la familia a Estados Unidos, o al menos así era como yo lo percibía entonces.

Comprendí que necesitábamos tener una base lo más sólida posible en los Estados Unidos y que una educación formal sería de gran ayuda. Lo que en especial me estimuló a proseguir mis estudios fue saber que el regresar a la escuela me ayudaría a aprender inglés. En mi vida cotidiana, me hallaba casi todo el tiempo rodeado de cubanos, y probablemente habría sido más fácil continuar usando el español. Pero sabía que así no llegaría lejos a la larga. En aquella época, a finales de los años sesenta, Miami era todavía básicamente una ciudad del sur de los Estados Unidos y no "la entrada a las Américas" en que se ha convertido en la actualidad. A pesar del enorme flujo de cubanos que había arribado en unos cuantos años, predominaba el uso del inglés; el español no se hablaba mucho. Para salir adelante, había que dominar el inglés. Y, creo que, sin lugar a dudas, debería ser una prioridad para todos los inmigrantes de hoy. Tienes que proponerte aprender a hablar inglés. Es esencial para prosperar en Estados Unidos.

Me matriculé en el bachillerato y comencé a asistir de inmediato. No tenía ningún trabajo a medio tiempo, ni siquiera una perspectiva de trabajo cuando un día, un amigo de la familia, a quien conocía de Santiago de Cuba, me dijo que había una vacante en la Bacardí, la fábrica de licores en la que él trabajaba. Por supuesto, conocía de qué empresa se trataba —no hay un santiaguero que no conozca sobre la Bacardí y la famosa familia que la fundó. Y recuerda, mi abuela Carmen había trabajado para Bacardí al llegar a Cuba de España, y mi abuelo pidió a Don Emilio Bacardí, el cabeza de familia e hijo del fundador Facundo, permiso para casarse con ella. Tenía, además, vínculos personales; tanto mi hermano como yo habíamos asistido a la escuela con los Bacardí en Santiago. Estas conexiones hacían parecer esta oportunidad como una feliz coincidencia.

Mi amigo me contó sobre el empleo y me dijo que tendría que mentir acerca de mi edad porque debía tener dieciocho años para trabajar allí. El hombre que estaba a cargo de la contratación me echó una mirada y me dijo: "Tú no tienes dieciocho años" y le contesté: "Así es, tiene razón, no tengo dieciocho. Tengo quince y medio, pero necesito trabajar". El hombre me dijo que quería ayudarme pero que solamente podía contratarme si iba a la escuela, por lo que obtuve un permiso para asistir por las noches al instituto técnico Lindsey Hopkins, que se hallaba en el centro de Miami.

Deseaba intensamente conseguir el trabajo, por lo que me sentí emocionado cuando me contrataron como empleado de la sala de correo. Mi inglés era terrible. Alguien podía decirme: "ve al tercer piso" y yo no tenía idea de qué rayos me estaba diciendo. Las personas allí eran buenas conmigo, estaban dispuestas a ayudarme, de modo que inventamos un sistema con instrucciones básicas: "*Second floor* es segundo piso", escritas en un pedazo de papel. Trabajaba de lunes a viernes y asistía a la escuela nocturna, de las cuatro de la tarde a las ocho de la noche, directamente después del trabajo, cinco días a la semana.

Bacardí forma parte de mi vida. La empresa y la familia eran figuras emblemáticas en mi ciudad natal, de modo que siempre había escuchado hablar de ellos. Luego, obtuve mi primer trabajo en Estados Unidos en Bacardí y allí me quedé por años. Es otra forma de medir lo lejos que he llegado. Comencé mi vida laboral en Bacardí como ayudante de oficina, siendo un chico que no hablaba inglés, y hoy mis restaurantes venden más ron Bacardí que cualquier otro establecimiento en la Florida.

Fue emocionante recibir mi primer cheque. No era mucho dinero pero se sentía como una gran arrancada. Ahorraba todo lo que podía, y gastaba sólo lo que era absolutamente necesario para sobrevivir. En ocasiones, apenas contaba con dinero suficiente para comprar comida, tal era mi determinación de ahorrar. Me hice experto en ahorro. A veces, de regreso a casa del trabajo, me detenía en alguna tienda, compraba una botella de leche y un par de rosquillas del día anterior, y en eso consistía mi cena. (Es sorprendente la nostalgia que puede llegar a sentirse por los tiempos difíciles: todavía hoy, prefiero las rosquillas viejas.)

Más o menos en la misma época que comencé a trabajar para Bacardí, empecé a hacer trabajos sueltos en el vecindario los fines de semana, para ganar dinero extra. Al poco tiempo, había ahorrado el dinero suficiente para comprarme un viejo y destartalado Volkswagen Bug. Iba en él a todos lados y el contar con un medio de transporte me ayudó a encontrar más trabajo. No siempre me pagaban con dinero; muchas veces aceptaba trueques: un viaje a la tienda de comestibles o a recoger a alguien, a cambio de una plancha o de una tabla de planchar, de una aspiradora, de un par de platos. Aceptaba artículos a cambio de mis servicios porque deseaba amueblar un apartamento o una casa para cuando mi familia llegara a Miami. Me motivaba preparar una casa para mi madre.

Unos seis meses después de mi llegada a la Florida, mi padre pudo reunirse conmigo en Estados Unidos. Lo había reclamado de inmediato tras arribar al país, y mi tía y mi tío habían empezado a ahorrar también para su pasaje. Tenía la esperanza de que a partir de ese momento, podría pagar para sacar a los míos de Cuba hacia Miami. Mi padre y yo nos quedamos con mi tía durante un tiempo, hasta que tuvimos dinero suficiente para mudarnos solos a un apartamento.

A pesar de que el trabajo era una prioridad, yo comprendía que sería mucho mejor a largo plazo si pudiera hablar inglés y graduarme del bachillerato en el sistema educativo estadounidense. Entonces hice ambas cosas: Trabajé y fui a la escuela. Es sumamente importante: nunca dejes de estudiar. La educación es primordial, pero la educación académica no es la única opción viable. La formación académica tiene sus limitaciones en la práctica. Puedes tener todos los títulos habidos y por haber, pero si no sabes escuchar y dar respuestas claras, no vas a impresionar a mucha gente ni por mucho tiempo. (Y no sabes la cantidad de gente que he conocido a través de los años que tienen titulos pero les falta el sentido común.)

El aprendizaje debe extenderse hasta el centro de trabajo. Yo ya trabajaba cuando empecé el bachillerato y seguí trabajando mientras estudiaba en el colegio técnico. Tú puedes aprender muchísimas cosas en el trabajo, sobre todo si empiezas desde muy joven. Puedes aprender cómo organizar, planificar y lidiar con una amplia diversidad de personas, todas ellas habilidades importantes que vas a necesitar una y otra vez en los negocios, ¡y en la vida!

Obtener una educación académica es parte esencial de todo plan bien pensado. Debes tratar de graduarte formalmente, no necesariamente para especializarte en un área en particular. Es importante más bien porque te obliga a ser disciplinado y te ayuda a aprender a aprender. Te enfrentas a una materia que no conoces y debes aprender cómo dominarla sin que te invada el pánico. El estudio te proporciona una sensación de logro, puede ayudar a garantizar tu seguridad y la de tu familia, y le muestra a quienes interactúen contigo en los negocios que eres capaz de llevar a término una tarea difícil.

Si unes lo que sabes por intuición a lo que aprendes en la calle, el trabajo y la vida, y además con estudios académicos, habrás creado una combinación destinada al triunfo. Si debes lidiar con cálculos pero no has estudiado contabilidad, te sirves de tu formación académica para aprender a interpretar y comprender esos números. Además, empleas tus conocimientos y tu intuición para saber cuándo algo parece bueno o no. Si haces uso de todas esas formas de aprendizaje que tienes a tu disposición, estarás bien ubicado para sacar siempre el mejor partido.

CAPÍTULO DIEZ

Haz lo que te gusta hacer

S iento una inmensa gratitud por haber descubierto mi talento para la música. Tienes que hacer un recuento de tus capacidades. Si tienes un talento especial, desarróllalo, cultívalo. He amado la música desde que vine al mundo y para mí nunca ha sido un problema el practicar un instrumento todos los días. Si algo te gusta, casi no puedes evitar hacerlo. Y cuando, siendo adolescente, me di cuenta de que me gustaba hacer negocios y tenía talento para eso también, pocas veces perdí una ocasión de tratar de hacer un negocio o cerrar un trato.

Por si quieres saber por qué estoy donde estoy hoy: Todo comenzó con un acordeón.

Un día, cuando tenía diecisiete años, pasaba frente a una tienda de instrumentos musicales en el centro de Miami y allí estaba: un acordeón, con sus teclas blancas refulgiendo en el sol de la tarde. Algo faltaba en mi vida: hacer música. Había aprendido a tocar desde que tenía siete años pero hacía tiempo que no lo hacía, más que nada porque no había tenido acordeón desde mi salida de Cuba dos años antes. En España, toqué en ocasiones en un restaurante con un acordeón prestado, pero no había tenido la oportunidad de practicar ni de tocar con otros músicos por diversión.

Quería aquel acordeón. Lo quería tanto que casi lo podía sentir en mis manos. Podía ya oír en mi mente la música que quería interpretar.

En aquel momento, mi padre y yo todavía vivíamos con mi tío y mi tía; corrí a casa, busqué a mi tío y le supliqué: "Tío, ven conmigo. Necesito tu ayuda". En nuestro camino a la tienda, le expliqué que necesitaba que me sirviera de segundo signatario de una solicitud de préstamo para poder comprar el acordeón. Le expuse mis argumentos. Aquello era una forma de hacer dinero, estaba seguro. Le dije que podría pagar el préstamo en un plazo relativamente corto. No me fue muy difícil convencerlo. Después de todo, había sido un hombre de negocios y sabía que hacer dinero a menudo implica algúno riesgo. Ciertamente, implica sacrificios e inversión.

Llegamos a la tienda y tomé el acordeón. La sensación de tenerlo en mis manos era tan familiar que lo apreté contra mí. Mi tío y yo dejamos un pequeño adelanto y llenamos las planillas. Luego, el dueño de la tienda metió el acordeón en su estuche y me lo entregó. Era mío.

Llegamos a casa con el acordeón y una deuda de $277. Mi tía puso el grito en el cielo. *¿Qué estaban pensando* ustedes dos? Te voy a decir lo que yo estaba pensando y lo que le dije a mi tía aquel día. Es tan verdad hoy, como lo era hace cuarenta años, y conforma el núcleo mismo de mi filosofía sobre la felicidad en la vida y el trabajo.

"Necesito hacer algo que me guste", fue lo que le dije.

El sentimiento era embriagador, tan embriagador que estaba dispuesto a convencer a mi tío de gastar el dinero que no tenía para poder dedicarme a la música de nuevo. La música ejercía un efecto sanador sobre mí. Deseaba hacer música. Y necesitaba hacer dinero. La música era una forma de sentirme realizado y, a mi modo de ver, un medio para complementar mis ingresos. Resulta que tenía razón respecto a ambas cosas. La compra de aquel acordeón desencadenó una serie de acontecimientos que han desembocado en lo que es mi vida hoy.

La música me gustó desde la más tierna edad; tanto escucharla como interpretarla. Era la única actividad en la que, de niño, podía concentrar fácilmente mi atención por largo tiempo. Mi familia no se destacaba en particular por sus cualidades musicales, pero uno no puede ser cubano —y sobre todo santiaguero— y no amar la música. La ciudad es famosa por sus tradiciones musicales y es la cuna de muchos géneros únicos de

Cuba. Siempre había música a nuestro alrededor y era tan parte de nuestra vida cotidiana en Santiago, como la brisa tibia que sopla del Caribe. De Santiago, recuerdo las montañas y el mar, y la música.

Cada año, en el mes de julio, se celebraba un gigantesco carnaval en la ciudad. Los músicos y otros participantes se engalanaban con vestuarios vistosos y coloridos, y bailaban al ritmo de la música que nunca se detenía. Se formaban enormes congas, con hileras de miles de personas. Me encantaba ver a la gente divirtiéndose tanto, pero en especial me encantaba la música.

Lo que mejor recuerdo son los ritmos; eran muy contagiosos y se te quedaban sonando en la cabeza. Muchos géneros musicales nacieron en Santiago; por lo general, fruto de la fusión de ritmos africanos traídos por los esclavos siglos antes, con los sonidos provenientes de Europa. Los géneros que más comúnmente se identifican con Santiago son la trova y el son. La trova es la música que hacían grupos de músicos ambulantes, algo parecido a los juglares europeos. Cada año se celebra en Santiago un festival especial de este tipo de música. El pueblo se reúne en las plazas y los parques por toda la ciudad (así como en sedes mucho más formales) y la toca y la escucha.

El son se asocia quizás todavía más con Santiago, y es el ejemplo perfecto del género afrocubano. Tiene un ritmo característico marcado por el contrabajo y se acompaña de mucha percusión. Al tocar el son, los músicos típicamente usan las claves (dos palos pulidos de madera dura, que se golpean rítmicamente uno contra el otro) y tumbadoras y tambores batá (ambos de origen africano). En nuestra ciudad vivieron músicos célebres, como Compay Segundo (del Buena Vista Social Club) y Desi Arnaz (antes de ser el esposo de Lucy, fue un famoso director de banda).

No recuerdo cuando empecé a escuchar música, pero sí cuando empecé a tocarla. Tenía unos tres años de edad cuando recibí mi primer acordeón. Fue un regalo por el Día de los Reyes. En Cuba no celebramos las Navidades con regalos. Estos se hacen el 6 de enero, día de la epifanía, fecha en que los tres reyes magos llevaron sus regalos al Niño Jesús. Recuerdo que estaba súper contento y emocionado de tener mi propio instrumento, aunque fuera de juguete. Al poco tiempo ya tocaba el acordeón por mi cuenta durante horas. Pensándolo bien, tal vez por eso me lo regalaron. Probablemente mi mamá necesitaba librarse un poco de mí y aquello pareció una buena manera de mantenerme ocupado.

Resultó que yo tenía talento para el acordeón. No pasó mucho antes de que empezara a tocar de oído melodías. "La chambelona", "Siboney", "Quiéreme mucho" estuvieron entre las primeras. Un tiempo después, ya tocaba en las reuniones familiares. Y, afortunadamente, estos encuentros se realizaban con frecuencia, así me dieron la oportunidad de practicar y refinar mis habilidades escénicas e interpretativas.

A ALGUNOS MUCHACHOS DEL BARRIO—Agustincito, Pundi, Carlitos, Danielito—también les gustaba la música. Empezamos a andar juntos y, en lugar de sólo hacer las cosas habituales de los varones, como jugar a la pelota o a la guerra, o a policías y bandidos, empezamos a tocar música juntos. Aparte de mi acordeón y de una guitarra de juguete no teníamos mucho más en calidad de instrumentos, de modo que usábamos un par de palos, cucharas, ollas y sartenes —todo lo que cayera en nuestras manos. ¡Teníamos todo lo necesario para armar nuestro propio espectáculo y de verdad que empezamos a hacerlo bastante bien!

Un día mágico, mi padre regresó de un viaje a La Habana, cargado de regalos. Había ganado allá una buena suma en un juego de póker (o tal vez se hubiera ganado la lotería otra vez) y, como era tan generoso, siempre traía regalos no sólo para su familia y los parientes, sino también para los amigos. Esta vez volvió con instrumentos, instrumentos musicales de verdad. Trajo guitarras, bongoes, tumbadoras (un tipo de tambor de pie), claves y el más especial de todos: Un acordeón, ¡un acordeón real!

Todos estábamos encantados, pero sobre todo yo. Mi padre no habría podido darme un regalo mejor si me hubiera pedido que le dijera que es lo que más quería en el mundo. Hasta el día de hoy, aquel acordeón ha sido el regalo más delicado que he recibido en mi vida, y el que más he agradecido. Los muchachos y yo nos consideramos músicos "reales" y nos tomamos nuestra vocación en serio. Le dimos un nombre al grupo: "El conjunto Capetillo", en honor a mi padre. Ensayábamos mucho y lle-

gamos a ser tan buenos que pudimos tocar por propinas en las fiestas. Al
año de haber formado el grupo, nos contrataban para tocar en clubs y
carnavales, y una vez hicimos casi 75 dólares, ¡una fortuna! Y, luego, actuamos en un programa de televisión nacional.

No mucho después de aquel viaje a La Habana, mi papá tuvo que
dejar de jugar póker. El gobierno comunista había declarado ilícitos los
juegos de azar y era demasiado peligroso para él continuar en ese tipo de
actividad. Hacer música y tocar con "El conjunto Capetillo" fue un oasis
para mí durante los años que viví en Cuba. Y seguí tocando hasta el día
que salí del país.

Cuando nos fuimos de Cuba no pude llevar el acordeón conmigo y la
música estuvo ausente de mi vida por primera vez desde que tenía uso de
razón. Hasta un día en Madrid, que hallé un restaurante donde me permitieron tocar para los clientes a cambio de comida para mi padre y para
mí. Pedí prestado el acordeón a un músico que tocaba en el restaurante
por las noches en los días de semana. Yo tocaba en las horas de menos
afluencia.

La música, que por mucho tiempo había sido mi consuelo y mi escape,
se convirtió en uno de mis medios de supervivencia. Pronto, la gente empezó a pagarme cuando solicitaba un número y me daban además propina. Ese dinero nos era muy útil. Aprendí que cada poquito ayuda. Y
hacer música otra vez me estaba ayudando a sanar el alma. Me mantuve
centrado y obligándome a recordar que todo aquel sufrimiento y aquella
soledad eran etapas para alcanzar un propósito mayor.

Retomando Miami, una vez que tuve mi valioso acordeón, volví a tocar, practicando en cada minuto libre que disponía (que no eran muchos). Ahorré y ahorré y comencé a pagar el préstamo que había tomado
para comprar el instrumento. Me sentía súper orgulloso cada vez que
hacía un pago, en cuotas mensuales de $17.58. Ya lo sabía entonces, y
sigo estando seguro de ello hoy: una deuda se puede saldar, lo que no se
puede cancelar es el remordimiento. A veces hay que invertir en lo que te
gusta y arriesgarte.

Quería diversificarme, quería tocar más instrumentos y quería tocar con otros músicos. No podía darme el lujo de comprar nada más en

aquel momento, pues teníamos gastos diarios, estábamos ahorrando para conseguir un lugar donde alojarnos mi padre y yo, y además para traer a la familia de Cuba. Pero un día, tuve una idea que me pareció que valía la pena poner en práctica. Le había estado dando vueltas a una guitarra en una tienda de instrumentos, consciente de que no tenía medios para comprarla pero deseando intensamente hacerlo. Me acerqué al dueño de la tienda y le ofrecí un trueque: A cambio de la guitarra, trabajaría los sábados por la tarde en la tienda, limpiando los acordeones que él alquilaba y vendía, y afinando las guitarras. Para mi enorme alegría, el dueño aceptó la propuesta.

Comencé a tocar acordeón junto con dos violinistas, primero por propinas, en un restaurante italiano en el Biscayne Boulevard de Miami, por las noches y los fines de semana, después de la escuela y de mi trabajo en la sala de correo de la Bacardí. Iba a clases, luego me cambiaba de ropa en el carro y me iba al restaurante a tocar acordeón. Al poco tiempo, un colega de la Bacardí me invitó a tocar con él en una banda. Dimos nuestra primera presentación en una fiesta en la oficina y, a partir de ahí, llovió de todo: cumpleaños, primeras comuniones, bar mitzvahs, fiestas de quinces, de todo lo habido y por haber. Y estaba haciendo lo que me encantaba hacer.

No voy a decir que hacer malabares para cumplir con mi horario de trabajo y mis estudios era fácil, pero estaba profundamente motivado —en parte por necesidad— y lo que me mantenía en marcha era que me gustaba lo que hacía. Eso ha sido absolutamente vital para mi éxito. Encontré algo que me encantaba hacer y hallé una manera de ganarme la vida haciéndolo.

¿Es fácil? Sí. Bueno, está bien, no —pero casi. Saber qué es lo que te gusta es tener ganada casi la mitad de la batalla. De modo que si aún no lo sabes, descubrirlo será el primer paso. No te engañes pensando que algo te traerá fama y fortuna (o al menos fortuna) y que te enamorarás de ello más tarde. Ni tampoco que porque una profesión sea digna y noble te gustará. (Aunque siempre he considerado la música una profesión que eleva el espíritu porque trae alegría a la persona que la interpreta y a la persona que la disfruta.)

Es posible que tengas que probar varias cosas antes de que definas qué es lo que te gusta hacer, pero persevera. No tardarás en descubrir tu vocación.

¿Por qué es tan importante que hagas lo que te gusta? Parte de la respuesta es obvia. Si te dedicas a algo con lo que no estás completamente comprometido, te cansará, te hará sentir frustrado y probablemente empezarás a hacerlo mecánicamente. Una gran parte de vivir tu sueño consiste en divertirte a lo largo del camino. Es tan importante que disfrutes la vida todo lo que puedas. Si puedes alcanzar el éxito haciendo algo que te gusta, no hay nada mejor.

CAPÍTULO ONCE

Elabora un plan

T e sientes motivado y has asumido la responsabilidad por tus propios actos. Si tienes suerte, has encontrado algo que amas hacer. Estás comprometido con mejorar tus perspectivas para el futuro mediante la educación o la capacitación. Mantienes una actitud positiva hacia la vida. El siguiente paso es elaborar un plan y luego continuar planeando, una y otra vez. Yo tenía un plan el día que vi y compré el acordeón. Quizás no lo había articulado con mucha claridad, ni siquiera a mí mismo, pero había más tras esa compra que el simple deseo de alborotar por ahí y yo lo sabía instintivamente.

El propósito de mayor envergadura ya estaba definido, que era reunir a toda mi familia en libertad en Estados Unidos, pero no había preparado un plan adecuado para hacerlo realidad. El hecho de que podía hacer algo que me gustaba era una ventaja. Por supuesto, estaba además motivado por la necesidad —¡y por el deseo!— de saldar el préstamo del acordeón, mi primera deuda, pero esa es una pequeña parte de la historia...

Formulé el plan tan pronto llevé el acordeón de la tienda a casa. Seguía trabajando todo el día en la Bacardí y después de la escuela salía a tocar música. ¡Era un jovencito con un plan! Los elementos del plan habían quedado bien engranados y al cabo de dos años rendirían un maravilloso fruto.

Yo tuve una magnífica trayectoria en la Bacardí. Era entonces, y todavía lo es, una excelente empresa donde trabajar. Educa a sus empleados y yo siempre sentí que tenía muchas oportunidades allí para aprender y para crecer. Pero en algún momento iba a querer hacer algo por mi cuenta, algo que yo realmente pudiera dirigir y considerar mío. Recuerdo que tenía aquel anhelo, no porque no me gustara la Bacardí; sino por todo lo contrario en realidad. La empresa fue una estupenda escuela. Fue mi escuela de negocios, para todos los fines prácticos. Yo veía como la Bacardí trataba a sus empleados y esto, por supuesto, lo experimenté de primera mano. Mi trabajo era reconocido y recompensado, me sentía valorado y sentía que lo que hacía a diario era importante.

Hice de todo en la Bacardí. Siempre fui positivo y me hacía disponible. "Necesito trabajar. ¿Qué quiere que haga?", y me ofrecía para trabajar los fines de semana por una paga adicional. Iba a los bares para hacer promoción, lo que hiciera falta. Las personas siempre están más dispuestas a ayudar a alguien con esa actitud que a una persona huraña y holgazana. Es lógico.

Al poco tiempo pasé de la sala de correo al departamento de mercadeo. Disfruté aquel paso enormemente. Me convertí en el asistente de un muchacho llamado Andy Fernández, que había sido compañero de escuela de mi hermano. Él quería ayudarme. Me di cuenta —y también mis patrones— de que tenía habilidad para el mercadeo. ¿Qué son los especialistas en mercadeo? La definición breve es que son promotores de una idea, de un concepto. Su ingenio consiste en que son capaces de traducir algo tangible en algo abstracto (o, a veces, viceversa). Por ejemplo, ¿con qué frecuencia has visto un refresco, una prenda de vestir u otro producto definido como parte de un estilo de vida? A menudo, el producto casi ni se menciona en la campaña publicitaria. Lo que se resalta es la manera en que el producto le mejora la calidad de vida al consumidor. Tienes que ser bastante hábil para lograr esa distinción. Y es súper divertido hacerlo.

Otro aspecto estupendo de trabajar en la Bacardí era su receptividad hacia las ideas. No importaba quién fueras o en qué parte de la empresa trabajaras; si tenías una idea, alguien te escucharía. Si era buena, usualmente encontrabas a alguien deseoso de aprovecharla y de ayudarte a ponerla en práctica.

Cuando empecé a trabajar en el departamento de mercadeo de Bacardí, tuve una idea sobre un negocio dentro de la empresa. Yo tenía diecinueve años en aquel entonces, por lo que no llevaba mucho de empleado allí, pero ya podía percibir que Bacardí tenía una forma muy creativa de promocionar sus marcas a través de los anuncios comerciales. Hacían concursos, organizaban eventos de degustación, auspiciaban festivales y vendían camisetas. Un día, mientras preparaba un pedido de camisetas, me di cuenta de que podía hacerlas yo mismo, y más barato. Utilicé calcomanías en lugar de pintura. Las mostré en la Bacardí y les gustó. Fui a la fábrica de camisetas con la orden de compra y el hombre me dijo, "yo te las hago", y esa fue la primera suma grande de dinero que gané. Bacardí se ahorró dinero, yo le gané un montón a cada camiseta y todos quedaron felices.

Otra cosa maravillosa de la cultura corporativa de Bacardí era que sus gerentes se interesaban en sus empleados y en sus vidas. Para nadie era un secreto que yo adoraba la música —hablaba todo el tiempo de música. Muchos de los que trabajaban conmigo también eran cubanos, que extrañaban su país y su cultura, de modo que la música era un lazo común y un tema de conversación.

Tito Argamasilla Bacardí, uno de los directores de la Bacardí, sabía que yo era músico y que tenía un segundo empleo en un restaurante. Su familia estaba preparando una gran fiesta de cumpleaños y Tito era el encargado de organizar la parte recreativa. Me preguntó si podría ir a la fiesta y tocar el acordeón, sólo por un par de horas. Percibí esto como una gran oportunidad. Esto podía abrirme la posibilidad de recibir más invitaciones de gente prominente en el futuro, por lo que decidí arriesgarme y no hacer dinero para mí con el concierto: contraté un guitarrista y un percusionista para aquella noche. Además me entusiasmaba poder tocar con otros músicos.

Me ofrecí para tocar en la fiesta por propinas. Hice los arreglos para que me acompañaran dos músicos. Toda la familia estaba allí reunida y recibí una generosa propina al final de la noche.

El día de la fiesta resultó ser muy especial para mí. Nos habían contratado para actuar hasta cerca de las diez y media de la noche, pero terminamos quedándonos hasta las cuatro de la madrugada, dejando de tocar sólo para tomar unos recesos breves. Llámele nostalgia o buen ambiente, o como quiera, lo cierto es que los invitados se estaban divirtiendo tanto que pedían más y más números, y nosotros seguimos tocando. La banda la estaba pasando tan bien como los invitados. Yo me sabía todas las canciones cubanas de antes y las toqué todas. Aquello pareció llenar una necesidad en la fiesta. Las personas se sentían tan identificadas con la música que no querían que parara. Ni yo tampoco.

Nos fue súper bien aquella noche. Ganamos muchísimo en propinas y, lo más importante, tuvimos una oportunidad fantástica de darnos a conocer. Tocamos la música que adorábamos para gente que adoraba aquel tipo de música. Habíamos hallado nuestro público y éste nos había hallado a nosotros. A partir de esa noche, todo sucedió vertiginosamente. El mismo grupo de muchachos empezó a tocar todos los fines de semana, hasta dos y tres veces durante el fin de semana. Y nacieron los Miami Latin Boys.

Mi decisión intuitiva acerca del acordeón había empezado a dar resultados.

Yo pensaba todo el tiempo en mi familia en Cuba: En mi madre, hermano, cuñada, sobrina y mi pequeño sobrinito. Por muy bien que me fuera, mi existencia carecía básicamente de sentido si no los tenía allí conmigo. Mantenerse en contacto era muy difícil. En aquellos tiempos, era casi un milagro conseguir hacer una llamada telefónica. Comunicarse con la operadora demoraba horas y cuando lo lograbas, esta prometía llamarte de vuelta cuando pudiera conectarse. Y aún así, a menudo no se podía.

Debido a lo poco frecuente que era obtener cualquier tipo de comunicación, era raro saber algo de la familia. A veces recibíamos noticias de boca de recién llegados, nuevas familias procedentes de Santiago, pero muy pocas personas habrían hecho una visita a Santiago lo suficientemente reciente como para ofrecer noticias frescas. El poder reunir de nuevo a toda la familia seguía siendo el motor que impulsaba todo mi arduo trabajo, incluso aunque por momentos me parecía que todavía deberían pasar años antes de que pudiera lograrlo.

Yo ahorraba todo el dinero posible para pagar el viaje de los míos. Todavía no se realizaban vuelos directos entre Cuba y Estados Unidos, de modo que cuando mis familiares salieran, tendrían que hacerlo por un tercer país, como España, tal como habíamos hecho mi padre y yo. Esto encarecía aún más las cosas. Lo sabía, pero nunca me desanimé.

Conseguí reunir casi 1.200 dólares y los escondí en un lugar seguro. Mi padre sabía de la existencia del dinero; en aquel tiempo mi dinero era "nuestro" dinero. Un día llegué a casa y descubrí que el dinero había desaparecido, y mi padre con él. No volvió en los dos días siguientes. No me preocupé, ni por él, ni por el dinero, porque comprendí que los había tomado para un juego de póker. Como él ganaba con más frecuencia que la que perdía, no pensé mucho en el dinero y lo duro que había tenido que trabajar para reunirlo. Pero cuando pasaron varios días y él siguió sin aparecer, comencé a dudar de si volvería a ver mis ahorros. Y eso fue lo que sucedió. Mi padre había tomado el dinero para un juego, pero esta vez lo había perdido todo—hasta el último centavo.

Aquello fue una gran decepción, dicho con palabras dulces. Pero sabía cómo era mi padre y no me sorprendió. No era la primera vez que había sido absolutamente irresponsable con el dinero, y no sería la última. No podía enojarme con él. Lo conocía demasiado bien, y realmente, lo quería demasiado también. Había hecho dinero antes, lo haría otra vez. Aquel no era el tipo de obstáculo suficiente para descarrilarme.

Tenía fe en que mi plan a largo plazo daría resultado. Estaba aprendiendo mucho en la Bacardí y aprovechando las oportunidades que allí se me presentaban. Además, creaba mis propias oportunidades al dar a entender a todos que estaba dispuesto a trabajar y que podía probar a hacer de todo. Entretanto mi inglés iba mejorando y yo me esforzaba en ello. Pero Bacardí siempre significó el camino hacia un fin, no el fin mismo. Sabía que mi música me llevaría mucho más lejos que mi empleo en la empresa, por muy bien que me fuera. Cambiaba mi plan constantemente y ponía las miras en metas cada vez más y más altas. Uno de mis sueños estaba a punto de realizarse.

CAPÍTULO DOCE

Sigue planeando

A mi madre por fin le otorgaron la visa en 1970. Pero no había vuelos directos entre Cuba y Estados Unidos, por lo que ella compró boletos para Ciudad de México, sin saber a ciencia cierta cómo viajaría hasta Estados Unidos desde allí. Pero al menos saldría de Cuba, y aunque físicamente estaríamos algo lejos, estaría un poco más cerca de nosotros. Se sabía que los cubanos podían cruzar legalmente la frontera entre México y Estados Unidos. Cuba y Estados Unidos no tenían relaciones diplomáticas, ni siquiera una embajada o funcionarios consulares. En 1977, ambos países establecieron secciones de intereses en sus respectivas capitales, lo que facilitó en gran medida la obtención de visas. Los viajes directos no se restablecieron hasta algunos años después.

Conozco muy pocos detalles de la partida de mi madre de Cuba; sólo que, a pesar de su regocijo por reunirse conmigo y con mi padre, la devastaba la tristeza de dejar a mi hermano y su familia atrás. Para entonces, ya sus padres habían fallecido, y mi hermano insistió en que mi madre se fuera. Todos veíamos este como un paso más hacia la reunificación familiar.

Mi madre llegó a Ciudad de México y comenzó a hacer rápidamente los trámites para trasladarse a Miami. No tenía documentos para ingresar en Estados Unidos, a pesar de que los cubanos podían hacerlo legalmente y recibir la residencia. El problema era que no teníamos dinero para mantenerla allá mientras se procesaba el papeleo. Junto con una familia que conocíamos de Santiago, viajó por tierra hasta la frontera entre México y Estados Unidos y le pagó a un coyote (un guía) que la pasó al otro lado.

Pero al llegar a Río Grande, hubo un problema para cruzar el río. En Miami esperábamos noticias y no supimos nada de ella durante días. Estábamos consternados. Yo estaba tan angustiado que pensé que perdía la razón. ¿La habrían secuestrado? Puedes imaginar todos los pensamientos que cruzaron por mi mente. Al fin, recibí una llamada de mi madre, diciendo que estaba en Houston y que volaba hacia Miami esa misma noche. Había estado escondida todo aquel tiempo debido a la vigilancia de la guardia fronteriza en el área.

De modo que, como tantos otros, antes y desde entonces, mi madre ingresó a Estados Unidos de manera ilegal. Los cubanos, tan pronto llegaban a Estados Unidos podían cambiar su estatus de inmigración inmediatamente sin consecuencia alguna. Mi padre y yo estábamos locos de alegría. Habían sido los cuatro años más largos de mi vida.

Mi sueño de reunir a la familia se había realizado en parte, según mi primer plan. Aún no estábamos todos juntos, pero mi madre había podido salir de Cuba gracias al dinero que me había ganado en diferentes empleos, principalmente tocando con los Miami Latin Boys. Mi amor por la música y mi determinación de sacar provecho de mis talentos musicales habían dado frutos. Conservé mi empleo a tiempo completo en la Bacardí durante años e iba camino de hacer más dinero por esa vía también. Entretanto me gradué del bachillerato, lo que me permitió asistir al colegio universitario —en las noches otra vez— para estudiar administración de negocios.

Mi primer plan me puso en el camino correcto. Pero de ningún modo era mi último plan. Era solamente el inicio de un buen hábito que desarrollé desde muy joven. Yo planeo, vuelvo a planear y me apoyo en los planes. Y cuando hablo de planear, sin duda no me refiero únicamente a los planes para los negocios. Planea para alcanzar todas las metas de tu vida: tus estudios, tus finanzas, tus vacaciones y, especialmente, tu familia.

Los planes deben ser sólidos, pero eso no significa que tengan que ser inflexibles. Para que sean sólidos hay que tomar en cuenta tantos factores como sea posible: La meta, los recursos, los posibles obstáculos y otros resultados. Los planes pueden cambiar a lo largo del camino y esa es, en parte, la razón por la que los necesitas, para poder lidiar con los imprevistos y aún seguir trabajando hacia la consecución de los objetivos. Y si se te ocurre una forma mejor de ir desde A hasta B, cambia el plan en consecuencia. Es posible que sufras reveses, como me sucedió a mí cuando mi padre tomó el dinero que yo había ahorrado y lo perdió en un juego de póker, pero tienes que reagrupar fuerzas y lanzarte al combate con mayor determinación.

Yo nunca hubiera imaginado cuando era niño en Cuba, que mi vida tomaría el rumbo que ha tomado. Desde luego, no tenía cincuenta años planeados. Tuve que adaptarme a nuevas circunstancias, algunas nuevas circunstancias bastante dramáticas cuando salí de Cuba, y he tenido que adaptarme continuamente a lo largo del trayecto. Pero la planificación me ha permitido hacerlo.

La mayoría de los jóvenes quieren andar de fiesta y no planean ni piensan en su vejez, ni siquiera en su futuro a corto plazo. Los inmigrantes no pueden darse ese lujo. O estás luchando para sobrevivir en un nuevo país o estás haciendo de todo un poco para enviar dinero a tu familia. O ambas cosas. Cualquiera que sea tu situación, como inmigrante sabes demasiado bien lo importante que es planear, hacer un presupuesto y ser previsor en pos de un futuro mejor. Después de todo, ¿no es en busca de un futuro mejor que vinimos a este país en primer lugar?

Mis allegados se burlan muchísimo de mí por lo tanto que planeo hasta el día de hoy. De veras, realmente lo planeo todo, comenzando con mi rutina diaria. El tiempo es uno de tus recursos más valiosos y tienes que usarlo inteligentemente; así que necesitas planear tu día, o tu horario, en otras palabras. Es sorprendente cuánto se puede hacer en un día si se calcula objetivamente lo que toma la realización de cada actividad y si te sometes a la disciplina de seguir tu horario. ¿Suena aburrido? No lo es. He descubierto que mientras más estrictamente sigo un horario, más tiempo parezco ganar.

Disfruto llevando una vida plena y activa y me gusta involucrarme en muchas actividades, tanto en mi vida privada como profesional. Me dedico de lleno a mis amigos y a mi familia. Participo en los eventos que organiza la escuela de mi hija, me gustan los deportes, me gusta viajar y realmente disfruto las vacaciones familiares. En el plano profesional, me diversifico constantemente hacia nuevas áreas, algo que he estado haciendo desde que era adolescente.

Lo único que me permite vivir con tanta plenitud es la planificación. Me gusta planear hasta las cosas más pequeñas, las que pudieran parecer insignificantes. Cuando voy de viaje, por ejemplo, yo mismo hago mis maletas y me preparo para distintas eventualidades (cambios en el estado del tiempo y otras situaciones). Viajo con poco equipaje pero nunca me quedo sin ropa que ponerme y nunca coloco nada fuera de su lugar, porque sé lo que necesito y empaco en consecuencia. Las ropas de uso diario las empaco por separado, de modo que estén justo a mano cuando las necesite. Este hábito lo tengo ya muy arraigado, me doy cuenta, ¡y me ha ahorrado un sinnúmero de dolores de cabeza a lo largo de los años!

En el momento en que escribo esto me encuentro en un hotel. Si justo en este instante vinieras a verme, comprobarías que estoy listo para esta noche y para mañana. Si salgo por una semana, sé lo que me voy a poner cada día. Por otra parte, mi maleta está siempre lista. Guardo el cepillo de dientes y puedo salir en dos minutos. Difícilmente podrías decir que hay alguien hospedado en la habitación. Siempre tiendo yo mismo la cama, así que nunca está desordenada. Cuelgo las prendas que es necesario colgar, guardo las cosas de valor en la caja fuerte y todo lo demás en su lugar en la maleta.

Cuando salgo de casa en las mañanas, llevo mi teléfono celular y mi billetera. Le pongo ligas alrededor para sujetar los recibos de compra. Mi licencia de conducir está siempre en la parte frontal de la billetera, para poder localizarla rápidamente en caso de que me pidan mostrarla.

Además siempre llevo conmigo un iPod. Contiene todo lo que podría necesitar. Tiene todas mis canciones. ¿Deseas escuchar una canción del primer álbum de Miami Sound Machine? Ahí está. ¿Algo que produje para Jon Secada en su momento? Verifica. También tengo fotografías de mis hoteles y de mi casa; las películas que he hecho; los programas de televisión que he producido. Así que si algo se presenta mientras estoy fuera de la oficina o mientras voy en camino, tengo la respuesta a mano.

Si vas a ver mi carro, también hallarás todo en perfecto orden. Tengo un Hummer y dos carros Smart, que resultan excelentes a la hora de estacionarse en South Beach en Miami. Tengo un Hummer porque me gusta viajar con comodidad y con seguridad. ¿Está limpio y organizado? No encontrarás una lata de soda en mi carro ni en un millón de años.

Echa un vistazo a mi oficina. No hay ni un pedazo de papel sobre mi escritorio. Tengo una memoria de elefante. No olvido nada. Me gusta llegar temprano al aeropuerto. Jamás llego tarde a una cita. Todos esos pequeños detalles forman parte de una vida bien organizada y bien planeada. Es mi manera de ser, pero también la manera en que quiero ser. Si no te nace actuar así por naturaleza, como me sucede a mí, puedes aprender a planificar y a organizar. Si deseas aumentar al máximo tus probabilidades de triunfar en los negocios, es esencial que seas meticuloso en la planificación y la ejecución de todo lo que hagas.

El tiempo y el dinero están estrechamente relacionados. Un buen ejemplo de esto lo constituye el tiempo de estudio de grabación. El tiempo en estudio es costoso en gran parte porque en las grabaciones participan muchas personas de talento y alta calificación. Tras treinta años de experiencia en el mundo de la música, he llegado a formarme una idea bastante exacta de cuánto demora hacer una grabación, por lo que cuando estoy enfrascado en una producción asigno lo que me parece la cantidad razonable de tiempo en estudio de grabación, y no lo sobrepaso. Espero que los artistas se presenten preparados (la puntualidad y la preparación son, en mi opinión, los rasgos fundamentales de un verdadero profesional), para no desperdiciar ni mi tiempo ni el de ellos. El estudio no es un lugar para ensayar, es el lugar para grabar.

Cuando años atrás, grabamos por primera vez con Miami Latin Boys teníamos que hacer las cosas en una toma; si teníamos suerte, quizás en dos. Eso me enseñó la importancia de ensayar y de tener las cosas listas antes de ir al estudio, y todo eso es parte de la planificación.

¿Por qué planear? Porque sacarás mucho mayor partido de lo que haces y de lo que tienes. Independientemente de cuáles sean tus recursos —tiempo, dinero, personal— es bueno optimizarlos, emplearlos de manera frugal y planificarlos.

Haz de "planear, planear, planear" tu mantra. Y planear no implica solamente planear a largo plazo. Necesitas planear a corto y a medio plazo también. Y no temas evaluar y revisar tus planes regularmente. Trázate un plan y mantente planeando y planeando. Y no pierdas ese hábito, sin importar cuán exitoso llegues a ser. Pues quieres seguir siendo exitoso, ¿verdad?

CAPÍTULO TRECE

Trabaja con dedicación y empeño

Una vez que tengas elaborados tus planes, ponte a trabajar para llevarlos a la práctica. Este es un buen momento para retroceder y evaluar algunos de mis principios de negocios, todos los cuales establecí mientras me iniciaba de joven en Miami.

La esencia de mi idea sobre el trabajo se puede destilar en ocho palabras: Trabaja con dedicación y empeño, trabaja con inteligencia. El primer principio puede parecer obvio, pero no lo es. ¿Quién sabe cuántos grandes planes no se han ejecutado porque simplemente no se les ha dado seguimiento? ¿O se ha avanzado en algunas de sus etapas y luego se ha desistido porque la marcha se puso un poco difícil? No puedes tenerle miedo al trabajo duro. "Nadie se muere por trabajar", asegura el dicho, pero hay mucha gente que teme doblar la espalda, ¿no es cierto? Y no pienses que "trabajar con inteligencia" significa que podrás relajarte. ¡Se trata de optimizar los resultados de tus mayores esfuerzos, no de tomar atajos!

Repasemos el primer principio. Trabaja con dedicación y empeño. Para algunas personas, "trabajo" es una palabra ofensiva. Le añades "duro", y ya se convierte en una mala palabra. Quizás esto se deba a nuestro adoración por la cultura del ocio. No hay nada de malo en el trabajo duro. Y si quieres hacer lo tuyo y realizar tus sueños, eso es precisamente lo que vas a tener que hacer.

Por supuesto, esto se relaciona con la definición personal del éxito que analizamos en el capítulo cuatro. Quizás has llegado a un punto en tu carrera en el que sólo deseas pasar más tiempo en casa. Ya no tienes que trabajar tanto. Esa es en sí una meta. Si puedes trabajar menos sin bajar tu nivel de vida, ¡eso es trabajar con inteligencia! Yo realmente no me imagino a mí mismo aflojando mi ritmo de trabajo. Deseo seguir a todo tren hacia delante, siendo creativo por tanto tiempo como sea posible. Es lo que he hecho durante toda mi vida laboral.

Analiza mi experiencia como inmigrante. Tuve que entregarme de lleno al trabajo cuando llegué a este país. Muchos inmigrantes trabajan increíblemente duro —por lo común un solo empleo no alcanza para satisfacer todas las necesidades. En mi adolescencia trabajaba en la Bacardí, estudiaba el bachillerato y tocaba el acordeón por las noches en un restaurante, todo al mismo tiempo. Hoy, de sólo pensarlo, me siento cansado, pero cuando joven me parecía absolutamente natural trabajar todo lo arduamente que mi mente y mi cuerpo pudieran soportar. Incluso cuando un solo trabajo permite cubrir todos los gastos, los inmigrantes rara vez se sienten seguros contando con una sola fuente de ingresos.

Pese a que ese sentimiento de inseguridad es a menudo angustioso; a la vez es algo que te desafía a hacer más, a ser mejor, a organizar y planear y respetar el valor del dinero y de los recursos de que dispones. Pocas personas que inmigran a Estados Unidos se quejan del trabajo riguroso o le temen. Eso es lo que ellos han venido a hacer aquí, a mejorar mediante el trabajo que son capaces de hacer. Es un excelente ejemplo a seguir y también que dar. Nunca le temas al trabajo duro.

Siempre he anhelado dar un buen ejemplo, y ahora más que nunca. Sé el primero en llegar a la oficina, sé el ultimo en salir. Si eres el jefe, ese tipo de liderazgo es esencial. ¿Cómo le vas a pedir a los empleados que hagan lo que tú no quieres hacer? Y si no eres jefe todavía, llegar primero al trabajo y salir de último —elementos clave del "trabajo con dedicación y empeño y del trabajo con inteligencia"— son fundamentales si deseas serlo algún día.

Tanto si se trata de llegar al trabajo como de salir, asegúrate de hacerlo a tiempo. Tienes que ser puntual. Soy prácticamente obsesivo respecto a la puntualidad, si no por el hecho en sí al menos porque simplemente es una descortesía hacer esperar a los demás. Desperdiciar el tiempo ajeno debido a una llegada tarde es más que mala educación. El tiempo es extremadamente valioso y la impuntualidad es la cumbre de la ineficiencia. Esos quince minutos improductivos que malgastas cuando te hacen esperar en una cita que comienza tarde son quince minutos perdidos para siempre.

Es útil considerar el tiempo como otro recurso no renovable, al igual que el petróleo o el gas natural, y todos sabemos que esos son recursos que hay que economizar. Se habla de comprar tiempo, pero no es más que una frase graciosa. No importa cuán rico seas, no puedes hacerlo. Emplea el tiempo del que dispongas, y empléalo bien.

Debes extender el hábito de la puntualidad a todas las áreas de tu vida. Preséntate a tiempo no sólo a tus reuniones con otras personas (almuerzos, encuentros informales o cenas) sino también para tus propias metas. Lo que significa que no pospongas las cosas. Nunca, nunca dejes lo que puedes hacer un día para otro, ya sea un asunto personal, como una llamada para saludar a un amigo o amiga, finalizar los detalles de un presupuesto, pagar tus facturas u obtener una cotización para comprar un carro nuevo. Si algo forma parte de tu plan del día, incluso si es algo que surge en el momento, no lo postergues.

Hacer las cosas a tiempo puede llegar a ser muy difícil. Si vives y trabajas en una ciudad grande, la congestión del tránsito y el transporte público pueden implicar demoras. Tienes que tomar en cuenta ese factor. Si un viaje en auto toma veinte minutos en un día bueno, aún tendrás que calcular treinta. No es sencillo aplicar esa forma de razonar en todas las esferas. Hazlo en la medida de lo posible; primero se convertirá en un hábito y más tarde en un modo de vida.

YO SIEMPRE DIGO QUE MIS empleados no trabajan para mí, sino conmigo. Y créeme, estoy con ellos, hombro a hombro, en sentido literal y figurado. Gloria y yo somos propietarios de un restaurante ubicado en South Beach, en el célebre Ocean Drive, llamado Larios on the Beach. Compramos Larios on the Beach en 1991, y fue, junto con los bienes raíces, uno de nuestros primeros emprendimientos fuera del mundo de la música. Pero hacía mucho tiempo que no se le daba mantenimiento al local y necesitaba una renovación. En el tiempo que estuvimos remozando Larios on the Beach, yo solía llegar a las siete de la mañana junto con los obreros y los contratistas. Yo era prácticamente el capataz en la obra y con frecuencia abría el restaurante, y era a menudo quien lo cerraba también. Cargaba cubos y ponía clavos en la pared. ¿Por qué? En aquel momento de mi carrera no era que no pudiera darme el lujo de contratar a otra persona para empuñar el martillo, barrer o pintar.

La realidad era que no podía contratar a otra persona para que diera el ejemplo como jefe. Creo que aquello significó mucho para todos los que trabajaron en la renovación. Pudieron ver claramente mediante mi ejemplo, mi energía positiva y mi entusiasmo, lo importante que era su labor y lo que sus esfuerzos significaban para mí. Nada puede reemplazar al trabajo duro y pocas cosas son más efectivas para motivar a las personas que el tener un jefe trabajador.

Tienes que mostrar que estás decidido a no cejar por largo y difícil que sea el camino, haciendo del trabajo duro un hábito. Demuestra que estás comprometido. Esta es una faceta que requiere rigor y tampoco se le da a mucha gente de forma natural. Si eres el jefe, y eres el primero en llegar y el último en irse el lunes, debes estar preparado para hacerlo el viernes también. Y el sábado si es necesario. Y si todavía no eres jefe, debes demostrarle al jefe que estás dispuesto a hacerlo igual. Si trabajas por cuenta propia, probablemente muestres ese compromiso porque es lo lógico. No hay otra persona que haga las cosas por ti. Las ganancias dependen de ti, y si no estuvieras comprometido, estarías haciendo algo en un lugar donde fueras menos vulnerable.

Otro aspecto que está relacionado con el compromiso y el trabajo arduo es la perseverancia. En esencia significa: sigue intentando, no te rindas. Es una constante en mi vida: alguien dice que no y yo redoblo mis esfuerzos. No me digas que no puedo.

Recuerdo cuando comenzamos a imponer nuestro distintivo sonido de Miami, que fusionaba la música estadounidense y la cubana en una combinación única. ¿Cuántas personas nos dijeron que el sonido jamás pegaría? Todo el mundo. En la década de los setenta no existía un mercado latino bien definido como hoy, por lo que tuvimos que abrirnos camino e innovar solos en el mercado. Fue difícil lograrlo; en aquel momento los desafíos parecían insuperables y había bastante resistencia. Pero decididamente fuimos perseverantes y al final nos dio resultados, tal como yo pensaba.

Pienso que el compromiso significa también seguir adelante, cumplir lo prometido a ti mismo y a los demás. Esta cualidad te sacará a flote cuando las circunstancias se tornen peliagudas. Tienes que adoptar la idea de que ser una persona comprometida es lo correcto. El compromiso implica hacer las cosas a tiempo y llevarlas a término, hasta el final. Se trata de pagar las facturas, hallar el modo de poder pagarlas y seguir pagándolas.

El compromiso es una parte tan intrínseca de mi vida, que si me pusiera a pensar en ello, tal vez me sentiría abrumado. Me siento comprometido con cada empleado que trabaja en cada uno de nuestros negocios y siento que no los puedo defraudar. La gestión exitosa y el crecimiento de la empresa garantizarán el sustento de las personas que trabajan allí. El cuidado del negocio está íntimamente ligado al cuidado de la familia.

A medida que mi carrera ha avanzado, he ido ajustando mi horizonte. Al principio fui sólo responsable de mi persona. Luego, por mí y por mi padre durante nuestra estancia en España, y al poco tiempo por mis padres y por mí en Miami. Cuando formé mi propia familia mis planes cambiaron y el concepto que tenía de lo que era el éxito cambió también, aunque su esencia siguió intacta. Pero el trabajo con dedicación y empeño fue una constante en el trayecto, junto al compromiso y la perseverancia, y un empuje que nunca me dejarían darme por vencido.

No te rindas por aburrimiento o frustración. No te rindas cuando sufras un revés en alguno de tus emprendimientos. No te rindas si algo pasa en tu vida personal. No te rindas cuando la situación económica se torne incierta y el futuro luzca sombrío. No te rindas. Nunca.

CAPÍTULO CATORCE

Trabaja con inteligencia

E l éxito conlleva mucho más que trabajar con dedicación y empeño. Es importante trabajar con inteligencia —ser eficiente, sacar el máximo partido de ti mismo y de tus empleados. Podría decirse que todo este libro trata sobre el trabajo con inteligencia, pero sólo expondremos algunos de los fundamentos del concepto aquí. Existen algunos hábitos que te permiten progresar en el trabajo, y si todavía no los tienes, es bueno que los desarrolles.

Ya hemos mencionado algunos antes: Sé puntual y no dejes las cosas para más tarde. Si analizas tus propósitos podrás darte cuenta de que la falta de acción inmediata y la demora pueden impedirte aprovechar las oportunidades que se te presentan.

La vida está repleta de oportunidades, y podemos perderlas tanto en la vida profesional como en la personal si adquirimos el hábito de posponerlo todo.

A sazón de la renovación de Larios on the Beach sucedió algo que se me quedó grabado en la memoria. El día señalado para inaugurar el restaurante no estuvimos listos para abrir al mediodía, como deseábamos, y nos vimos obligados a posponer la apertura para la noche. Fue algo fuera de nuestro control —cosas como esas suceden. Pero lo que me molestó fue algo imprevisto frente a lo cual no actué.

Un hombre se presentó a almorzar, y contó que había viajado hasta allí en ómnibus pensando que el restaurante abriría según lo planeado. Escuché a uno de los meseros decirle: "Lo siento, señor, pero la cocina no está abierta". Yo estaba súper ocupado en ese preciso instante, pero cómo quisiera haber dejado lo que estaba haciendo y haber ido a la cocina del restaurante para ver si teníamos algo que ofrecerle. Hasta el día de hoy recuerdo a aquel hombre y deseo haberle dicho: "Por favor, quédese y tome algo como mi invitado". Aquella oportunidad no se repetirá. Y todavía me siento mal por eso.

Trabajar con inteligencia también significa terminar lo iniciado. Conozco a muchas personas que se valen de la excusa de que son perfeccionistas para explicar por qué ni empiezan ni concluyen los proyectos. ¿Por qué perder el tiempo realizando un trabajo con desgana? No recibirás satisfacción alguna si eres mediocre. Si algo ha de hacerse, debe hacerse bien, afirma la sabiduría popular, y es tan cierto. Si por cualquier motivo no estás inspirado para hacer algo bien, esto puede ser una señal de que o no te gusta o no vale la pena. No temas abandonar algo que no da resultado. No hay que avergonzarse. Para mí, es más vergonzoso prestar tu nombre e invertir tu dinero en algo mediocre.

Puesto que el tiempo con que cuentas para hacer algo es limitado, podría serte útil revisar de cuánto tiempo realmente dispones y de qué modo lo empleas. Pasamos mucho tiempo viajando al trabajo en carro o en transporte público, pasamos mucho tiempo preparándonos para ir al trabajo, pasamos tiempo organizando el hogar. En la actualidad, la mayoría de la gente prácticamente no tiene tiempo para las cosas personales o la familia. Te voy a dar una recomendación radical que te permitirá disponer de más tiempo.

Levántate temprano. Ajá, es en realidad así de fácil.

Reza un viejo refrán español: "Dios ayuda al que madruga", y también un proverbio inglés que dice: *The early bird catches the worm* ("el primer pájaro que llega se come el gusano"), pero prefiero la versión en español. Es bueno pensar que existe un propósito superior en el trabajo. El sueño es muy importante, pero la mayoría de las personas saludables no necesitan dormir más de ocho horas, si acaso. Por supuesto, la otra cara de esta moneda es irse a la cama a una hora razonable, para poder lograr esa cantidad de horas de sueño.

Hace ya mucho rato que el resplandor del sol me sacó de la cama. Me levanto a las cinco de la mañana todos los días del año, los fines de semana, incluso los días feriados. He hecho esto durante casi toda mi vida, así que lo hago en parte por costumbre y en parte por necesidad. Y digo "necesidad" porque esos primeros momentos en los que estoy solo me ayudan a definir en qué emplearé el resto del día. Para mí la mañana significa esperanza. Me levanto antes que salga el sol y contemplo el amanecer. La soledad me permite pensar, reflexionar, apreciar y dedicar un tiempo a sencillamente sentirme agradecido. Luego, rápidamente pongo manos a la obra. Preparo el almuerzo que mi hija Emily lleva a la escuela, juego con los perros, preparo el desayuno y, luego, como a las 6:30 a.m. le abro la puerta a la señora de servicio.

El levantarme temprano me proporciona tiempo para comenzar mi día con una rutina que recarga mis reservas de energía mental. Me dispongo a enfrentar el día, con buen humor, optimismo y una mentalidad positiva. No importa qué tan agitada o desafiante vaya a ser la jornada, siempre comienza con mi ritual matutino. Significa que puedo planear mi día y hacer una lista de las cosas que necesito hacer. Aquí es donde una vez más entra en juego mi enfoque en la gestión del tiempo. En mi opinión, cada día es una oportunidad. Los días no se repiten — ellos siguen pasando en el calendario, te guste o no te guste—, así que tienes que sacar el mayor partido de cada uno de ellos.

Un día normal para mí es ajetreado, lleno de actividad: reuniones, gente, ruido, sonido, problemas, imprevistos y diversión. En ese sentido, mi día probablemente no es diferente del tuyo. Pero sí lo es en la forma en que lo inicio, y creo que lo que ese momento del día representa para mí es clave respecto al modo en que veo la vida y la forma en que la vivo.

Bien, puede ser que no desees levantarte tan temprano en las mañanas. Tal vez quieras quedarte despierto hasta tarde viendo películas. Si dormir durante horas es importante para ti, está bien. Pero el empleo del tiempo de una manera te costará alguna otra cosa. Al final, quizás no desees ser un empresario después de todo. A lo mejor te gusta escuchar la radio todo el día y no deseas sufrir el estrés de dirigir una compañía o trabajar largas jornadas. Hay tantas variantes para compensar las cosas. Si no te gusta levantarte temprano, si valoras más tu sueño que ser el primero en llegar a la oficina o abrir la tienda antes que tus competidores, no hay problema.

Sé fiel a lo que realmente quieres. Pero prepárate para considerar detenidamente y aceptar las consecuencias. Es muy probable que no llegues a ser el mejor en lo que haces. No vas a ganar el dinero que tienes posibilidades de ganar, pero está bien. El dinero no te va a comprar la felicidad. Te facilitará las cosas, pero la abundancia de dinero viene acompañada de mucho estrés. Puedes ser perfectamente feliz con menos riquezas materiales que los demás. Por otra parte, el que seas exitoso, rico y feliz es de por sí excepcional. No muchas personas han ganado esa tripleta particular.

En última instancia, lo que deseas es disfrutar la vida, y el trabajo es donde pasamos la mayor parte de ella. Tenemos una cultura que ensalza el ocio y aún así cada vez menos personas parecen tener el tiempo para siquiera disfrutarlo. Esto se debe parcialmente a la creciente presión y las demandas que ejerce sobre nosotros el trabajo y las grandes distancias que las personas deben viajar tan sólo para llegar al lugar donde trabajan. Pero en gran parte también tiene que ver con la manera en que usamos el tiempo.

Para contrarrestar este problema, identifica lo que es importante para ti. Y comienza por sacrificar las actividades que te dificultan el dedicar el tiempo a lo que te gusta hacer, en el plano personal o el profesional. Mi tiempo no es más flexible que el de cualquier otro, pero lo uso bien; siempre lo he hecho.

MÁS ADELANTE EN EL LIBRO, tendremos mucho más que decir sobre este tema, pero es primordial definir el buen trato a las personas como parte de una estrategia de trabajo con inteligencia. Es útil pensar en la Regla de Oro. Cada religión y movimiento filosófico importante tiene una versión de esta idea: Trata a los demás como deseas que te traten. Vale la pena en la vida, y es una estrategia comercial inteligente también. Recuerda, todo comienza y termina en ti. Respétate, respeta tu visión y tu talento, y el trabajo que haces. Luego, extiende ese nivel de respeto a todo el que te rodea y a todas las personas con las que tengas que tratar.

Respecto a esto, la decencia es la regla número uno de las relaciones. Debes tratar a todos con el mismo respeto y la misma amabilidad con que quieres que te traten, ya sean éstos tus empleados o tu jefe. Hay personas que llevan mas de veinte años trabajando conmigo. Los sigo empleando y ellos desean quedarse porque nos tratamos mutuamente con mucho respeto.

Es importante actuar y tomar decisiones a diario que sean congruentes con tus estrategias a largo plazo. Eso no solamente significa pensar en cuánto dinero vas a ganar (eso es parte de ello, y una buena parte). Además, debes pensar en mantenerte activo en el negocio por mucho tiempo (¡ahí está esa planificación otra vez!). Eso implica cuidar de quienes trabajan contigo, y pensar en su bienestar a largo plazo.

Al tratar bien a las personas fomentas un entorno laboral positivo, y logras que den más de sí cuando eres amable con ellas. Te son leales y, por lo general, están dispuestas a hacer un esfuerzo extra y trabajar con mayor tesón para ti. ¿Por qué? Porque ven que tienen una oportunidad contigo. Un trato decente no consiste únicamente en decir: "Buenos días, ¿cómo está la familia?" — aunque, por supuesto, eso es fundamental. Tratar bien a las personas significa saber cuáles son sus talentos y aspiraciones. Al saberlo, puedes animarlas a realizar otras tareas o incluso a ocupar otros puestos dentro de la empresa. Conoce a las personas que trabajan contigo e invierte en ellas. Diles que pueden hacer y ser lo que sea que deseen. Hazlos parte de tu vida, de tu negocio, de tu sueño. Un verdadero líder es aquel que puede sacar lo mejor de las personas. La gente es el mejor recurso de una empresa, y uno desea emplear bien sus recursos.

Si logras inculcar un sentido de pertenencia en tus colegas y empleados, estarás infundiendo en tu lugar de trabajo una buena actitud y un espíritu de trabajo en equipo. La actitud, a cualquier nivel, vale muchísimo, y esto comienza desde arriba. Piensa en el efecto de un buen servicio en un restaurante. Si tu mesero es simpático y atento, podrías pasar por alto cualquier deficiencia en la comida. Pero si sucede lo contrario —si la comida está caliente y el mesero es frío— probablemente no regreses a ese lugar. Y el éxito de un restaurante, como el de muchos negocios, está en la fidelidad de su clientela, en sus clientes habituales.

El buen trato a las personas te dará además reputación de buena persona y de buen jefe. Y nunca subestimes el valor de una buena reputación. Es vital para el éxito de tu negocio y vale la pena repetirlo: Una buena reputación, que puede haber costado años establecer, es fácil de perder y sumamente difícil de restaurar. El tratar bien a las personas se debe considerar como otro elemento de la estrategia de trabajar con inteligencia.

CAPÍTULO QUINCE

Arriésgate y piensa en grande

Mis padres y yo comenzamos a adaptarnos a nuestra convivencia común. Yo estaba ocupado con mi trabajo en la Bacardí, mis estudios y mis conciertos con los Miami Latin Boys, que cada vez me robaban más y más tiempo. Nuestro apartamento era pequeño, y sabíamos que a la larga necesitaríamos más espacio, especialmente porque el plan de traer a mi hermano y a su familia de Cuba se había convertido en la fuerza motriz de nuestras vidas.

Mi padre seguía jugando a las cartas, y al parecer estaba ganando con frecuencia. Un fin de semana, regresé en la noche a casa luego de tocar con la banda y vi un enorme montón de dinero sobre la mesa de la cocina. Evidentemente, mi padre había ganado una buena suma en un juego. Como he dicho, no le importaba el dinero; quería ganar para seguir jugando. Puso el estuche del acordeón en el piso y me quedé observando los billetes.

Podía entrever lo que sucedería. Mi padre tomaría el dinero y lo perdería en el juego. Quizás no en un solo juego, pero sí en un par de semanas. No había pasado mucho tiempo desde aquella vez en que había tomado mis ahorros y los había esfumado jugando. Pensé que mis padres necesitaban hacer algo más productivo con aquella suma.

Así que entré en acción. Abrí el estuche del acordeón, saqué el instrumento y lo llevé a mi cuarto. Después, tomé casi la mitad del dinero de una brazada y lo oculté en el estuche. No estaba seguro de lo que haría con el dinero, pero no iba a permitir que mi padre lo perdiera en el póker.

Tal como sospechaba, mi padre no se dio cuenta de que faltaba la mitad. Decidí esperar hasta ver en qué podía emplearlo. Unas semanas más tarde, me enteré de que estaba a la venta un pequeño taller de confección de ropas. Como mis padres ya habían trabajado en este tipo de negocio, me pareció que era la oportunidad ideal para ellos. Compré el taller, y mis padres empezaron a trabajar en él —¡sin hacer ni una pregunta!

Todavía los recuerdo, levantándose al despuntar el día y yéndose a trabajar. Como muchos otros inmigrantes, ellos trabajaron duro, en cualquier trabajo honesto que pudieran encontrar, para contribuir y mejorar su vida y la de sus hijos. Fueron un ejemplo sólido.

Me arriesgué al comprar aquel pequeño negocio. Pero fue un riesgo calculado, definitivamente no el tipo de riesgo que mi padre asumiría con el dinero. Y de hecho, no hizo fortuna con el dinero que dejé esa noche sobre la mesa. No era el primer riesgo que yo tomaba y no sería ni remotamente el último. La suerte sonríe a los valientes, dice el refrán. En ciertos momentos de la vida, hay que cerrar los ojos ¡y lanzarse!

Trabajar en un negocio pequeño, especialmente cuando eres el propietario puede servir como la definición auténtica del riesgo. Pero entonces mi inversión formaba parte de un plan de mayor envergadura. Me iba bien en el plano financiero. Todavía deseaba fervientemente sacar a mi hermano y a su familia de Cuba; sin embargo, el dinero solo no era suficiente. Los cubanos no podían simplemente salir si así lo querían, y esta situación se mantuvo durante mucho tiempo. Pero el riesgo que tomé con aquel dinero me permitió encaminar correctamente a mi familia.

Dejar Cuba, en primer lugar, había sido un enorme riesgo, porque no había garantía de éxito. Realmente, en aquel entonces yo no percibía la partida en estos términos porque no dar aquel paso era inconcebible para mí. De cierta forma, lo arriesgué todo pues pude no haber visto nunca más a mi madre. Hice un cálculo (¡aunque haya sido un cálculo instantáneo!). Ese es el punto clave que debes recordar al arriesgarte — asegúrate de tomar riesgos calculados.

Analízalo desde otro punto de vista. Ya he descrito antes como me sentí responsable por mi padre desde muy joven y que el sentido de responsabilidad es una faceta importante de un empresario exitoso. Hay una salvedad significativa: Sé responsable, pero también arriésgate. Una y otra vez te diré que seas arriesgado pero además cauteloso. No es un mensaje contradictorio. Tienes que hacer sacrificios para alcanzar tus sueños y es ahí donde se combinan el riesgo y la cautela.

Ten presente que las decisiones que tomas determinarán tu triunfo o tu fracaso. Tus decisiones son tuyas, y solamente tuyas, independientemente de quién te esté asesorando. Existe una mantra sencilla, que merece la pena repetir: Responsabilidad, riesgo, recompensa.

No te paralices por la idea de que puedes fracasar en algo. El fracaso es parte de la vida y nuestros errores nos permiten aprender. Nunca le temas al fracaso. El mayor fracaso es no intentarlo siquiera. Todos sufrimos fracasos en nuestras vidas. Simplemente casi nunca hablamos de ellos. Vivimos en una sociedad orientada al éxito. Pero para triunfar, tendrás que fracasar en algún momento a lo largo del camino. Aprendemos tanto de nuestros errores y malas experiencias. Es lamentable, pero cierto. No existirá ninguna "mala experiencia" si puedes aprender algo de ella. Sé persistente. Muchos fracasos son el resultado de darse por vencido demasiado rápido y demasiado fácilmente.

Para disminuir parcialmente los riesgos debemos tomar lo que nos gusta y combinarlo con lo que sabemos. ¿Qué pasa si tienes un título en Finanzas pero lo que te gusta es cocinar? ¿Qué te impide poner un restaurante? ¿Es el temor de fracasar o la idea de que, ya que te esforzaste tanto para graduarte de Finanzas, tienes que darle un buen uso? Si se trata de lo último, pon el título a trabajar para ti. Pero te exhorto a que lo hagas por las razones correctas. Repito, es esencial que hagas lo que te gusta hacer, pero también puedes ser práctico al respecto y usar tus conocimientos, habilidades y experiencia para llegar al tipo de actividad que te entusiasma.

Eso es algo que deberás evaluar continuamente a lo largo de tu vida laboral. Muchos empresarios tienen una capacidad de concentración bastante limitada. Algunos, sumamente limitada. Tan pronto triunfan en algo, quieren enfrentar el siguiente desafío. No hay nada malo en ello, claro está —demuestra entusiasmo y ambición— y tal vez esté codificado en el ADN de la mayoría de los empresarios.

La actual situación económica presenta innumerables retos, lo que significa que además ofrece innumerables oportunidades si eres creativo y si estás dispuesto a arriesgarte. Es posible que debas pensarlo dos veces antes de dejar ese puesto seguro para ir en pos de ese sueño que has acariciado, pero, lamentablemente, hay millones de estadounidenses que han perdido recientemente su trabajo y tienen relativamente poco que perder.

Cuando llegas a otro país, como yo hice dos veces, es lógico que procures tener seguridad, quizás más seguridad que quienes han vivido toda su vida en ese nuevo país. Yo lo hice. Busqué tener una posición segura desde el principio. Empecé a trabajar tan pronto pude, de inmediato, de hecho. Estaba motivado a garantizarme la seguridad, y aún lo estoy. Encontré la seguridad en mi empleo diurno para la Bacardí. Era en las noches y los fines de semana que me arriesgaba, tocando música.

Gracias a mi trabajo diurno, sabía que podía contar con el dinero suficiente para cubrir el costo del alquiler, los alimentos y otras necesidades, y de mantener a mi mamá y mi papá, hasta que ellos pudieran establecerse en un negocio propio. Mi trabajo a tiempo completo era mi póliza de seguro, por así decirlo. La consciencia de esta necesidad de seguridad, que es más notable en las personas que no cuentan con un respaldo económico, como las familias grandes, me ha permitido, irónicamente, ser más arriesgado. Desde temprana edad aprendí a reforzar mi situación haciendo siempre más que lo requerido para satisfacer mis necesidades básicas.

Mi madre siempre tuvo confianza en mis habilidades. Ella sentó las bases de mis planes. Siempre soñé en grande, aún cuando era un niño en Santiago de Cuba y no sabía mucho del mundo más allá del mío propio. Ningún sueño era demasiado inalcanzable o absurdo. Si quería lograr algo, comenzaba por creer que podía lograrlo.

Siempre he tratado de seguir el ejemplo de mi madre al dejar que mis hijos también sueñen en grande. Gloria y yo damos campo a nuestros hijos para que sigan sus sueños.

Emily tiene ahora casi la misma edad que yo tenía cuando salí de Cuba con mi padre. Ya es una talentosa baterista y guitarrista. ¡Imagina una combinación de Sheila E. (quien ha tocado recientemente con Gloria) y Carlos Santana! Gloria ha estado llevando a cabo su maravillosa gira *90 Millas* durante gran parte de los últimos dos años, y ya actuamos por toda España, así como Holanda, Inglaterra, Irlanda del Norte, antes de abarrotar escenarios gigantescos en América del Sur: Uruguay, Chile, Argentina, Perú, Ecuador.

Tienes que ver la acogida que Gloria y la banda han tenido en los conciertos para creerlo. Los espectáculos han sido tres horas de regocijo puro. Para nosotros, el momento de la noche ha sido cuando Emily ha salido a escena a tocar un solo de guitarra, o a hacer una espectacular demostración en las baterías. Es maravillosa. Intrépida. Yo he interpretado frente a multitudes durante cuarenta años, pero algunas de estas han sido de las más grandes que haya visto. Siempre, para engañarme pensando que el concierto no es de tanta magnitud, escojo un rostro amistoso en el público, y me concentro en él durante todo el espectáculo.

Hay que tener agallas para pararse frente a miles de personas y tocar, especialmente cuando tienes catorce años. Es un riesgo. Te estás exponiendo, mostrando tu talento al mundo sin nunca saber como éste va a reaccionar. Creo que una razón clave para Emily es que, como su familia está con ella en el escenario, ella se siente segura.

Hallar la seguridad, particularmente la que te brindan tus seres queridos, facilita muchísimo la decisión de asumir riesgos.

CAPÍTULO DIECISÉIS

Encuentra tu propio ritmo

G racias a Dios no existen recetas para el éxito! Si no, sería tremendamente aburrido. Todos tenemos que desbrozar nuestro propio camino. Gran parte de nuestro futuro éxito depende de quiénes somos y, a menudo, de nuestra procedencia, dígase lugar, familia o situación particular. Por supuesto, la suerte también puede desempeñar un papel enorme. Y también debes tener la capacidad de reconocer algo bueno cuando lo tienes enfrente.

Mi gran despegue como músico —y como hombre— se produjo cuando vi a aquella encantadora chica levantarse y cantar en una boda. Gloria Fajardo era muy desenvuelta en el escenario pero muy tímida fuera de él. De hecho, fue más fácil convencerla de que se uniera a nuestra banda, que de que se hiciera novia mía —lo que me tomó un par de años más. Gloria y su prima Merci Murciano a menudo cantaban juntas, así que cuando le propuse a Gloria hacer una audición para nuestra banda, Miami Latin Boys, ella me preguntó si su prima podía acompañarla. Las contraté a las dos, y renombré el grupo como Miami Sound Machine. Esto sucedió en el año 1976.

Para entonces, Miami Latin Boys era una de las bandas locales más populares. La banda estaba realmente de moda. Miami había experimentado un cambio drástico durante la última década, en parte debido al auge económico, y en parte debido al intenso flujo de inmigrantes provenientes de Cuba y de otros países latinoamericanos. Aquella población latina constituía un público hecho a la medida para Miami Latin Boys. Pero como yo había pasado parte de mi adolescencia en los Estados Unidos, escuchando la música de la maravillosa era del pop y el rock —como todos los chicos de mi edad en Miami— también quería interpretar en inglés.

Hubo algunos otros grupos que hicieron noticia al mismo tiempo, pero nuestra fusión de la música latina y anglosajona era única. Escuchábamos a excelentes artistas de Motown, como Smokey Robinson, Stevie Wonder y los Jackson, además de grupos de la Invasión Británica, como los Beatles, los Stones. Mezclábamos eso con la música que habíamos crecido escuchando en Cuba y las canciones que gustaban a los exiliados en Miami, hasta que nos especializamos. Gloria ha contado que yo solía tocar en el acordeón "The Hustle" (el súper popular éxito de disco de Van McCoys de 1975), si es que te lo puedes imaginar. A la fusión de las sonoridades de Cuba y Estados Unidos es lo que llamábamos Miami Sound (el sonido de Miami). Y de ahí, Miami Sound Machine.

Nuestro éxito fue posible gracias a una conjunción de oportunidad, talento y suerte. Y nuevamente, a la capacidad de reconocer algo bueno cuando se cruza en tu camino.

Nos volvimos expertos en ajustar nuestras actuaciones a las diversas audiencias, mezclando clásicos latinos con números pop en inglés, o tocando solamente música latina o solamente pop, según lo que nos pareciera que el público quería oír. Aunque esta combinación acrecentó nuestra popularidad, seguimos siendo populares porque nos mantuvimos fieles a nuestra identidad cultural y cantando la música que amábamos.

Llegamos a ser tan conocidos a nivel local, que en un momento se me pidió escuchar a un grupo y darles algunas recomendaciones. Unos meses después, Miami Latin Boys estaba tocando en una boda, y una chica se me acercó en el pasillo y me pidió que le diera a ella y a sus amigas algunos consejos para mejorar su interpretación. Invité a la chica a que cantara con nosotros en el escenario y primero se negó. Su madre, que escuchaba detrás de ella, le dijo: "Dale, Gloria. Tú cantas muy lindo". Gloria Fajardo aceptó cantar un número y lo hizo de maravillas. Lo disfrutó mucho y cantó algunas canciones más.

Cuando nos conocimos en la boda, Gloria estudiaba Psicología en la Universidad de Miami. Era una estudiante excepcional —se graduó con una doble especialización en sólo tres años— y mientras estudiaba en la universidad trabajaba a tiempo completo como intérprete en el Aeropuerto Internacional de Miami. Gloria hablaba con fluidez español, inglés y francés.

Parecía una chica normal de diecisiete años: trabajadora, seria, dedicada a su familia. Las primeras cosas que me llamaron la atención de ella fueron sus bellísimos ojos y su piel, además de su timidez —Gloria es sorprendentemente tímida, especialmente para alguien que es artista y puede mantener cautiva a una multitud de cincuenta mil personas con una canción. Me tenía intrigado, pero ella era muy joven y extremadamente seria, por lo que no pensaba en ella en términos románticos. Mis primeros sentimientos hacia ella fueron de respeto, y a medida que la fui conociendo, y conociendo su historia, comencé a sentir una gran admiración. Es la persona más trabajadora que he conocido, y siempre ha sido así.

Mi vida y la de Gloria tenían definitivamente mucho en común. Ambos habíamos nacido en Cuba, ambos amábamos la música, la familia y el trabajo duro. Y ambos habíamos quedados marcados en nuestra juventud por la prolongada separación de nuestros seres queridos. Yo de mi madre; ella, de su padre.

Los padres de Gloria, José Manuel Fajardo y Gloria García se conocieron y se casaron en La Habana en 1956. José trabajó para la policía motorizada, y más tarde como escolta en motocicleta, para la esposa del entonces presidente Fulgencio Batista. La señora Gloria era una maestra de preescolar que apreciaba la educación por encima de todas las cosas. Gloria nació el 1 de septiembre de 1957, un año después del matrimonio de sus padres. Llevaban una vida holgada en el reparto Miramar en La Habana, ocupando la casa contigua a la de los padres de la señora Gloria.

Poco después, sin embargo, sus vidas, como las de tantos otros, fueron trastornadas por el ascenso al poder de Fidel Castro el 1 de enero de

1959. En su caso, debido al trabajo de José Manuel, el cambio fue rápido y fulminante.

Toda persona relacionada con el régimen anterior era considerada sospechosa. Muchos fueron detenidos y encarcelados, incluyendo a José Manuel.

El nuevo gobierno empezó a reprimir desde el primer día. No solamente arrestaban y mantenían cautivas a las personas sin presentar cargos en su contra, sino que las fusilaban. Comenzaron a confiscar las viviendas y propiedades privadas. Cerraron los casinos y los burdeles, e incluso eliminaron la lotería nacional y despidieron a los funcionarios del gobierno y del ejército.

Después que José Manuel fue puesto en libertad, las cosas empeoraron. En aquel momento, los padres de Gloria decidieron que necesitaban salir de Cuba "hasta que todo pasara". Ellos, como muchos otros, pensaban que el tiránico régimen no resistiría y sería pronto reemplazado.

Al igual que tantos otros antes, Gloria y la pequeña Gloria —que sólo tenía dos años— volaron hacia el exilio a Miami. Corría mayo de 1960.

José Manuel se les unió un mes después. Tenían muy poco dinero, prácticamente no hablaban inglés y no tenían mucha experiencia de la vida. Pero contaban con una comunidad, a la cual aportarían y de la cual podrían depender. Es en las comunidades en el exilio que los inmigrantes encuentran su seguridad.

La familia apenas se había instalado en el exilio cuando José Manuel partió a entrenarse para una misión secreta. Se trataba de la fracasada invasión de la Bahía de Cochinos, que se produjo en abril de 1961. José Manuel sobrevivió pero fue apresado por las fuerzas de Castro.

Muchas otras familias en su barrio, cerca del Orange Bowl de Miami, estaban en la misma situación que los Fajardos. Las mujeres se ayudaban unas a las otras en todo lo que podían. Fueron tiempos particularmente duros para las familias. La revolución cubana había causado tantas separaciones, como la mía de mi madre y la de Gloria de su padre. Cada uno de nosotros lidiamos con nuestro trauma de maneras diferentes, pero la tensión de aquellos tiempos provocó que niños como ella y yo creciéramos rápidamente, como descubrió la madre de Gloria.

La señora Gloria había dicho a la pequeña Glorita que su padre estaba "lejos, trabajando en una granja". Ella no quería asustarla pues pensaba que era muy pequeñita para comprender la realidad de la situación. Hasta un día que oyó a Glorita decirle a alguien: "Mi papá está en la cárcel, pero no se lo digas a mi mamá; ella cree que está en una granja".

La señora Gloria afirma que creció de un día para otro. Decidió crear un hogar feliz para su Glorita (como la llamaban en la familia), aunque las circunstancias fueran sombrías e inciertas. Entre las pocas cosas que la señora Gloria logró traer de Cuba vinieron discos —Celia Cruz y Joselito eran favoritos. En la casa se carecía de mucho pero siempre había música. Glorita creció con la pasión de su madre por la música y su madre le enseñó todo lo que pudo sobre la cultura cubana. Como en mi caso, la música estuvo siempre en el centro de la vida de Glorita.

¿Qué hay en el centro de tu vida?

CAPÍTULO DIECISIETE

Rodéate de buena compañía

S ea lo que sea que hagas en esta vida, sería bastante inusual que lo hicieras solo. El trabajo, la familia, la recreación —por lo general todas implican la presencia de otras personas. Durante prácticamente toda mi vida de adulto he tenido a mi lado a alguien que me ha brindado su entrañable compañía. Y yo he acompañado con devoción a Gloria en sus alegrías y sus dificultades. Las relaciones tienen que ver con mucho más que la buena suerte. Conllevan esfuerzo y dedicación y especialmente respeto. Conocer a esa persona, así como su historia personal y sus ambiciones, su origen y lo verdadero de su personalidad, es vital para construir relaciones y establecer asociaciones exitosas, ya sean de negocios o románticas (¡o ambas!).

Como he dicho, la vida fue particularmente dura para la familia de Gloria. Durante el año y medio siguiente a la invasión de Bahía de Cochinos en la que participó, el padre de Gloria, José Manuel y otros 1.112 hombres permanecieron en cárceles cubanas hasta su liberación, que se pactó a cambio de un rescate patrocinado por el gobierno de EE.UU., ascendente a $53 millones en alimentos y suministros médicos. Junto con sus compañeros, regresó a Estados Unidos el 25 de diciembre de 1962, y a las pocas semanas José Manuel decidió alistarse en el ejército estadounidense. Le dijo a su esposa que Estados Unidos estaba combatiendo el comunismo en Vietnam y que él deseaba luchar contra el comunismo en cualquier parte del mundo. Se alistó y la familia tuvo que mudarse varias veces durante los años siguientes a diversas bases militares, en Texas y Carolina del Sur. Cuando lo asignaron a una unidad en Vietnam, Gloria y sus hijas (ahora tenían otra hija, Rebecca (Becky)) regresaron a Miami.

Cuando José Manuel volvió de Vietnam en 1967, fue enviado a la zona del Canal de Panamá. Poco tiempo después de su regreso de Panamá, comenzó a mostrar síntomas de lo que luego fue diagnosticado como esclerosis múltiple. La familia crcc que José Manuel estuvo expuesto al Agente Naranja, el herbicida altamente tóxico que las Fuerzas Armadas de EE.UU. usaban para exterminar la vegetación en las regiones controladas por los comunistas, con el objetivo de privarlos de alimentos y refugio. Le dieron de baja del ejército, con honores.

Con su licencia del servicio militar inactivo, comenzó una larga batalla que cambió completamente sus vidas. La enfermedad avanzó rápidamente y al poco tiempo José Manuel perdió la capacidad de caminar, y por tanto de trabajar fuera del hogar. La madre de Gloria se convirtió en el sostén de la familia y gran parte de la responsabilidad de los quehaceres domésticos y de atender a la niña pequeña recayó sobre Glorita, una carga muy pesada para alguien que no había alcanzado aún la adolescencia.

Como yo, de joven Glorita se refugió en la música. Durante los períodos en que su padre estaba lejos de la familia, que fue la mayor parte de su infancia, Glorita se grababa a sí misma tocando guitarra y cantando viejos clásicos, y luego enviaba por correo las grabaciones a su padre. Su mamá la alentaba a cantar para sus amigas, y aunque era muy tímida, Glorita siempre la complacía y cantaba acompañándose de la guitarra.

Para cuando Gloria cumplió diecisiete años, el estado de su padre había empeorado tanto que fue ingresado en un asilo del Servicio de atención a veteranos, donde permaneció por el resto de su vida.

Gloria terminó el bachillerato con las notas más altas de su clase y obtuvo una beca para estudiar en la Universidad de Miami, donde se graduó de licenciatura en Psicología y Comunicaciones e hizo estudios de francés. Y fue en ese momento de su vida que entró en la mía.

Tras su actuación con Miami Latin Boys en la boda, le pregunté si quería formar parte de la banda. Le expliqué que había estado pensando en incorporar una voz femenina al coro y que, aunque no ganábamos mucho dinero con las presentaciones, lo hacíamos porque nos encantaba. Además, le dije que nos lo tomábamos muy en serio, algo que ella comprendió de inmediato.

Me di cuenta de que deseaba cantar con nosotros pero que estaba indecisa. Me dijo que solamente podría cantar con la banda los fines de semana, y que sólo podría actuar si mantenía sus buenas notas en la universidad, que era muy importante para ella. También me preguntó si podía invitar a su prima al siguiente ensayo, explicando que a menudo cantaban y tocaban guitarra juntas. Le dije que sí, pero que tendrían que compartir las ganancias.

Al primer ensayo Gloria vino acompañada además de su madre, su hermana y su abuela. Por supuesto, era una buena chica cubana y no iba andar sola con hombres extraños. Y, claro, yo lo comprendí y lo acepté. Su prima Merci vino al segundo ensayo, y Merci y Gloria pasaron a formar parte de la banda inicialmente como vocalistas, pero pronto me di cuenta de que sin duda Gloria podía ocupar un espacio más prominente.

Nos hacia falta algo que reflejara quienes éramos. Éramos un grupo de jóvenes hijos de inmigrantes, que amábamos nuestro lugar de origen pero habíamos adoptado también la música norteamericana. Éramos Miami. Y nos convertimos en Miami Sound Machine. No se me ocurría un nombre más apropiado para lo que éramos y lo que hacíamos.

El carisma de Gloria se puso de manifiesto desde el principio. A pesar de su timidez, lograba conectarse con el público. Disfrutaba sinceramente durante las presentaciones, aunque en los primeros tiempos a menudo mantenía la mirada fija en el piso del escenario —¡tal vez la gente consideraba esto también parte de su encanto! Comenzamos a trabajar estrechamente para mejorar su presencia en la escena. Le dije que se imaginara que estaba cantando para mí en la sala, algo que le resultó fácil. Yo veía en ella mucho potencial como intérprete. En un punto, hasta llegué a decirle que podía mejorar en un "95 por ciento". (Algunos años después me diría: "¿Así que entonces yo sólo te gustaba en un 5 por ciento?")

Gloria trabajó con mucho tesón para perfeccionarse y sus esfuerzos ayudaron a transformar la banda. No era común tener una voz principal femenina en un grupo de música latina, pero yo tampoco consideraba a la banda como un grupo tradicional. Éramos algo nuevo, transformador. Tomamos lo mejor de nuestras tradiciones musicales y las combinamos con lo mejor del pop norteamericano y británico. Así era como yo percibía a la banda.

Mis sentimientos hacia Gloria también fueron cambiando y creciendo mientras más tiempo pasábamos juntos. Cuando conocí a Gloria le dije a mi madre que no iniciaría un romance con ella a menos que me lo tomara en serio. Por lo que sabía de la vida personal de Gloria, ella había pasado demasiado como para involucrarse en una relación frívola. Debido a lo tanto que la admiraba, no quería arruinar las cosas y, además, trabajábamos juntos. Por otra parte, no creo en el amor a primera vista; el amor crece.

En el verano de 1976, estábamos dando un concierto por el 4 de julio en un barco. Estaba seguro de lo que sentía por Gloria y decidí expresarlo. Le dije que era mi cumpleaños (¡no era cierto!) y le pedí un beso. Se rió y me dijo: "No, te compraré un regalo", yo insistí diciendo: "Sólo un beso en la mejilla". Cuando se acercó para besarme en la mejilla, me volteé y nos besamos. Y así empezó todo.

Gloria le encantó a mis padres al instante, por supuesto. La abuela de Gloria, con quien ella tenía una relación muy estrecha, me aceptó enseguida también. A la madre de Gloria, por el contrario, yo no le hice mucha gracia, por no decir algo peor. Había criado a Gloria con mucho rigor, insistiendo en que terminara sus estudios universitarios y yo no era precisamente lo que Gloria Fajardo había vislumbrado para su hija. Le preocupaba que yo fuera un simple músico y pensaba que nuestra música no nos llevaría a ningún lugar. En su opinión, ser músico no era una forma apropiada, ni segura, de ganarse la vida.

Yo estaba resuelto a demostrar que la madre de Gloria no tenía razón, porque era y soy un profesional serio y un hombre de familia. Incluso antes de que Gloria y yo nos hiciéramos novios yo siempre había respetado las reglas y los valores de su mamá, pero, pese al respeto, ganarme su afecto no iba a ser fácil. Decidí que lo único que podía hacer era seguir siendo fiel a mis propios valores. Con el tiempo me aceptaría. A fin de cuentas, mi relación era con Gloria, no con la madre.

Unos días antes del día de San Valentín de 1978, Gloria estaba en la casa que había comprado y compartía con mis padres. Le había comprado un anillo de compromiso y estaba planeando dárselo el 14 de febrero y pedirle que se casara conmigo. Pero no pude esperar. Gloria estaba sentada conversando con mi madre, cuando saqué la pequeña caja azul de mi bolsillo y se la di. ¡Lo abrió y soltó la risa, y se lanzó a los brazos de mi mamá! Se abrazaron, y sólo luego me abrazó a mí.

Gloria se graduó con honores de la Universidad de Miami aquella primavera, y aunque había sido aceptada para estudiar en la Sorbona de París, y también para la escuela clínica en Psicología en la Universidad de Miami, optó por dedicarse conmigo a nuestra música, a tiempo completo. Comenzamos a planear nuestra boda y aunque yo deseaba hacer una fiesta en grande con orquesta para celebrar nuestro matrimonio, la madre de Gloria se negó. Para entonces, José Manuel estaba muy grave y ella insistió en que no era apropiado celebrar mientras el padre de Gloria se estaba muriendo. Acepté, aunque lo admito, de mala gana.

Nos casamos el 2 de septiembre de 1978, un día después que Gloria cumpliera 21 años. Gloria entró sola a la iglesia. Dijo que ningún hombre podía sustituir a su padre para escoltarla hasta el altar. La ceremonia fue oficiada por el mismo sacerdote que había casado a los padres de Gloria, en La Habana. Él bajó del altar y la acompañó en sus últimos pasos hasta llegar a mi lado. La misa fue bella en su sencillez, exactamente como habíamos querido. Después de la ceremonia, Gloria y yo nos escurrimos discretamente para visitar a su padre en el asilo de veteranos. José Manuel no había hablado en muchos, muchos meses, pero cuando Gloria entró vestida de novia, la miró y le dijo "Glorita". Era la bendición que tanto ambos deseábamos.

Es una bendición que nos ha acompañado, como nos hemos acompañado nosotros uno al otro.

CAPÍTULO DIECIOCHO

Espera resistencia y prepárate para ella

A delántate algunos años. Hasta 1984. Estoy sentado en el vestíbulo del edificio de CBS en la ciudad de Nueva York, observando como las personas entran y salen de los elevadores, mientras abrazo un estuche de cintas magnéticas. He volado desde Miami a Nueva York, para tratar de convencer a los ejecutivos encargados de promociones de nuestro sello discográfico de que escuchen una de las canciones de Miami Sound Machine y la apoyen. Estaba seguro de que teníamos un *hit* en las manos, pero tendría que hacer mucho para convencerlos. Y sólo podía quedarme ese día. Tenía que regresar a Miami.

Durante años, habíamos cantado en español canciones de la música tradicional cubana y también nuestras propias composiciones, primero como Miami Latin Boys y luego como Miami Sound Machine. Nuestro primer álbum fue *Renacer* (*Live Again*, 1977), que se lanzó por una pequeña empresa discográfica local. El álbum era mitad en español, mitad en inglés. Pese a que todos los integrantes de la banda éramos hispanohablantes, también nos considerábamos estadounidenses y angloparlantes. Y, aunque no teníamos la intención de abandonar nuestras preciadas raíces, sabíamos que podíamos hacer mucho más. Cantar en inglés y abarcar todas las melodías excelentes de pop actuales también formaba parte importante de quienes éramos. Realmente, fuimos el primer grupo bilingüe en el mercado.

En 1978 y 1979 grabamos dos álbumes más —*Miami Sound Machine* e *Imported*, respectivamente. Financiamos todas nuestras primeras grabaciones a un costo de unos $2.000 por canción, lo que nos permitió hacer más o menos una toma y la mezcla. (Luego nos reembolsaron los gastos cuando firmamos el contrato con el sello, pero tuvimos que afrontar estos costos iniciales por nuestra cuenta.) Comercializamos nosotros mismos esos dos álbumes a nivel local. En 1980, Discos CBS Internacional —una división de CBS con sede en Miami— firmó un contrato con nosotros para grabar discos con música en español para sus mercados latinos a nivel mundial. Aunque inicialmente CBS sólo deseaba que grabáramos en español para sus mercados en el exterior, vi esto como una enorme oportunidad de introducirnos en el mercado más amplio de Estados Unidos. No sólo comenzaríamos a la larga a grabar en inglés, me imaginaba, sino que el mercado estadounidense pronto estaría pidiendo a gritos música en español y ritmos latinos.

CBS volvió a sacar a la venta nuestras grabaciones anteriores, que consiguieron llegar a los primeros lugares en las listas de éxito de América Latina. Cantar bajo al patrocinio de un sello discográfico pareció ser el impulso y el apoyo que necesitábamos. Pero yo sabía también que no podía dejar todo el trabajo a la compañía disquera. Sabíamos lo que queríamos hacer con nuestra música y también cómo queríamos comercializarla. Estaba decidido a establecer una relación proactiva con CBS. Visitábamos la compañía discográfica todo el tiempo para mantenernos en su radar.

En los años siguientes grabamos tres álbumes más con CBS: *Otra vez* (*Another Time*), *Río* (*River*) y *A Toda Máquina* (*At Full Speed*). Hicimos giras por Latinoamérica, los mercados en los que se habían lanzado esos álbumes y habían copado las listas de ventas. Ir de gira era divertido, extenuante, frenético y, al final, inmensamente gratificante. En Miami, estábamos acostumbrados a actuar en sitios para 2.500 personas, cuando más. En América Latina, asistimos a festivales y conciertos para multitudes; normalmente se agotaban las entradas para estadios de fútbol con espacio para 30.000 ó 40.000 espectadores.

Las exigencias de las giras hicieron mella en algunos de los integrantes de la banda. Habíamos cuajado como grupo. Miami Sound Machine estaba formado por Marcos Ávila, quien tocaba el bajo, Kiki García (percusión) y Raúl Murciano (teclados y saxofón). Gloria y yo no éramos la única pareja en la banda; la prima de Gloria, Merci, y Raúl se habían enamorado y se habían casado también. Justo cuando las cosas estaban tomando vuelo, Raúl y yo tuvimos una discusión. Él quería hacer más música anglo y él y Merci decidieron dejar Miami Sound Machine. A mí también me resultaba difícil viajar con la banda como lo necesitaba debido a mi compromiso en la Bacardí, donde había pasado al departamento de marketing para el sector latino. Además, era difícil actuar y dirigir la banda al mismo tiempo, por lo que dejé de interpretar y Gloria comenzó a desempeñar un papel más prominente durante los conciertos.

Nuestro contrato con CBS International expiró, pero eso no significó el final pues fuimos elegidos por Epic, un sello aún mayor que formaba parte del imperio CBS en ese entonces (en la actualidad Epic es propiedad de Sony). Componíamos cada vez más y más números propios para grabar en inglés, sin abandonar a nuestra audiencia hispana, pero incorporando otra nueva y más amplia.

En el transcurso de varios años tocando y grabando habíamos refinado nuestro sonido hasta transformarlo en lo que yo llamo "pop latino"—una mezcla de ritmos latinos y pop, de salsa y disco, con letras en español y ahora en inglés. Era nuestra identidad, pero lo que nos resultaba inmensamente gratificante era que tantas otras personas se identificaran con nuestro sonido. Nuestros seguidores eran mayormente latinos, pero ya podíamos palpar cuán popular se estaba volviendo nuestro sonido entre gente que estaba abierta a escuchar algo diferente, pero familiar a la vez.

Cuando escribí "Dr. Beat", sin embargo, tanto Gloria como yo pensamos que era una canción que debía quedarse en inglés. Esa era la canción que yo quería que apoyaran los de promociones en mi visita a Nueva York. La compañía de grabaciones quería sacar el sencillo "Lucharé" y había accedido a incluir "Dr. Beat" en el lado B, que es un limbo para cualquier canción. Para la discográfica, "Dr. Beat" se alejaba demasiado de nuestro material habitual. Nosotros considerábamos que formaba parte de nuestro sonido. Era algo único, nuevo y creíamos que atraería a un público mayor. Cuando tocábamos la canción en vivo, al público le encantaba. Era algo que le llegaba, que cruzaba las fronteras raciales y étnicas. No sólo gustaba entre latinos, sino entre negros y anglosajones también. El problema residía en que era un sonido completamente nuevo en la industria y la empresa no sabía qué hacer con él, lo que significaba que no sabían cómo promocionarlo. No querían respaldarlo con el tipo de publicidad que, en nuestro criterio, se merecía.

Pero insistimos. Estábamos absolutamente convencidos de que nuestro pop latino —y "Dr. Beat"— tendrían aceptación mundial. Me planteé la tarea de hacerles ver que mi idea era excelente, que sería popular y que vendería. Tenía que contagiarlos con mi entusiasmo; tenía que estar seguro de mí mismo y de mi proyecto. Tenía que ser perseverante. No había venido a Nueva York a aceptar un "no" por respuesta.

Resultó que no obtuve precisamente un "no" directo, simplemente me dieron evasivas. "En unos minutos le atenderá", seguido de "Está ocupado, regrese mañana". Sabía lo que eso significaba; además, no podía regresar al día siguiente —me había tomado un día libre, y sólo uno, para ir a Nueva York. Ni siquiera podía quedarme a pasar la noche. Tenía que volar de vuelta a Miami ese mismo día y regresar al trabajo en la mañana.

Si me hubieras dicho entonces que años después sería nombrado presidente de una empresa equivalente como lo fui de Sony, te habría preguntado si se te había aflojado un tornillo. Era difícil imaginar una escena tan diferente años más tarde en el vestíbulo: "Oh, Sr. Estefan, déjeme llamarle el elevador". Aquel día fue: "Él está ocupado, regrese mañana".

Yo ya sabía, desde antes de partir a Nueva York, que el sello discográfico se resistía a promocionar canciones nuestras en inglés. Nos habían encasillado y creían que nuestro público era hispanohablante y no querría escuchar canciones en inglés, y que, por otra parte, los angloparlantes no estarían interesados en lo que ellos percibían como un grupo latino. Yo sabía, *sabía* que no era así; me lo decían mi mente, mi corazón y mi intuición.

Regresé a Miami, no con la "misión cumplida", pero definitivamente no con las alas caídas tampoco. No sé por qué la gente se resiste tanto a las nuevas ideas, pero ¿sabes? Lo hacen. Esto no debe detenerte. Recuerdo ese viaje a Nueva York ahora, mientras reflexiono sobre la frecuencia con la cual encontrarás resistencia al intentar convencer a alguien de tu idea. No importa qué tan maravillosa sea.

Sería más fácil a veces simplemente recibir un "no" rotundo. De hecho, en ocasiones podrías ser muy afortunado si encuentras a alguien dispuesto a escuchar tu propuesta. Pero, ¿significa eso que debas desistir? Existen algunas reglas férreas que puedes seguir cuando recibas evasivas respecto a tu idea, bien se trate de una buena canción o de un producto nuevo para limpiar cristales.

Lo primero que debes tener en cuenta es que vas a encontrar resistencia como la encontramos nosotros. A las personas les toma tiempo acostumbrarse a lo nuevo. Recuerda, los Beatles fueron rechazados. ¡Los Beatles! No existe una receta sencilla para obtener lo que deseas y convencer a otros de que tu idea debe ser implementada. Encontrar resistencia de un tipo o de otro es casi inevitable y tienes que lidiar con este hecho. Puedes cambiarlo, puedes vivir con él o puedes ignorarlo. Para que no te desanimes fácilmente o no te hagas ilusiones falsas, simplemente acepta el hecho de que casi siempre encontrarás resistencia, de un tipo o de otro.

Siempre habrán dos fuerzas en juego: las internas y las externas. Nosotros y ellos. No lo digo para que desarrolles una actitud de "yo contra el mundo". Lo digo para que sepas a lo que te has de enfrentar. Las fuerzas externas son más difíciles de controlar, así que primero examínate a ti mismo, la fuerza interna. Debes comenzar por confiar en ti mismo. Tu confianza en tu gran idea y en tus sueños debe ser sólida como una roca.

Comienza por decir "sí" a ti mismo y a tus propias ideas. Esto significa que debes arrancar con una actitud positiva. Como he dicho antes, este es el punto de partida de todo en la vida. Yo creo que la actitud positiva es, como mínimo, tan contagiosa como la negativa; tú tienes realmente la posibilidad de cambiar el ambiente que te rodea con una perspectiva positiva. No siempre puedes elegir con quien haces negocios, pero, créeme puedes cambiar a las personas cambiando su actitud negativa y su mentalidad.

Me gustaría reducir el mensaje de este capítulo a la frase "sé positivo", pero lo cierto es que es más preciso decir "no seas negativo ni permitas a los demás ser negativos". Si te has esforzado para lograr que el tener una actitud positiva sea algo tan habitual como el respirar, entonces lo harás de manera natural. Es exactamente en este punto, cuando encuentres resistencia a tus ideas, que tu actitud positiva demostrará su enorme valor.

Además, debes ser original. No imites nunca, ¡crea! La mayoría de las personas suele seguir a los demás, no tiene originalidad. No es verdad que no exista nada nuevo bajo el sol. Y si eres de los que piensan que no hay nada nuevo bajo el sol, nunca harás nada en grande. Una de las ventajas de llegar a un nuevo país como me sucedió, es que todo parece tan distinto, tan nuevo, tan fresco, y aún así traes contigo tu cultura y tu herencia, que constituye algo nuevo para los demás. Es en ese lugar, donde las ideas chocan y se funden, que a menudo reside la gran creatividad.

La tendencia a simplemente seguir el camino trillado y comprobado me hace pensar en que la gente le teme a todo lo que es diferente. Sé que existe una resistencia natural al cambio. A la mayoría no le gusta salirse del marco donde se siente segura y cómoda. Y por tal razón siempre teme arriesgarse. No seas uno de ellos. Ábrete a tus propias ideas y a las de otros.

Casi todo lo que da frutos y atrae a las personas, ya sean consumidores o una audiencia, consiste en nuevas ideas. No obstante, existe por lo general mucha resistencia a probar cosas originales. El 99,9 por ciento de las personas a las que les presentes una idea original te dirá: "Eso no va a funcionar". A nosotros nos dijeron que "Dr. Beat" tenía mucha trompeta, mucha percusión. Bueno, ¡no me digas que no! Ahí es donde entra en juego la intuición. Es por eso que tienes que creer en tu idea y en ti, y escuchar esa vocecita que te susurra: "Sí, es una excelente idea. Me encanta y le encantará a los demás".

Las personas emprendedoras cambiamos el rumbo del juego. Sentimos una necesidad irreprimible de desarrollar nuevas ideas. Necesitamos *crear*. Somos originales. Somos innovadoras. Bueno, cuando comenzamos nadamos contra la corriente porque a menudo los inversionistas, e incluso la gente con las que compartimos las ideas, piensan que el camino trillado es el único a seguir. ¿Por qué la gente quiere ser predecible en cuanto a la música, la ropa, el diseño, la gastronomía y otras áreas? Lo predecible frecuentemente tampoco funciona, quizás por la evidente razón de que ya está en el mercado. Aunque ser original implica asumir riesgos, ser predecible no es siempre una posición segura tampoco.

Tienes que luchar contra las afirmaciones de que algo no va a funcionar, no va a suceder, que "la gente no está acostumbrada a eso". Como compositor y productor, siempre he querido imponer mi propio sonido y aplicar mis propias reglas. Es en este aspecto donde el venir de otro lugar puede ser una gran ventaja. Eres diferente y la gente lo nota inmediatamente. Si lo abordas como la fuerza positiva que ciertamente es, entonces llegarás lejos.

CAPÍTULO DIECINUEVE

¡Hazlo tú mismo!

N
o voy a negar que cuando tomé el avión aquel día de Nueva York a Miami estaba un poco desanimado. Claro que lo estaba. Pero hice un recuento de lo que tenía y en ese momento mi convicción de que "Dr. Beat" sería un éxito era lo más importante de todo lo que tenía entre manos. No iba a perder la oportunidad. Los ejecutivos de promociones no eran los únicos que sabían como comercializar. Después de todo, yo había estado trabajando en el departamento de marketing para el sector latino en la Bacardí, así que sabía algo de publicidad.

Obtener apoyo del sello discográfico era la forma común de comenzar pero no era la única. Yo había asumido un papel mucho mayor en la dirección de la banda. Si quieres "pensar en grande", reexaminar la definición de tu éxito personal y replanear tu vida desde una perspectiva positiva y ambiciosa, tienes que tomar las riendas y hacerlo tú mismo. No puedes esperar a que lo haga otra persona por ti. No importa si tienes una empresa multinacional gigantesca como un sello discográfico que trabaje para ti, tienes que tomar la iniciativa.

Gloria quedó embarazada de nuestro primer hijo el mismo año que firmamos con la CBS. Estaban pasando mil cosas al mismo tiempo en nuestras vidas, sin duda. Aún me parece ver a Gloria con su embarazo ya avanzado no sólo visitando las oficinas de CBS, sino también las plataformas de carga y hablando con los muchachos encargados de manipular nuestros álbumes. Uno de los elementos claves del éxito en el mundo de la música siempre ha sido la distribución. En la era predigital había que trasladar los discos a las tiendas. Hoy en día es diferente, por supuesto. Cualquier persona con una conexión a Internet puede tener acceso a las canciones. Es cuestión de hacer que pague por ellas.

Nayib nació el 2 de septiembre de 1980, en nuestro segundo aniversario de bodas. Parecía que nuestra felicidad estaba completa. Poco sabíamos de lo mucho que estaba por suceder.

El tener un hijo no entorpeció nuestro estilo de vida para nada. De hecho, Nayib resultó ser sumamente portátil, como tantos niños cuando los haces parte de tu vida y de tu trabajo desde los primeros años. Venía a nuestros ensayos, a nuestras grabaciones y viajaba con nosotros cuando íbamos de gira. Mi madre nos ayudó muchísimo con Nayib. Más que una abuela, fue como una segunda madre para él, y la vida de todos nosotros se enriqueció mucho más debido a eso. Nayib casi siempre viajaba con nosotros; pero cuando no lo hacía, se quedaba con mis padres.

Como mencioné antes, al cabo de unos dos años dejé de actuar y me hice cargo de la dirección de la banda. Tuve que dejar mi empleo en la Bacardí porque no podía ya alternar todo de manera satisfactoria. Era hora de dedicarme a procurar el triunfo en el mundo de la música a tiempo completo.

Aunque el negocio de la música ha cambiado en los últimos diez, quince años, nuestra experiencia de los primeros tiempos puede servir de enseñanza a quienes desean abrirse camino en este sector hoy en día. El mejor consejo es mantenerse activo y asegurarse de mantener el control. Aprender a manejar un presupuesto es el conocimiento más valioso que puedas obtener. Antes de firmar el contrato con CBS no teníamos muchas opciones y pagábamos por nuestras propias grabaciones. Para nuestro tercer disco creo que recibimos $3.000 de la empresa discográfica y pagamos los restantes $20.000 nosotros mismos. La comercialización iba por nosotros.

Este es un buen momento para hacer una pausa y reflexionar acerca de cómo han cambiado las cosas. Los desafíos ahora son diferentes de los de hace veinte e incluso diez años. Actualmente, los artistas jóvenes a menudo lo hacen todo completamente por su cuenta. Las ventas de discos vírgenes sobrepasan las de discos grabados. Incluso si tomas en cuenta el incremento en las ventas en formato digital, las ventas totales de álbumes en todos los formatos cayó un 10 por ciento en 2008. Grandes cadenas de venta minorista como los Virgin Megastores han desaparecido. Aunque los ingresos por ventas de entradas para conciertos aumentaron en 2008, esas cifras desvirtúan un poco la realidad, pues incluyen las ventas para eventos famosos que venden a mayor precio. Artistas como Gloria, con una trayectoria de años, pueden viajar, por supuesto, pero si eres un principiante primero necesitas establecerte antes de lanzarte por la senda ancha. Hay muchas ideas erróneas acerca de lo que un sello discográfico puede hacer en la actualidad. Es casi imposible obtener apoyo de una discográfica cuando estas enfrentan disminución en las ventas, falta de presupuesto para captación y desarrollo de artistas y repertorio (A&R) y básicamente no tienen fondos. Creo que los sellos discográficos desaparecerán, en parte por haber cometido el error de no poner gente creativa en sus puestos de dirección. Pero ese vacío está creando una oportunidad para los artistas jóvenes. Con el tiempo habrán sellos electrónicos que funcionen por Internet y el artista de hoy necesita estar preparado para eso. Tienes que ser tu propio sello y tu propio promotor. El proceso de distribución prácticamente ha desaparecido, pero Internet ofrece oportunidades que nosotros no teníamos.

Después de nuestro frustrado intento con el sello, nos dimos a la tarea de trabajar en "Dr. Beat". Tan pronto regresamos a Miami, mi secretaria y yo comenzamos a llevar la grabación a las estaciones de radio y los clubes. Los clubes siempre andan en busca de cosas nuevas que poner en sus tocadiscos y fueron muy receptivos a nuestro sonido. Nos alentaba ver la reacción cada vez que el disc jockey ponía "Dr. Beat". La pista de baile se llenaba y la gente cantaba también.

Habíamos hecho nuestra parte al sacar la canción; ahora era sólo cuestión de esperar a que la escuchara la persona adecuada. Y así mismo fue, al poco tiempo un visitante del Reino Unido escuchó "Dr. Beat" en un club en Miami Beach y llevó la grabación a su país. Pronto, ya era un éxito —¡el número uno en los clubes!— al otro lado del Atlántico. Ese fue realmente nuestro gran despegue. Habíamos comenzado la travesía cruzando el Atlántico. Las compañías de grabación en Estados Unidos comenzaron a recibir llamadas telefónicas de personas que decían "este es un sonido nuevo maravilloso", "tienen que firmar un contrato con esta banda". Bueno, ellos ya nos tenían, ¡pero no sabían lo que tenían! Todo empezó para nosotros en Inglaterra, y en Holanda, y nunca lo olvidaremos. Gloria actuó en el Reino Unido y en los Países Bajos durante su más reciente gira y los admiradores fueron maravillosos con nosotros allá.

Hubo parte de suerte, no hay dudas, pero hubo también fe en nuestro sonido, hubo originalidad y hubo persistencia. Y todo empezó a rendir frutos rápidamente. La empresa discográfica decidió respaldar la canción enviándonos de gira a Europa y pronto "Dr. Beat" encabezaba las listas de música bailable de toda Europa. Teníamos alguna experiencia en giras, porque habíamos viajado mucho por Centroamérica y Sudamérica, donde habíamos conquistado una gran audiencia.

Por agotadoras que pudieran ser las giras, sabíamos que el viaje a Europa era una ruptura en muchos niveles. Las giras te ponen en contacto con nuevos públicos y tienes la libertad de probar números nuevos y medir la reacción. La reacción de un público te puede inspirar. Es como una palmadita en el hombro o un cuño de aprobación a tu trabajo. La reacción inmediata y positiva, si es que es positiva claro, proporciona una gratificación instantánea.

Nuestra experiencia con "Dr. Beat" nos enseñó muchísimo, en diversos sentidos. En pocas palabras, trabajamos muy duro haciendo música durante varios años para lograr la fórmula de éxito de Miami Sound Machine. ¡Grabamos siete álbumes! A veces lleva años convertirse en una sensación. Sí, fuimos afortunados de que nuestra grabación fuera escogida y llevada al Reino Unido, pero si no nos hubiéramos esforzado en imponer nuestro sencillo independientemente de la empresa de grabaciones, nadie habría estado en posición de escoger la canción. Trabajamos con dedicación y empeño para alcanzar nuestro sueño, nunca nos rendimos y, al final, nos forjamos nuestra propia suerte.

* * *

LOS PRIMEROS AÑOS DE NUESTRO matrimonio fueron muy agitados, tanto en el plano personal como en el profesional. El año en que nos casamos, Gloria y yo viajamos a Cuba a ver a mi hermano y su familia. Era la primera vez que visitaba Cuba desde que había salido en 1967.

En 1979, Gloria y yo volamos a La Habana y luego hicimos un largo viaje por tierra hasta Santiago para ver a los familiares. Llegamos a la ciudad físicamente agotados. No había visto a mi hermano y a mi sobrina por diez años y no conocía a mi sobrino. Mucho había cambiado en sus vidas. Mi cuñada había fallecido y vivían con muchas dificultades, a pesar de que mi hermano trabajaba como profesor de energía solar en la Universidad de Santiago.

No puedo expresar la alegría y la tristeza que sentí al ver a mi hermano. Me había preocupado el que no volviéramos a vernos otra vez, pero allí estaba en carne y hueso junto a mis queridos sobrinos. Aún así, no me los pude llevar del país. A los ciudadanos cubanos simplemente les estaba prohibido salir y, puesto que mi hermano había declarado públicamente su intención de irse, los funcionarios gubernamentales le estaban haciendo la vida imposible. Todavía deberían pasar dos años antes de que pudiéramos sacarlos de Cuba.

Mientras mi familia estuvo separada, mi madre no nos permitió celebrar las Navidades ni los cumpleaños. Siempre decía que no podría disfrutar cuando sabía que su hijo y sus nietos estaban pasando necesidades en Cuba. Sin embargo, Gloria cambió eso en nuestras vidas. Ella insistió en que celebráramos y disfrutáramos y mostráramos gratitud por lo que teníamos. En realidad, para mí era más fácil pensar en esos términos, en la esperanza de que mi hermano y su familia volverían a estar con nosotros.

Al año siguiente, Fidel Castro anunció durante un discurso que todo el que quisiera podría abandonar el país. Esto precipitó el éxodo del Mariel en 1980, durante el cual arribaron 125.000 cubanos a las costas del sur de la Florida. Alquilé un barco para ir a recoger a mi hermano y su familia. Pero al llegar a Cuba, no nos dejaron salir. Salí de regreso con el ánimo por el suelo y estuve perdido en el mar durante varios días. Fueron momentos terribles para la familia a ambos lados del Estrecho de la Florida porque no se sabía nada de mí. Y esto coincidió con el embarazo de Gloria de Nayib. Posteriormente logré llegar a casa, pero sin mi hermano mi misión había quedado incompleta.

No obstante, había otra forma, como siempre sucede. Puesto que no había vuelos directos a Estados Unidos, mi hermano y su familia tuvieron que salir a través de otro país, igual como el resto de nosotros. Tiempo después salieron de Cuba hacia Costa Rica, donde permanecieron varios meses hasta que finalmente pudimos traerlos a los Estados Unidos. No puedo describir la alegría y el alivio que sentí en aquel momento.

(La vida también puede depararnos muchas tristezas; por esos días, falleció José Manuel, el padre de Gloria. Había vivido una vida corta, gran parte de la cual, especialmente sus últimos trece años, estuvo condenado por una terrible enfermedad. Pero dejó una profunda impresión en quienes lo conocieron e incluso en quienes más tarde oyeron hablar de su historia de valentía y coraje.)

Tener a mi hermano y a sus hijos con nosotros fue la realización de un sueño. Un sueño por el que habíamos luchado todos. Saco la cuenta de que, durante todos esos años, debo haber pasado unas seis horas al día, contando los segundos trabajos y otros esfuerzos, trabajando para poder estar juntos de nuevo. Todo lo que estuviera por venir tenía que ser más fácil que lo que habíamos pasado mientras estuvimos separados.

Nuestra familia estaba reunida al fin en libertad.

Finalmente había completado la tarea que me había planteado de niño en La Habana muchos años antes.

CAPÍTULO VEINTE

Convierte el "No" en "Sí"

E l éxito de "Dr. Beat" nos ayudó a convencer a los ejecutivos de la discográfica para que nos dejaran grabar un disco sólo en inglés. El álbum, *Eyes of Innocence*, fue nuestra primera incursión importante en la corriente principal de los mercados estadounidense y europeo. Alrededor de la fecha de salida de aquel disco, conocimos a tres hombres con los que teníamos mucho interés en trabajar. Rafael Vigo, Joe Galdo y Lawrence Dermer ya habían producido música latina, por lo que confiaba en que entendían lo que queríamos y comprendían nuestro sonido. Los contraté para co-producir nuestro siguiente álbum, *Primitive Love*, en 1985. Este álbum también contenía sólo temas en inglés.

Antes de los conciertos en Europa, reproducíamos música cubana y grabada a modo de calentamiento. El público en los países europeos fue fenomenal, súper abierto y receptivo a nuestro sonido. Nuestra confianza fue creciendo. Un día, durante una gira antes de que se lanzara *Eyes of Innocence*, en viaje desde Holanda al Reino Unido, Gloria dijo, "deberíamos hacer una conga, pero en inglés". En aquel momento solamente teníamos dos números en inglés en el repertorio.

La conga es un ritmo muy cubano que se baila en las largas hileras que todos conocemos, y en el que las personas se mueven al toque de los tambores y levantan la pierna al cuarto compás. A todos nos encantó la idea y empezamos a alborotar con aquello de *"come on everybody, baby, do the conga....*" Así nació la canción "Conga". En inglés. Y con nuestro sonido: metales, el *tumbao* cubano y un toque de R&B. Nos encantó y nos identificamos con ella, que es lo más importante, para empezar.

Pero, ¿puedes creer que nuevamente la compañía discográfica pensó que no iba a funcionar? "En la radio no ponen esto", nos dijeron. Equivocados otra vez. La canción prendió tan rápido que casi se promovió a sí misma. Fue incluida en 1986 en la banda sonora de la popular cinta para televisión *Club Med* (lo que ciertamente no vino mal). Se convirtió en una canción insignia —la primera de muchas. Hemos visto bailar esa canción en todas partes del mundo durante veinticinco años.

"Conga" fue el tema estelar de *Primitive Love* y nuestro mayor éxito de todos los tiempos. Fue lo último en canción de *crossover* —se colocó en los diez primeros lugares de la revista *Billboard* y hasta la fecha es la única canción que ha ocupado simultáneamente las listas de éxito de *Billboard* en las categorías de música pop, *soul*, bailable y latina. Para entonces, Gloria era la cara de la banda. Y habrían de producirse otros cambios. Marcos Ávila, uno de nuestros integrantes de mucho tiempo, decidió dejar la banda. Se había casado recientemente y no quería pasar tanto tiempo de viaje. Marcos se marchó en buenos términos y él y su esposa, la periodista Cristina Saralegui siguen siendo amigos nuestros muy allegados. Pero su partida fue otro de los acontecimientos que empezó a cambiar el ADN de la banda para siempre.

Miami Sound Machine se presentó en la convención de compañías discográficas y se nos pidió que tocáramos la "Conga". Los ejecutivos estaban tan complacidos por la entusiasta acogida recibida por el tema en todo el mundo que, fieles a la fórmula, nos pidieron hacer una segunda, una especial de Conga II. Pero ya habíamos hecho "Conga" y Gloria tenía en mente una balada. Insistimos en que "Words Get in the Way" era tan parte de nuestro sonido como lo eran "Conga" y "Dr. Beat". Una vez más, la perseverancia rindió frutos y "Words Get in the Way" se disparó a la cima de las listas. A la misma siguió en breve "Bad Boys", que no tenía tanto sonido latino sino más bien una melodía pegajosa. A estas alturas, después de una rápida sucesión de éxitos, la resistencia de la discográfica se había debilitado bastante. Podían ver que habíamos roto los moldes de los grupos latinos y que, como yo había estado diciendo durante mucho tiempo, el público sería realmente receptivo.

Habíamos ganado una importante batalla contra la resistencia externa. Y una victoria a menudo allana el camino para otras en el futuro. ¿Por qué? Porque comienzas a establecer una trayectoria y es algo tangible, que puedes mostrar. Las primeras victorias son verdaderamente importantes. Pero, pese al éxito, continúas enfrentando la resistencia interna, con los colegas e incluso contigo mismo.

Nos iba bien en la vida. Aún en esta relativamente temprana etapa, habíamos ganado más dinero que el que hubiéramos podido imaginar, habíamos traspasado las fronteras del mercado general de Estados Unidos, nuestras familias estaban bien y prosperando. Las ofertas comenzaron a llover. Comencé a diversificarme y a trabajar como productor para otros artistas y a Gloria le ofrecieron algunos papeles como actriz. (Le pidieron aparecer en *Miami Vice*, que era el programa televisivo más popular del momento, pero debido a que mostraba nuestra ciudad como un antro de violencia y un lugar de refugio para narcotraficantes, Gloria rechazó la oferta.) El primer contrato de publicidad importante de Gloria fue con la Pepsi, que le pagó $1 millón por cantar en sus comerciales.

También habíamos hecho algunas inversiones y decidimos formar nuestra propia empresa para velar por nuestros bienes. En 1986, Estefan Enterprises se constituyó como empresa. Además, nos mudamos a la casa de nuestros sueños en Star Island, una isla en la Bahía Biscayne de Miami. Construimos aquella casa y aunque la construcción de una casa es por lo general un motivo de estrés para la mayoría de las personas, realmente disfruté el proceso. Descubrí que la arquitectura y el diseño eran otro espacio para la creatividad. Por supuesto, tenía a los mejores trabajando en el proyecto, incluyendo a mi hermano Papo que supervisó la construcción y toda la obra de ingeniería. Gloria insistió en que la casa tuviera un elevador, aunque éramos todos jóvenes y tenía sólo dos pisos. Más tarde me confesó que había pensado en su padre y su enfermedad, y en lo difícil que hubiera sido para alguien enfermo o discapacitado vivir en esa, o en cualquier casa, con escaleras. Pensaba que alguien en nuestra familia podría necesitar usar el elevador, y resultó que fue ella.

Nuestro siguiente álbum, que salió en 1987, *Let It Loose*, estrenó la nueva composición del grupo. El reparto, por primera vez, indicaba: Gloria Estefan y Miami Sound Machine. El álbum tuvo unos cuantos éxitos, entre ellos: "1, 2, 3", "Anything for You", "Rhythm is Gonna Get You", y "Can't Stay Away From You". Lanzamos una gira mundial durante los veinte meses siguientes para respaldar la salida del álbum.

¡Qué época tan emocionante! Recuerdo como ayer cuando fuimos al espectáculo de los Grammys ese año. Fue una de las noches más estremecedoras de mi carrera y de mi vida. Recuerdo haber visto a tantos grandes que yo admiraba desde hacía tiempo, como Quincy Jones, Stevie Wonder... Y ahí estábamos nosotros. ¡Allí mismo con ellos!

Gloria estaba resuelta a grabar una nueva canción: "Anything for You", pero en este caso los productores no la apoyaban. Estaban tan en contra de grabarla como Gloria a favor. Yo podía sentir la emoción y la entrega de ella respecto a la canción. Me conquistó completamente. Gloria creía realmente en la canción y lo expresaba con vehemencia. Como los co-productores no querían grabarla, contraté a otras dos personas, Jorge Casas y Clay Oswald para que la produjeran. La canción fue un éxito inmenso y alcanzó la posición número 1 en las listas de *Billboard*.

No fue una batalla fácil; pocas batallas lo son. Pero valió la pena librarla. Las anécdotas de aquellos primeros éxitos son muy instructivas y a menudo pienso en ellas. Tenía que ser perseverante, respetuoso, comunicativo e ingenioso para hacerles ver lo que yo veía.

Yo tenía —y todavía tengo— la profunda convicción de que no puedes dejar que los demás decidan tu destino. Si iba a fracasar, iba a ser haciendo algo en lo que creía. Además sabía, y todavía sé, que hay muchísimo mérito en tratar, y, dado el caso, hay mucho que aprender del fracaso. Es mejor fracasar con tu propia idea. Por lo menos lo intentaste, y quizás lo puedas hacer otra vez y triunfar.

No voy a mentir diciendo que no tuve momentos de dudas y angustias. Claro que los tuve. Había mucho en juego en aquellos primeros tiempos: Mi buen nombre, mi empleo, mi futuro. Y lo mismo se aplica a todos los que trabajaban con nosotros. Habían hecho muchos sacrificios por su música y yo sentía una gran responsabilidad por ellos también.

Mirándolo ahora, yo llegué casi (¡casi!) a pensar que aquellas primeras batallas eran las fáciles. Cuando eres joven y estás lleno de energía (y tienes una suprema confianza en ti mismo, como es usual en muchos jóvenes) te encuentras en el lugar correcto y con la mentalidad correcta para conquistar y para crear. Sientes que no hay nada que no puedas hacer. La paradoja del éxito consiste en que con cada victoria, aumenta lo que pones en juego. Al enfrentar nuevos desafíos, incluso aunque tengas ya toda una trayectoria, todos tienen la vista fija en ti. Algunos desean que salgas airoso. Y algunos realmente desean que fracases.

Soy una persona creativa. No hay un día que no sienta la necesidad de crear algo nuevo. Por mucho que me guste escribir y grabar, siempre supe que podía intentar muchas otras cosas. Y es precisamente por eso que lo que pones en juego es cada vez mayor. Sí, soy un compositor y un músico exitoso, pero eso no necesariamente significa que en los ojos de muchos, podía ser además productor o cualquier otra de las cosas que más adelante emprendería.

Una trayectoria sólida —no sólo por los resultados, sino además por tu conducta profesional (fechas de reuniones, plazos de entrega, presupuestos), puede contribuir a convencer a las personas de que puedes probar algo diferente, pero más que nada, primero tienes que creer en ti mismo. Puedes conquistar los problemas internos, si realmente quieres, porque son los que están directamente bajo tu control.

Recapitulando, los problemas internos más comunes son tu propio pensamiento negativo, la falta de preparación, la duda sobre ti mismo. Puedes superarlos mediante la fe en ti mismo, la preparación y la perseverancia. Necesitas identificar estos problemas con los que te afectas antes de resolver los externos, los que están más lejos de tu control.

Una vez que hayas identificado, enfrentado y superado los problemas internos, estás listo para encarar a los demás. Para convertir el no en sí, recuerda, primero tienes que decirte sí a ti mismo.

A FINES DE LA DÉCADA DE los ochenta, queríamos desarrollar la imagen de Gloria, para que estuviera a la altura de lo que había alcanzado y crecido

Gloria como mujer y como artista. Tommy Mottola, el nuevo presidente de Sony (que había adquirido a CBS), se interesó de manera personal en la carrera de Gloria y nos apoyó firmemente en lo que deseábamos hacer. En cuanto Tommy y yo nos conocimos, conectamos a nivel personal y profesional. Tommy había estado en el negocio de la música desde niño, primero como intérprete, luego como gerente y más tarde en el sector de la promoción musical también. Conocía el negocio de arriba abajo, y de adentro hacia afuera, y era un observador entusiasta de las tendencias de moda. Tenía una enorme fe en el mercado latino, pero no el conocimiento que pensaba necesitaba.

Tommy y yo hicimos buenas migas y hemos sido amigos íntimos durante más de veinte años. Lo considero como un segundo hermano —si anda de compras y ve algo que le gusta para mí, como una corbata, a menudo me la compra. Le presenté a una joven cantante mexicana de quien yo era productor, y al poco tiempo él y Thalía se casaron y tienen ahora una hija pequeña. El apoyo y el entusiasmo de Tommy han sido invaluables. Era el hombre clave en la empresa para lograr que todo el mundo se entusiasmara con alguna idea.

Aunque ya era esposa y madre, Gloria era todavía muy joven ¡y sin duda muy sexy! Cambió su forma de maquillarse y su estilo de cabello y contrató a un entrenador personal. En el mundo de la música, la imagen es tan importante como el sonido. Además, era esencial para nosotros no perpetuar los estereotipos. Gloria lucía elegante y con clase, como es ella. Estrenó su nueva imagen en el siguiente paso de su evolución como artista: lanzó su primer álbum como solista, *Cuts Both Ways*. No sólo había crecido como cantante, intérprete y por su número de grabaciones; para entonces era ya una compositora consumada. Escribió siete de los doce temas del álbum y fue coautora de dos más. *Cuts Both Ways* fue su álbum más exitoso y la ubicó como una compositora importante en los Estados Unidos.

Gloria había escrito y colaborado por años, pero durante la gira de *Let It Loose*, en que Nayib y yo no podíamos estar con ella todo el tiempo, regresaba a su habitación del hotel después del concierto y, como hacía de niña, se refugiaba en su guitarra. Se volvió muy prolífica en aquel período y todavía sigue componiendo muchísimo. Su ardua labor fue recompensada. En 1989 Gloria y Miami Sound Machine fueron nombrados "Banda/Dúo/Grupo Favorito de Pop/Rock" en la premiación de American Music Awards (¡después de Bon Jovi!). El mismo año, BMI (Broadcast Music, Inc., la prestigiosa agencia musical internacional) nombró a Gloria la Compositora de Música Pop del Año (yo mismo recibí el premio de Compositor Latino de BMI Latin en 2005). Gloria no solamente fue la primera latina en recibir tal honor, sino también la primera mujer.

Estaba tan orgulloso de mi esposa.

CAPÍTULO VEINTIUNO

Expándete a nuevos mercados

E l mercado latino es, en estos momentos, el de más rápido crecimiento del país. En 2009, la Oficina del Censo informó que hay aproximadamente cuarenta y siete millones de hispanos en los Estados Unidos, casi una sexta parte de la población. Según sus predicciones, para 2020 habrá sesenta millones de hispanos en Estados Unidos. Los latinos tienen más hijos como promedio, por lo que la proporción seguirá aumentando: en 2008 representábamos el 14 por ciento de la población, pero aportamos el 25 por ciento de los nacimientos. Y somos más jóvenes. La edad media de los latinos es de veintiocho años en comparación con treinta y siete para toda la población.

Tan sólo piensa en cuántas oportunidades hay ahí. Los latinos están vigorizando a la economía estadounidense. Estamos aumentando el número de habitantes, revirtiendo lo que podría ser una caída en el índice de población total. Tenemos menos edad como promedio, por tanto somos un grupo más dinámico. Existe mucho interés, y aceptación, de casi todo lo latino: nuestra comida, nuestra música y nuestra literatura. Es sólo el comienzo de todo lo que podemos hacer.

Qué diferente panorama de cuando yo arribé en 1968. Los latinos tienen que aprender a sacar partido de lo que existe aquí. Expresado en jerga del medio artístico: La escenografía está montada. En todas las áreas contamos con entidades de peso: dos importantes cadenas nacionales en idioma español (Univision, de propiedad privada, y Telemundo, propiedad de NBC), así como una gran cantidad de canales locales en español en áreas densamente pobladas por hispanos. La radio en idioma español es la que más rápidamente se expande en el país; y en la prensa, numerosas marcas tienen ya versiones homólogas de sus principales publicaciones en inglés. Fui una de las primeras personas en establecer relaciones de trabajo tanto con Telemundo como con Univision, haciendo el programa *Frecuencia* en Telemundo durante tres años y especiales denominados "Nuestra Navidad" patrocinados por Target para Univision.

Los latinos se han convertido en un importante segmento de consumidores, porque hemos crecido en número de habitantes. Estamos mejor posicionados que nunca, en parte por las cifras, y en parte también por nuestra educación. Y el mundo corporativo de Norteamérica se ha despertado a esta realidad. Hay más acercamiento a los latinos y mucho más consciencia de su presencia. Sólo echa un vistazo a las campañas de publicidad y mercadeo, dirigidas a nosotros en inglés y en español. Tiene sentido, si estás en posición de comercializar tu producto entre los consumidores de Estados Unidos, tienes que tomar en cuenta el mercado hispano y adaptarte a él. Piensa en esto: Hay más hispanos en Estados Unidos (47 millones) que personas en España (cuya población es de 40 millones).

Hemos sido capaces de convertir nuestra experiencia en el mercado en una especialidad y hemos hecho una contribución positiva. Hemos asesorado, formado asociaciones y creado campañas publicitarias para diversas corporaciones de importancia de Estados Unidos, como Sprint, AT&T y Target. Hoy como nunca, las instituciones estadounidenses aprecian el talento y la calificación de los latinos. Los bancos y otras instituciones financieras buscan activa y agresivamente clientes latinos. Y los latinos hemos respondido estando listos para las oportunidades que se nos presentan. Imagínate el poder hablar bien inglés y español, como hace tanta gente, saber cómo este país y otros países funcionan, cuáles son las normas y reglas para hacer negocios aquí y en otras partes del mundo. Todas esas son estupendas ventajas. Esta generación emergente es muy impresionante y está en una excelente posición para sacar ventaja.

Sin embargo, existe una gran necesidad en nuestra comunidad de proporcionar un mentor a esta generación. El índice de jóvenes hispanos que abandonan los estudios de bachillerato es el más alto del país y sigue creciendo, especialmente en los centros urbanos. A medida que aumentan los indicadores estadísticos de los latinos, la comunidad necesita jugar un papel de mayor liderazgo. Nuestros líderes deben no sólo descollar en la política, sino ser líderes en todas las esferas de la vida. Nuestros jóvenes necesitan modelos de conducta y yo siento una enorme responsabilidad por alentar y servir de mentor a quienes trabajan conmigo directamente. Como artista y como figura pública, tengo la responsabilidad adicional de estimular a mis colegas a ser modelos de conducta y mentores para otros a su vez. Para que nuestra comunidad crezca y prospere, necesitamos urgentemente de mentores y de líderes en todas las áreas.

Desde hace mucho tiempo, he estado involucrado en el desarrollo profesional de jóvenes intérpretes latinos, como Ricky Martin, Alejandro Fernández, Thalía y Shakira. Pero ellos ya eran conocidos y experimentados cuando comencé a trabajar con ellos. Hay muchos talentos vírgenes por descubrir allá fuera.

Una forma de crear los nuevos sonidos que la industria necesita tan desesperadamente es mediante la fusión de diferentes tradiciones y la conexión con personas de otras culturas y con otros talentos. Unos años atrás, me asocié por un breve período con Sean "P. Diddy" Combs. Me invitó a formar un nuevo sello con él, una filial de su sello Bad Boy, llamada Bad Boy Latino.

Sean es un tipo sorprendente, de muchos y diversos talentos, con ideas de vanguardia, impredecible y muy laborioso. No sólo detecta las tendencias antes que los demás; él crea tendencias. Sean había tenido mucho éxito como artista, productor de otros artistas y actor, y se había diversificado hacia otros sectores de negocios también. Probablemente

conoces su popular línea de ropa Sean John, ¿cierto? Éramos definitivamente almas gemelas, teníamos mucho en común. Existía entre nosotros una gran compenetración. Ya no estamos asociados pero cuento esta
anécdota para ilustrar las oportunidades que existen en otros mercados.

Además del evidente respeto y la admiración de Sean por el talento
de los latinos —que yo apreciaba— él es un astuto hombre de negocios y
compartía mi preocupación por el lento paso de los cambios en la industria musical. Las empresas de esta industria, como las de muchas otras,
se estaban convirtiendo en mega conglomerados, algo que hacía cada vez
más difícil el mantener relaciones de trabajo estrechas con los artistas.
Queríamos crear no sólo sonidos que atrajeran a los oyentes; deseábamos
poner esos sonidos a disposición de los oyentes en la forma que ellos tenían de acceder a los sonidos, cada vez más y más.

De modo que iniciamos una alianza patrocinadora con Sprint, la empresa de servicios inalámbricos. Ellos fueron los primeros en hacer posible la transmisión de video en vivo a teléfonos celulares (y además los
primeros en colocar contenido de tema latino en los mismos). Recibir
contenido por teléfono celular no es solamente el futuro; es el aquí y el
ahora.

Bad Boy Latino fue mucho más que una asociación comercial interét-
nica, aunque esto es verdaderamente importante y bastante excepcional.
Hay más que un sinfín de oportunidades para el intercambio entre los
artistas afro americanos y latinos; los públicos de ambas comunidades están entre los que más, si no son los que más, modas crean e imponen.

SIEMPRE QUISE EDUCARME Y APRENDER cuanto fuera posible. Una de las muchas cosas que se me dijo que no podía hacer fue aprender música. Por
los años setenta acudí a un instituto de bachillerato en Miami y pregunté
si podía tomar clases para aprender música formalmente. Me dijeron que
no, que ya tenía demasiada edad; que debía haber empezado a estudiar
cuando tenía once años. Cuando yo tenía once años, estaban pasando
otras muchas cosas en mi vida. Pues bien, este analfabeto musical entra-

dito en años siguió adelante hasta llegar a obtener alrededor de cincuenta nominaciones al Grammy. Mucho más tarde, cuando ya me establecí en mi carrera, tuve la idea de ayudar a fomentar la música en español en este país, organizando una ceremonia de premios Grammy independiente para la música latina. Fue otra de las cosas que me dijeron que nunca iba a suceder. Pero era uno de mis más acariciados sueños, el contar con un programa televisivo que mostrara al mundo toda nuestra diversidad. Realmente quería homenajear y rendir tributo a todos los grandes, a los que se habían desbrozado el camino, como Carlos Santana, José Feliciano y tantos otros.

Tal como he afirmado a lo largo de este libro, los nuevos sonidos, los nuevos estilos de imagen, las nuevas ideas y los nuevos talentos siempre van contra la corriente y hay que promoverlos constantemente. En este sentido, una de las contribuciones de las cuales me siento más orgulloso son los premios Grammy Latinos. Y llevar esta labor a término tomó diez años de presión y promoción agresiva, pero el éxito de los Grammy Latinos fue —desafortunadamente— recibido con lo que yo considero mucho escepticismo, expresado mediante críticas.

Incluso en la comunidad latina, las personas se cuestionaban la necesidad de tener una ceremonia de premiación separada para nuestros ritmos. Para mí, y para la mayoría de los amantes de la música, la respuesta era bastante obvia. "Música latina" era una categoría donde "cabía de todo como en botica", cuando en realidad su diversidad abarca mucho más que simplemente la música *tropical* o *norteña* o *el rock en español*, etc. Necesitábamos un reconocimiento independiente para nuestra música porque no se le distinguía en el mercado principal o típico, ni se destacaba a nuestros artistas y personal técnico.

Era evidente la influencia que la música latina estaba teniendo en los Estados Unidos y mucho más allá de nuestras fronteras.

Cuando cada vez más latinos vendían más y más discos, y muchos estaban conquistando otros mercados y siendo divulgados en la radio para el público en general, parecía un enorme descuido el no reconocer a esos artistas y su música. Pese a que en los premios Grammy existían categorías independientes para la música latina, había demasiados artistas compitiendo por muy pocos premios. Y ya era hora de recibir el reconocimiento de los colegas.

¿Recuerdas la presentación de Ricky Martin en los Grammy de 1999 cantando "La copa de la vida"? ¡Electrizó el espectáculo! Ricky era una súper popular estrella del mundo de la música en español y estaba a punto de incursionar en el mercado musical en inglés. Yo había persuadido a Mike Greene, el presidente de la Academia Nacional de Artes y Ciencias de la Grabación (*National Academy of Recording Arts and Sciences*, o NARAS, por sus siglas en inglés), de poner a Ricky al frente del programa. Y no defraudó, esa fue la interpretación que puso a todos a vibrar de emoción. Y definitivamente nos dio el respaldo que necesitábamos para defender nuestra propuesta de unos premios Grammy especialmente para la música latina.

Los Grammy son más que una premiación y un espectáculo de lujo. Ayudan a dar a conocer quién está haciendo qué en términos de música, y no quiero decir que sea simplemente un evento comercial. Son una auténtica vitrina para mostrar a los admiradores lo que está pasando en el mundo musical y para dar a los músicos y productores un reconocimiento importante y merecido. Queríamos hacer lo mismo con los Grammy Latinos.

En 1997, NARAS lanzó su primera empresa internacional, la Academia Latina de las Artes y Ciencias de la Grabación. Una diferencia importante entre los Grammy y los Grammy Latinos reside en que los Grammy Latinos abarcan todo el mundo de habla hispana y portuguesa. Por tanto, los miembros de la Academia con derecho a voto residen tanto en otros países como en Estados Unidos, y lo mismo pasa con los artistas premiados. Los ganadores provienen de Brasil, México, Colombia, España y demás. El proceso para elegir a los ganadores de los premios es el mismo que para los Grammy, un voto por miembro.

Con el apoyo de NARAS, finalmente pudimos lanzar los premios Grammy Latinos y la ceremonia de premiación en 2000. El espectáculo hizo historia en su transmisión desde el Staples Center de Los Ángeles el 13 de septiembre de 2000 —fue la primera vez que un programa en idioma español se transmitía en una cadena de televisión anglohablante, la CBS, en horario estelar. (La mayoría de los presentadores habló en inglés, pero todas las interpretaciones fueron en español y portugués.)

Yo había ejercido tanta presión para lograr el lanzamiento de los Grammy Latinos se realizaran que algunos me criticaron, y criticaron a la ceremonia de premiación, llamándolas "el *show* de Emilio". Siempre hay personas que desean aguarte la fiesta, así que, no debes dejar que te afecte. Pero en esto caso, me molestó. Este había sido un esfuerzo por lograr el reconocimiento de nuestra gente y, sin embargo, hasta de los latinos dentro de la industria recibimos duras críticas. No se trataba de mí. Se trataba del tesón y del talento de mucha gente, durante muchos años. Era un importante paso adelante.

Dos días antes de la inauguración de los Grammy, el 11 de septiembre de 2000, la Academia Latina de las Artes y Ciencias de la Grabación (*Latin Academy of Recording Arts and Sciences*, o LARAS, por sus siglas en inglés) me honró como la primera Persona del Año. El galardón se me entregó en una cena en Beverly Hills, que sirvió para recaudar fondos para Musicares, una organización benéfica que ayuda a los músicos que tienen dificultades financieras, médicas o personales. La cena incluyó un tributo organizado por Phil Ramone, quien en su extraordinaria carrera ha producido, entre otros, a Tony Bennett, Bob Dylan, Barbra Streisand, Paul Simon, Billy Joel… ¡y Gloria!. Gloria, Shakira, Carlos Vives, Juan Luis Guerra y José Feliciano estuvieron entre los artistas que participaron en el tributo. No buscaba el reconocimiento, y no lo esperaba, pero me conmovió profundamente. Para entonces, ya había ganado siete Grammys (y había sido nominado para unos dieciséis) pero este reconocimiento tocó las fibras de mi corazón.

Al año siguiente, el espectáculo de entrega de los Grammy Latinos estaba programado para el 11 de septiembre en Los Ángeles. Debido a los trágicos eventos en la mañana de ese día, fue cancelado. Los premios se entregaron el 31 de octubre en una conferencia de prensa en Los Ángeles.

Tanto los Grammy Latinos como LARAS han crecido en relevancia e influencia. La premiación se ha realizado además en Nueva York, Miami, Houston y en Las Vegas. Ciudades de todo el país han expresado su interés en auspiciar el evento. Se ha convertido en una gran atracción y proporciona cuantiosos ingresos a la ciudad. ¿Cómo no quererlo?

Cuando veo a esta generación de músicos recibiendo sus premios, se reafirma mi convicción de que hay que permanecer fiel a uno mismo y no preocuparse por lo que piensen los demás. Lo importante es persistir, escuchar a tu corazón y creer en ti y en tus ideas.

Cuando yo comencé hace tantos años, la comunidad hispana aún no se identificaba como un mercado distinto. ¿Cuales otros mercados estarán en el horizonte? ¿Cuales otros grupos y comunidades existen que todavía no hayamos descubierto o a las cuales no nos hemos dirigido?

CAPÍTULO VEINTIDÓS

Cuida tu negocio

T riunfar en el mundo musical se trata de mucho más que simplemente sacar discos exitosos al mercado. Créeme, hay innumerables cantantes y grupos que son magníficos en la parte musical, pero absolutamente pésimos en el aspecto comercial. En muchos casos, no es su culpa, o por lo menos sus fallas son comprensibles. Los grupos jóvenes han firmado malos contratos desde tiempos inmemoriales. Están tan ansiosos por obtener un acuerdo que renuncian a cualquier cosa. Muchos luchan por salir a flote sin la ayuda legal, comercial y artística de un profesional. Yo me aparté de la parte interpretativa de la música hace mucho tiempo y he dedicado gran parte de mi vida a un negocio como este.

Para hacer dinero con la música —al igual que en todo negocio donde tú creas el producto— realmente necesitas tener entre manos tanto material propio como sea posible. No solamente por el aspecto comercial que mencionamos antes. Cuando eres artista y trabajas con otros, tu éxito, especialmente en el aspecto financiero, es compartido. El universo de la música abarca mucho más que cantar y grabar discos. Hay que hacer conciertos, presentaciones, videos, publicidad, composición, sólo por nombrar algunas áreas.

La composición es una parte vital del negocio de la música, y la edición musical promueve el grueso de los ingresos que ésta genera. Un éxito de grabación resulta muy reconfortante para el artista, pero es más gratificante, en dólares constantes y sonantes, en la cuenta bancaria del compositor. De modo que el mejor esquema posible es que tú mismo compongas tus canciones y seas el propietario de los derechos de autor también. Nosotros desde el principio interpretamos nuestro propio material. Cuando das los primeros pasos, por lo general tienes que cantar números conocidos y populares para complacer a la audiencia. Pero a medida que vas ganando seguidores, son más y más los que desean escuchar tu obra original. Nosotros siempre nos las arreglamos para hacer ambas cosas, pues cantábamos en inglés y español.

Nunca será demasiado el énfasis que pueda hacer sobre la importancia de controlar el material que creas. Pienso que los artistas están bien conscientes de esto. Pero muchos no tienen sentido empresarial, ni siquiera de supervivencia. Si estás creando algo, ¿no deseas obtener el crédito por ello? Si deseas seguir creando, contar con el tiempo necesario para dedicarte a tu arte y no tener que trabajar en otra cosa para pagar las facturas, vas a querer que ese crédito se traduzca en dinero. Necesitas que se te pague por el trabajo que haces. En el caso de las canciones, cuando alguien las reproduzca, las interprete e incluso cuando las adapte, con fines comerciales, tienes derecho a que se te pague, pero solamente si eres el propietario de la canción, y si esto se ha establecido con claridad. Debes conservar los derechos de tus canciones, siempre que tengas la infraestructura necesaria para otorgar las licencias y cobrar regalías.

Cuando nosotros comenzamos en 1970 y grabamos nuestros primeros álbumes, perdíamos los derechos de las canciones, y yo sabía que aquello era un mal negocio. Por eso, en 1979 establecimos nuestra propia editora musical, Foreign Imported Productions and Publishing, y desde entonces hemos sido los propietarios y/o administradores del 100 por ciento de los derechos de autor de todas las canciones en las que Gloria y/o yo tenemos crédito por la composición. Cuando firmamos el contrato con Sony (entonces CBS) a principio de la década de los ochenta, también insistí en conservar los derechos sobre nuestras canciones. Puedo decirte que ese fue quizás el paso más inteligente que he dado en los negocios. (Anteriormente, habíamos perdido los derechos sobre un par de álbumes. Con el tiempo, me aseguré de dar marcha atrás y recuperar aquellos derechos, así como las grabaciones originales de los álbumes. Reeditamos las canciones en discos de grandes éxitos y vendimos millones de copias.)

Cada vez que se reproduce una de nuestras canciones o que otorgamos permiso para que se grabe o se use de cualquier forma, recibimos regalías. En toda la industria se llevan registros estrictos y el pago se realiza dos veces por año. Como editores musicales y compositores, para nosotros esta ha sido siempre una importante fuente de ingresos. De hecho, en el negocio de la música lo que realmente produce dinero no es la grabación o la interpretación, sino la composición y los derechos sobre las canciones. Según la norma de la industria, el escritor recibe el 50 por ciento de las regalías y el editor musical el otro 50 por ciento. Si la canción la escribe o la promueve más de una persona, las regalías se dividen en consecuencia. Para los compositores, el compartir las regalías es un buen negocio ya que no están pagando ningún otro costo. El editor musical es el responsable del trámite de las licencias y los cobros, de modo que parte de lo recaudado por él cubre los gastos indirectos.

Nuestros compositores trabajaron bajo las mismas condiciones contractuales y durante años aquella situación satisfizo a todas las partes. A los compositores que trabajan para nosotros bajo contrato de exclusividad se les paga un porcentaje de las regalías. A muchos compositores jóvenes no sólo se les dio la oportunidad de trabajar con creadores más experimentados, sino que sus canciones fueron grabadas por artistas estelares y muchas, muchas de las canciones se convirtieron en éxitos fenomenales. Nuestros compositores han escrito canciones que han alcanzado la cima, para Gloria, Shakira, Jennifer López, Ricky Martin, Marc Anthony, Thalía, Alejandro Fernández y muchos otros.

Foreign Imported Productions and Publishing es el representante de los derechos de más de 2.000 canciones escritas por diversos autores. Es una gran cantidad de canciones a administrar. La única manera de garantizar que se nos pague lo debido es teniendo personal dedicado a tiempo completo a la administración de este negocio. Es en sí mismo un negocio. Y bastante complicado. Para el 2003, el alcance de Estefan Enterprises en las áreas de composición y edición musical había crecido tanto que celebramos un convenio con Universal Music Publishing Group para administrar nuestro catálogo fuera de Norteamérica.

A PRINCIPIOS DE LOS NOVENTA, yo ya había empezado a producir para otros artistas y dedicaba cada vez más tiempo al trabajo en estudio y menos a las giras. Había empezado a trabajar con empeño en el desarrollo de nuevos talentos: compositores, productores, artistas. Como habíamos comprado los estudios Crescent Moon en 1990, estos se habían convertido en uno de mis principales focos de atención en el trabajo, mi "bebé", si se quiere.

En 1994, junto con Sony, establecimos Crescent Moon Records y a la vez diez años más tarde fui designado presidente del departamento de desarrollo musical de Sony Music.

Jon Secada es un cantante y compositor sumamente talentoso con quien he colaborado durante mucho tiempo. Viajó de gira con Gloria a fines de los ochenta y siempre hacía un número como solista en los conciertos de ella. Al poco tiempo comenzamos a colaborar en la creación de canciones. Después del accidente de Gloria, fue coautor del éxito "Coming Out of the Dark" y más tarde trabajamos en su primer álbum como solista, llamado *Jon Secada*. Este salió a la venta en 1992 y cuatro de sus números se incluyeron entre los primeros treinta *hits* (cuatro alcanzaron la primera posición en la lista de éxitos latinos de *Billboard*), incluyendo "Just Another Day Without You", en la que esta vez Gloria hacía los coros para él.

Jon es un compositor talentoso y prolífico y he disfrutado de una larga y fructífera asociación con él. Es uno de los muchos compositores/productores/artistas con los que he entablado a lo largo de los años relaciones que han sido mutuamente beneficiosas. Siempre la hemos pasado bien trabajando juntos. Jon escribió algunos éxitos en inglés y español para diversos artistas; entre ellos, Ricky Martin y Jennifer López, e incluso fue co-productor para Jennifer.

Me gusta descubrir y cultivar jóvenes talentos. He sido tan afortunado, y he tenido tantos magníficos mentores y ejemplos yo mismo durante mi trayectoria, que siempre he sentido el compromiso de dar a cambio puliendo a músicos jóvenes. Me encanta estar rodeado de personas de talento, sobre todo de aquellas con las que establezco relaciones personales, pero cuando les llega el momento de seguir adelante —casi siempre porque así lo desean— lo hacen contando con el mayor beneplácito de mi parte. ¿Qué puede ser más satisfactorio que ver a alguien en quien has creído, creer en sí mismo o en sí misma, y emprender nuevos y mejores proyectos?

En algunos casos, nuestros negocios en los sectores de los bienes raíces y la industria de la hospitalidad se complementaban entre sí, pero no siempre dependían unos de los otros. Siempre he llevado nuestros emprendimientos musicales de una manera más orgánica, un área se alimenta o depende de otra. Mi trabajo como productor —en unas veinte palabras— consiste en proporcionar grabaciones a las empresas discográficas, en una fecha dada y dentro de un presupuesto dado. En realidad abarca mucho más, al menos en mi manera de hacer las cosas, ¡abarca mucho más! Como lo veo, y como siempre lo he abordado, la producción es un paquete completo. Controlas el tiempo en estudio del artista, y buscas la música y a los músicos que mejor se ajustan al gusto, estilo y género del artista.

Trabajas estrechamente con él, comprendes sus metas y su visión y tratas de ayudarlo a alcanzarlas. Así como el artista no lo puede hacer todo solo, el productor tampoco puede. Es una relación de colaboración muy especial. El productor necesita comprender el concepto que el artista desea expresar, y necesita trabajar con él en la elección de las canciones y los músicos para crear ese sonido. Pero la experiencia me ha enseñado que los artistas a menudo se estancan en la rutina y que, debido a su presión interna por crear y mantener una identidad propia como artistas y celebridades, con frecuencia regresan a las fórmulas trilladas. Y sus casas disqueras quieren que hagan "más de lo mismo". Si los artistas fueron mejores impresarios, o si por lo menos comprendieran mejor el negocio, estarían mejor desicionados para protejer su propio arte.

Quizás esto suene contradictorio, pero cuidar tu negocio no significa

servir "mas de lo mismo". Al contrario. Necesitas desarrollarte como artista, hombre o mujer de negocios, empresario, artesano. Aunque no puedas ser experto en todo —por eso existen y contratamos a los expertos,
para que nos asesoren— es imprescindible tener la comprensión más orgánica posible del campo laboral que escojas.

CAPÍTULO VEINTITRÉS

Piensa fuera del marco tradicional

Pienso que en todos los negocios hay cierta necesidad de ser impredecible, ilógico. Muchas veces tienes que ir en contra de la forma convencional de razonar. Si un artista siempre hace rock, ¿por qué no probar una balada? Si un artista canta en español, ¿por qué no probar en inglés, o viceversa?

Un ejemplo de esta forma impredecible, contra la lógica, de actuar fue la producción de uno de los álbumes más exitosos de Gloria de todos los tiempos, *Mi Tierra*, que salió a la venta en 1993. Gloria y yo hemos hecho veinte álbumes juntos, y todos han sido diferentes. Nuestro triunfo en el mercado general con Miami Sound Machine, y de Gloria como solista, se alcanzó gracias a los muchos años que dedicamos a cantar en inglés. Llegamos a la fama debido a la transición que hicimos al inglés. Pero siempre supimos, en algún momento, que queríamos volver atrás y grabar un álbum en español, nuevamente como un tributo a nuestra herencia cultural.

Por qué grabar *Mi Tierra*? Es bastante sencillo: Porque quisimos. Gloria y yo nos movemos fácilmente entre nuestras dos culturas, pero nuestras raíces latinas son muy, muy profundas y el anhelo de cantar en español era intenso. *Mi Tierra* fue un proyecto sincero. Algo entrañable para nosotros, tan real, tan original. Fue, además, una muestra de pensamiento fuera del marco tradicional. Y cuando emprendes proyectos como esos, auténticos, sentidos, la gente responde.

Para este disco, reunimos un maravilloso caudal de talento musical. Fue un All Stars Latino: Cachao y Paquito D'Rivera; Arturo Sandoval y Néstor Torres… ¡y la sección de cuerdas de la Orquesta Sinfónica de Londres!

El lanzamiento de *Mi Tierra* tomó a las personas por sorpresa. Primero, era único, el primer álbum de Gloria como solista, completamente en español. Sólo ese aspecto acaparó mucha atención. Y como telón de fondo del álbum estaba nuestra propia historia personal: Dos niños que dejan detrás su país (*Mi Tierra*), pero no su cultura. Estábamos en la cima de las listas de éxito, pero nos apartamos de la rutina probada para cantar en español, *una idea nacida del corazón.* El simple hecho de grabar el álbum en español fue suficiente para levantar ruido y generar interés. Hubo oposición, claro está. Muchas personas nos dijeron: ¿Por qué preocuparse por el español si les va bien en inglés? Fue un paso inusual y nos arriesgamos a darlo. ¡Otro cruce de fronteras, otra vez!

En 1993 estábamos en condiciones de correr riesgos. Lo hicimos desde la posición de seguridad que habíamos establecido gracias a nuestro éxito, pero estábamos apostando nuestro prestigio y teníamos mucho que perder si el álbum resultaba un desastre comercial y de crítica. Pensamos en grande y corrimos el riesgo, confiados en que lo que sentíamos en nuestros corazones hallaría eco en muchísimas personas. Obtuvimos un gran respaldo en nuestra incursión. Tuvimos el apoyo directo de Tommy Mottola. Fuimos nominados por *Mi Tierra* por lo que el presidente de NARAS, Mike Greene, pidió que Gloria cantara el tema en la ceremonia de premiación de los Grammy, lo que demostró cómo Gloria estaba destrozando los límites entre géneros que algunos gustan de imponer a los artistas.

Mi Tierra desbrozó aquel camino en particular. Vendió millones de álbumes. De hecho *Mi Tierra* fue el primer álbum latino en vender más de un millón de copias. Ocupó la posición número uno en las listas de éxitos por dos años en los Estados Unidos en la categoría de mejor álbum latino tropical/de salsa. Gloria ganó su primer Grammy por este álbum después de muchas nominaciones. Y se sentía orgullosa y satisfecha especialmente porque era un trabajo en español. La reacción en todo el mundo fue igual de gratificante. En Francia, Alemania e Italia fue un éxito fenomenal, y todavía conserva el récord como el álbum más vendido de todos los tiempos para una artista internacional en España. El récord sigue siendo muy entrañable para mí y para Gloria. Gloria cantó la canción *Mi Tierra* en Cuba durante un concierto en la base naval de la bahía de Guantánamo; fuc un momcnto muy emotivo para ella. Gloria dijo "No quiero llorar aquí". Pero, por supuesto, rompió en lágrimas.

Sin *Mi Tierra* probablemente no se habrían producido algunos éxitos posteriores.

Nos colocamos en la vanguardia de todo un movimiento de transición latino a nivel internacional. El ejemplo perfecto de ello, y de cómo planificar una carrera, es nuestro trabajo con Shakira.

Shakira Mubharak era ya una gran estrella en su natal Colombia y en toda América Latina cuando vino a verme a Miami y me pidió que dirigiera su carrera y la ayudara a entrar en el mercado estadounidense. Esto sucedió en 1996, poco tiempo después de que Shakira hubiera lanzado su álbum *Pies Descalzos,* que causó furor en Colombia y Latinoamérica.

Vino a mi oficina con Jairo Martínez, su mánager. Shakira es todavía más carismática en persona que en escena —muy, muy inteligente, cálida, con una sonrisa contagiosa— y es sumamente trabajadora. Con montones de excelentes ideas… Es, además, perfeccionista, meticulosa, apasionada por su trabajo y súper testaruda. Es una de las artistas más auténticas que he conocido en mi vida. Eso fue tan evidente el primer día que nos vimos como lo es hoy. Siempre se mantiene fiel a sí misma y a lo que quiere.

Entre nosotros se estableció una sintonía al instante. Me gustó en cuanto la vi. Conectamos en un segundo. Los dos somos libaneses, costeños —ella es de la ciudad colombiana de Barranquilla, asentada en el mar Caribe— e intensa y cabalmente dedicados a la familia. Dice mucho de su respeto por sus padres el que Shakira —ya una empresaria exitosa y sagaz— los haya llevado como acompañantes a nuestras posteriores citas.

Shakira apenas tenía veinte años, pero había comenzado en el mundo artístico desde muy pequeña, primero como actriz en telenovelas colombianas y luego como cantante. Escribió su primera canción cuando tenía ocho años, tras la muerte de un medio hermano mayor en un accidente de tránsito. Durante años, su padre ocultó su dolor tras unos lentes oscuros, por lo que ella tituló la canción "Gafas oscuras".

Luego de una improvisada audición para un ejecutivo musical de Sony Colombia en el vestíbulo de un hotel en Barranquilla cuando tenía trece años, Shakira firmó un contrato para grabar tres discos. Su primer álbum tuvo un éxito moderado, pero no quedó conforme con la producción del segundo por lo que se negó a promocionarlo. Esa es una posición bastante excepcional para una artista joven, pero muy típica de Shakira. Es perfeccionista hasta la médula.

Su tercer álbum, *Pies Descalzos*, salió a la venta en 1996 cuando tenía dieciocho años. Ese álbum la convirtió en una de las artistas más descollantes de la región sudamericana, con ventas de cinco millones de copias, un millón de ellas solamente en Brasil. Para entonces, se había convertido en una rockera, con pantalones de cuero y blandiendo una guitarra, una auténtica rockera. Y fue en ese momento que nos conocimos. No era una niña pequeña ni una artista sin un centavo. Iba en busca de la fama. En busca de algo diferente: calidad.

Aunque su gran, versátil y colorida voz es su sello distintivo, Shakira es realmente una artista e intérprete totalmente integral. Compone, toca guitarra, baila y tiene una espectacular presencia escénica. Es brillante, en todo el sentido de la palabra. Resplandece. Ella es, sin embargo, tan perfeccionista que a menudo puede ser sorprendentemente insegura. Los artistas son temperamentales por naturaleza; eso no es un cliché. Es parte de ser una personalidad creativa. Tienden a necesitar apoyo. Y en el caso de Shakira, su talento es tan grande como sus necesidades.

Shakira no tenía miedo del mercado estadounidense o de interpretar en grandes escenarios, ni incluso de hacer giras o dar entrevistas a los medios. Pero se mostraba totalmente reticente a cantar en inglés. Su conocimiento del idioma era prácticamente nulo, algo un poco sorprendente para alguien que había crecido escuchando el rock y el pop norteamericano. Desde el principio le dije que, si deseaba penetrar en el mercado estadounidense, tenía que prepararse para además trabajar en inglés. "No sé inglés", me dijo, "¿cómo voy a hacer un álbum en inglés?". "Lo harás", le aseguré.

Nunca le dije que dejara de componer ni de interpretar en español. *Al contrario,* pensaba que eso era parte esencial de su identidad y sabía que su material en español hallaría una enorme y receptiva audiencia en los Estados Unidos y cualquier otra parte del mundo.

Aquel día hablamos también de su imagen. Era muy linda, con una apariencia casi inocente, por lo que su atuendo de pantalones de cuero a la rockera no iba bien con su cabello y maquillaje. Ella lo sabía y estaba dispuesta a cambiar. No temía correr riesgos; buscaba un cambio.

Una parte importante de nuestro plan de acción era que aprendiera inglés, y que lo aprendiera lo suficientemente bien, no sólo para que fuera capaz de cantar, sino realmente de componer en esta lengua.

A continuación, debíamos empezar a trabajar en un álbum. Yo era el director del departamento de desarrollo de artistas a nivel mundial de Sony, y estaba firmemente convencido de que ella necesitaba un nuevo contrato, por lo que negociamos uno de alcance mundial con Sony. Hubiera sido mejor para mí que ella firmara con Crescent Moon, mi sello, pero, como yo era su mánager, la ayudé a conseguir el mejor acuerdo posible, para ella y para su carrera.

De modo que teníamos por delante un enorme proyecto, que en realidad únicamente la empresa en pleno, Estefan Enterprises, estaba en condiciones de emprender. El potencial de Shakira estaba fuera de duda, pero explotar ese potencial representaba una tarea de proporciones gigantescas.

Acordamos trabajar juntos y Shakira acordó mudarse de Colombia a Miami. Esa fue una parte clave de la estrategia. Tenía que estar aquí para trabajar con nosotros. Contratamos a un tutor de inglés para ella, le conseguimos un entrenador personal y juntos comenzamos a planear el siguiente álbum.

Cuando nos convertimos en su empresa representante, Shakira era sólo una pequeña parte de nuestra cartera de artistas y, aunque ayudarla a conquistar el mercado estadounidense fuera una meta importante para mí, no la percibía como una actividad completamente absorbente. Al cabo de tres años y de los tres álbumes que hicimos juntos, Shakira había comenzado a ocupar demasiado de nuestro tiempo. Y digo eso no porque ella no fuera merecedora de nuestro tiempo; sino porque dirigir a otra artista además de Gloria no era parte de nuestro negocio principal. Habíamos representado a otros artistas —Carlos Ponce, Jon Secada— pero de conjunto ellos no constituyeron el éxito comercial en que se convirtió Shakira. Y, repito, esa suma de... llámalo como quieras —éxito, ambición, talento— tiene que ser equiparada con una medida igual de dedicación por parte del mánager.

El primer álbum que produje para Shakira, *Dónde Están los Ladrones*, contenía solamente canciones en español. Ocho de los once temas del álbum se convirtieron en sencillos, de los cuales quizás el más famoso fue "Ojos así". Pensé que ella debía remontarse a sus raíces árabes y alejarse un tanto del sonido puro del pop y el rock en el sonido en español. Aquella canción realmente la distinguió y demostró no sólo su registro vocal sino que en el vídeo de la canción, Shakira exhibe su excepcional talento para la danza de vientre. (Ella me contó que había practicado la danza del vientre desde los cuatro años de edad, cuando su padre la llevó por primera vez a un restaurante libanés; más tarde tomó clases de baile.)

Dónde Están los Ladrones fue un éxito comercial importante, que vendió un millón de copias en los Estados Unidos y más de ocho millones a nivel mundial. Alcanzó el número uno en Argentina, México, España y, por supuesto, Colombia. Ocupó el primer lugar como álbum latino y el 131 entre los primeros 200 en la lista de *Billboard*, nada mal para un álbum enteramente en español.

Tanto la calidad de su trabajo como el bombardeo publicitario que desatamos dieron resultados fenomenales. Shakira salió en la portada de las revistas *TIME* y *Newsweek* —¿qué podría ser más representativo del mercado general de los EE.UU.?— y ella todavía no había lanzado canciones en inglés. Su álbum siguiente, *MTV Unplugged*, incluyó casi todas las canciones de *Dónde Están los Ladrones*. La compañía discográfica nos exhortó a no vender la versión *Unplugged*. Shakira incluso recibió llamadas telefónicas de gente importante de la empresa, animándola a desistir. Ella me contó acerca de las llamadas y les repliqué a aquellas personas que no llamaran a mi artista a mis espaldas.

Nuestra antigua relación con Pepsi también benefició a Shakira. Les sugerí que la escucharan y que la contrataran para trabajar en ambos mercados, incluyendo la opción de hacerlo en inglés. Shakira grabó cuatro canciones para comerciales de Pepsi y ellos patrocinaron su gira *Tour Anfibio*, un espectáculo que la llevó en un extenso recorrido por Estados Unidos y Latinoamérica, para promocionar tanto *Dónde Están los Ladrones* como *MTV Unplugged*. Yo estaba ansioso porque ella grabara en inglés, pero todavía no estaba lista. A su regreso de la gira, comenzamos a trabajar en serio en esto.

Su inglés iba emergiendo estupendamente. Shakira todavía tenía acento pero ya se empezaba a sentir muy cómoda incluso dando entrevistas en inglés. Con todo, todavía temía cantar y grabar. Gloria la ayudó mucho en este aspecto. Al inicio, Shakira escribía las canciones completamente en español y luego Gloria las traducía. Pero, además, Gloria también estaba presente físicamente en el estudio mientras Shakira estaba grabando en inglés. Shakira quería y necesitaba ese nivel de confirmación de que estaba haciendo un buen trabajo (ya mencioné que es una perfeccionista).

A pesar de nuestra trayectoria, con Shakira y otros artistas, Tommy Mottola se resistía a lanzarla en el mercado estadounidense. En su opinión, ella estaba estableciéndose en el mercado latino y él no quería que perdiera fuerza en ese segmento. Pero sabíamos que era el paso correcto, que más que nunca había un público listo para recibir a Shakira, y que ella estaba lista para él. Gloria, que había trabajado estrechamente con Shakira, guiando y alimentando su talento, la defendía con particular vehemencia. Tommy y ella tuvieron una encendida discusión respecto a Shakira. Gloria no iba a ceder, ni yo tampoco.

Y Tommy era una pieza clave en nuestro plan. Realmente necesitábamos convencerlo —él era quien podía lograr que la empresa la apoyara. (Por suerte, posee la virtud de saber escuchar.)

Laundry Service, el primer álbum de Shakira en inglés, salió a fines de 2001. Habíamos trabajado en él durante mucho más de un año. Inicialmente, Shakira iba a traducir algunos de los éxitos de *Dónde Están los Ladrones* e incluirlos en el nuevo álbum, pero al final ella decidió lo contrario... Tenía la profunda convicción de que debía crear material original para este nuevo proyecto, por muy aventurado que fuera.

Shakira recibió críticas, por supuesto. Cuando se lanzó el álbum, varios de los más prominentes críticos de la industria afirmaron que sus letras eran débiles y que Shakira se "perdía en la traducción". Lo bueno es que el público tiene su propia opinión. *Laundry Service* debutó en la tercera posición de los 200 de *Billboard* y al poco tiempo se le certificó con disco triple de platino en Estados Unidos (con ventas de más de tres millones de copias). Terminó convirtiéndose en uno de los álbumes de mayor venta de 2002. Más tarde, se lanzó una versión del disco en español, *Servicio de lavandería*, en América Latina que gozó de un éxito similar. El álbum vendió más de trece millones de copias en todo el mundo. Fue un momento maravilloso para ella y para mí.

El éxito de *Laundry Service* aumentó su demanda como nunca, casi más de lo que pudimos haber previsto. No hubo ni un solo incidente que condujera al final de nuestra relación de representación con Shakira. Aún nos llevamos de maravillas, en lo personal y en lo profesional. Pero no queríamos seguir dedicando tantos recursos a un solo artista. Había otros proyectos que yo deseaba realizar en el plano individual y que deseábamos emprender como empresa. A medida que crecía la demanda de Shakira, crecía la demanda de su disponibilidad de tiempo, y por tanto del nuestro. Cuando representas a un artista, esa persona desea —y merece— toda tu atención, lo que significa que tienes que estar con él o ella en el momento y lugar donde esté trabajando.

En el caso de Shakira, ella se encontraba viajando por todo el mundo prácticamente sin parar, por lo que yo estaría alejado todo el tiempo. Estando en Miami, puedo hacer otras cosas —producir para otros artistas, etc.— pero lejos de mi base de operaciones no podía atender el resto de mis negocios.

Tuvimos una despedida muy cordial, tan cordial que incluso ayudamos a Shakira a encontrar un equipo de representación, que trabaja para ella hasta el día de hoy. Shakira es la artista colombiana más vendida de todos los tiempo, con más de cincuenta millones de discos vendidos mundialmente y dos Grammy, ocho Grammy Latinos y quince galardones de Billboard en su haber. Shakira ha crecido hasta convertirse en una artista consumada y una figura pública. Es muy gentil y extraordinariamente trabajadora, no sólo como artista sino como presidenta de la fundación Pies Descalzos, que ayuda a los niños desfavorecidos. Desarrolla una labor filantrópica ejemplar, tanto en América Latina como en la arena internacional. Shakira constituye un modelo de conducta para otros artistas latinos, y también para los jóvenes latinos y la juventud en general.

Su triunfo en el mercado general, el mercado latino en Estados Unidos y el resto del mundo, me enorgullece profundamente, como representante, como productor y como empresario. El éxito de nuestro plan es un ejemplo perfecto no sólo de conjunción de todas las condiciones necesarias, sino además de visión y de buena planificación. Y, por supuesto, es un ejemplo de cómo construir sobre la base de triunfos anteriores, y de desbrozar el camino para los artistas latinos.

Sin embargo, quizás la parte más gratificante de compartir en su éxito, fue una tierna carta que recibí de su padre, agradeciéndome y diciendo que podía morir en paz, sabiendo que su hija estaba en buenas manos. Como padre te puedo decir que no hay un cumplido más maravilloso que ese.

Es POSIBLE QUE HAGAS UNA música formidable, pero hay que hacerle saber a la gente que esa música existe. El lanzamiento de un disco se parece a la caída del árbol en el bosque; si no hay nadie alrededor, nadie lo escuchará. No habrá sonido. Tienes que lograr que la música se escuche fuerte. Y cuando lo que haces va contra la corriente, tienes que hacer un esfuerzo adicional para asegurarte de que se sepa que estás haciendo algo especial, algo en lo que crees. Es en este punto donde vale la palabra de los expertos en mercadeo. Y no me disculpo por volver a este tema. No hay nada más importante en el proceso. Otros aspectos pueden ser de igual importancia —el crear tu sonido, escribir una canción— pero nada es *más* importante.

Me encanta el marketing. Me ha gustado desde que pude ver lo que era en la Bacardí. Pero no la defino en el estrecho sentido de estrategia de campaña publicitaria. Se trata en realidad de atraer la atención de las personas, de hacer que escuchen y de que se mantengan intrigadas —el producto final podrá, o no, atrapar su interés. Primero tienes que ponérselo delante y luego darles la oportunidad de aceptarlo. Debes organizar detenidamente cada elemento de tu plan de comercialización. Cada mercado tiene su gusto particular, no puedes estar en todos los lugares al mismo tiempo, y a la vez el actuar a tiempo es esencial. Tu meta deber ser hacer llegar el producto a tantas personas como sea posible.

Cuando firmamos nuestro primer convenio con Sony, el sello tenía un presupuesto. Pero gasté todos nuestros fondos y aún más; sabía lo importante que era que no dejáramos pasar esa oportunidad. Hoy día, que los presupuestos para mercadeo de los sellos discográficos son más modestos, es necesario ser creativos. Con Gloria, hemos trabajado con compañías excelentes como AT&T y Starbucks, aumentando su exposición al asociarnos con empresas que tienen una gran presencia en su segmento de mercado.

En el caso de una artista como Gloria, cuya carrera dirijo, el "paquete integral" involucra cada faceta de la comercialización, desde la decisión de la fecha de lanzamiento del álbum; las imágenes de portada y otras imágenes publicitarias; si se va a realizar una gira de promoción, y en tal caso dónde y cuándo; la estrategia para tratar con la prensa y los medios; los conciertos, presentaciones, promociones.

No sólo cada industria, sino también cada producto supone una estrategia diferente. Algunas industrias son más costosas. No es barato comercializar un álbum, por ejemplo. Pero al mismo tiempo, el dinero se puede malgastar sin obtener resultados eficaces. En el caso de un álbum, si te repites durante la fiesta de lanzamiento, por ejemplo, no importa cuán en onda esté o cuán atractivo sea el lugar, no vas a conseguir mucha atención. Lucirá como "lo mismo de antes, lo mismo de siempre", y la gente puede incluso pensar que estás simplemente promoviendo algo viejo. Puesto que la campaña está añeja, el producto puede estarlo también.

Los cambios y las innovaciones son formidables, y me entusiasma enormemente la manera en que la tecnología está mejorando nuestras vidas. Pero si no fuera por la comercialización, no sabríamos siquiera sobre esas innovaciones o por qué son tan maravillosas. La comercialización no se trata de despilfarrar montones de dinero. Se trata de conseguir la atención de la gente. Suceden tantas cosas a nuestro alrededor todo el tiempo. Conseguir que alguien preste atención y conseguir que un mensaje pegue en la era de información es un gran reto. Y si eres ingenioso y creativo, es la clase de desafío que acogerás con satisfacción.

Plantéate algunas preguntas claves acerca de tu industria, para definir una estrategia o un plan de mercadeo: ¿A quién te estás dirigiendo? ¿Para quién es tu producto? ¿Cómo tiene la gente acceso al producto y cómo lo compra? ¿Cómo van a saber sobre él? No te estoy revelando ningún secreto comercial si te digo que la industria musical no ha avanzado al paso de estos tiempos. Está cojeando detrás. ¿Cómo está comprando música la gente? Descargándola, compartiendo archivos. La industria está perdiendo dinero y ofreciendo un mal servicio a sus clientes al no prestar atención a cómo se está comprando la música. La industria musical es bastante sensible al cambio y debería llevar la iniciativa en la comercialización y las ventas. Pero hoy en día, es una industria en problemas.

Tú puedes tener el mejor producto o servicio, sea un álbum, un almacén o una gasolinera, pero si no la promocionas de alguna manera, no llegarás a ningún lugar. La calidad solamente no será suficiente (sin embargo, la calidad es una de las armas más fuertes con que cuentas para la comercialización; no pierdas tu tiempo ni siquiera en pensar cómo comercializar algo de calidad inferior). Las corporaciones grandes pueden gastarse el dinero para conseguir la atención de la gente. Pero si tienes una empresa pequeña, debes ser brillante, ingenioso, creativo y pensar fuera del marco tradicional.

Cada vez que nosotros incursionamos en un área nueva, tuvimos cosas que aprender. Siempre pudimos aplicar algo de lo que sabíamos de otros sectores, pero había realmente algo que teníamos claro desde el comienzo y es que administrar un negocio significa hacerlo crecer. Siempre que entras en un nuevo campo, estás buscando crecimiento. Has comenzado un negocio para multiplicarlo. Establecer un negocio propio y hacerlo crecer tiene que ver con disfrutar de la vida y vivirla a plenitud. Tiene que ver también con la supervivencia.

Si has creado una empresa con la idea de mantenerla en pequeña escala y de que es bueno permanecer estático, estás condenado al fracaso. ¿Por qué? Porque para llevar un negocio hay que estar abierto a las nuevas oportunidades. Necesitas estar siempre atento para llevar tu negocio al siguiente nivel. La única forma de que un negocio sobreviva es que ese negocio prospere. No quiero decir que cada pequeño minorista tenga que querer ser Target o Wal-Mart, o que los restaurantes tengan que convertirse en franquicias para alcanzar el éxito. Mantente siempre en busca de maneras de hacer crecer tu negocio, manteniéndote abierto a nuevas ideas y a nuevas personas. ¿Por qué? Porque todos los negocios en el fondo se tratan de personas —las que trabajan para ti y las que compran tu producto.

Y en lo tocante a tu producto, necesitas cultivar y hacer crecer tu propia inspiración.

CAPÍTULO VEINTICUATRO

¡Inspírate!

E s hora de volver un poco atrás y retomar el hilo de nuestro análisis sobre la motivación y la inspiración. He demostrado que estaba motivado para tener éxito, ¿y qué tal del panorama más amplio de la inspiración? Si bien la motivación pone tu cuerpo en marcha, la inspiración es lo que nutre y llena tu alma. Todo entra en juego aquí —tus buenos hábitos de trabajo, tu perspectiva positiva y tu motivación permitirán que seas más receptivo a tus propios pensamientos y sensaciones. La disciplina (la planificación, la puntualidad, el compromiso y la perseverancia) también te proporcionarán el tiempo y la energía para generar buenas ideas. Y eso es en esencia la inspiración: las ideas que te distinguen, que te hacen único, que te permiten de verdad dejar tu huella en el mundo.

Las ideas son la moneda de cambio en el reino de los negocios. Son un bien de valor casi incalculable. Son tan importantes que antes de ponerlas en práctica o incluso antes de ponerlas a prueba, a menudo las patentamos o registramos nuestros derechos sobre ellas. En los negocios, las ideas sirven no solamente para los productos sino también para los servicios, para contratar personal, para manejar los recursos y en última instancia para la comercialización y la promoción —para regar la voz allá fuera sobre tu gran idea.

Si eres empresario, estás en el negocio de las ideas. Ese es el tipo de acción que cotizas: una gran idea. ¿Cómo se te ocurren las ideas? ¿Cómo reconoces una buena idea cuando la ves, la piensas, la sientes, te la imaginas o la sueñas? ¿Qué es lo que inspira una gran idea?

Hay tres elementos clave necesarios para inspirarse. El primero es la imaginación: Sé ingenioso. ¿Dónde se necesitan las ideas y específicamente qué es una buena idea? Permítete pensar infinitamente, sin límites. El segundo, escucha a tu corazón: Hacer lo que amas te ubicará en la posición correcta; y el tercero, confía en tu intuición: Cree en ti mismo. El último es el más importante de todos. ¿Por qué? Porque si no confías en ti mismo y no tienes fe en tus ideas, seguirán siendo sólo eso: ideas. Necesitas la fe para poder actuar sobre las mismas.

Cuando creo algo, no hay quien me haga cambiar de opinión. Pienso que la gente debe seguir su intuición. En cuanto comienzas a cuestionar a alguien, en la mayoría de los casos, la persona se siente insegura. Yo no me siento inseguro, me aferro más a lo que creo. No puedo decirte cuántas veces he tenido una corazonada sobre algo. Puede ser como una premonición. Recuerdo cuando compré nuestra primera casa en Star Island. Pagué $600.000 por ella y la gente pensó que estaba loco. ¿Todo ese dinero por un terreno en una isla? Compré dos al final, uno para Gloria y para mí y uno para mis padres. Sabía que era un gran negocio, debí haber comprado más porque ahora valen más de $20 millones. Cuando tienes una corazonada fuerte como esa, y tienes una trayectoria, no escuches a nadie más.

Por poco romántico que pueda sonar, existe realmente un proceso para inspirarse. Sin duda, algunas ideas son como relámpagos, que aparecen en tus sueños o que estallan en tu cabeza de la nada. No puedes forzar las ideas. Simplemente llegan. El proceso radica en estar consciente de ellas, en estimularlas y nutrirlas, y en no tener miedo de explorarlas.

No siempre puedes programar una hora para sencillamente sentarte y pensar en ideas. El proceso creativo sucede simplemente y sucede porque estás entusiasmado con lo que estás haciendo. Las ideas nacen del corazón. Es poco probable que se te ocurra una gran idea sobre algo que no amas o por lo que no sientes pasión.

Tu bien más valioso eres tú mismo. Por tanto, confía en ti y en tu intuición. Necesitas ponerte en contacto con esos sentimientos y no temer dar seguimiento, hasta el final, a lo que sientes sobre una persona, un lugar o una idea. Eres quien mejor puede juzgar qué es lo mejor para ti y qué vas a llegar a amar.

Las ideas llegan, estemos preparados para ellas o no. Incluso cuando estamos dormidos nuestras mentes siguen trabajando y nos llegan ideas (¿qué crees que son los sueños, después de todo?). Las ideas están siempre a nuestro alrededor y acudiendo a nosotros. Es importante estar consciente de esto. A veces cuando estás a punto de quedarte dormido, una idea puede encenderse en tu cabeza. O puede ser que despiertes en medio de la noche con una idea. Necesitas aprender a dejar que esas ideas te lleguen.

Habrá épocas en que podrás darte el lujo de simplemente sentarte y pensar, de intentar descubrir soluciones o tratar de inventar algo totalmente nuevo. La mayor parte del tiempo, sin embargo, estarás ocupado con tu vida y tus obligaciones. Las ideas no llegan sólo cuando estás relajado, descansando en una playa o divirtiéndote por ahí. De hecho, encontrarás que a menudo es en tiempos de tensión o grandes dificultades que generas algunas de tus mejores ideas. ¿Por qué sucede eso? Pienso que las ideas vienen a veces a confortarnos. La imaginación es una de las rutas de escape más grandes que existen.

Al mismo tiempo puedes volverte loco intentando atrapar a una idea. Las ideas pueden escurrírsete, resbalarse y luchar contra ti, como un pez en el anzuelo. No puedes obsesionarte con ellas. Yo siempre decía que si me tomaba más de dos semanas componer una canción, ya no me iba a salir. En determinado momento, si ya no estás resultando productivo, debes pasar a la idea siguiente.

A veces necesitas limpiar de ruido externo tu cabeza y tan sólo escuchar tus propias ideas. Despeja tu mente de todas las distracciones. Pero si te encuentras tenso, concentrado en dificultades y obstáculos y con cosas que hacer, el proceso probablemente se va a estancar. Además de enfrentar la vida cotidiana, con todas sus alegrías y obligaciones, ser empresario requiere encontrar el tiempo donde otros no pueden. Exige encontrar energías cuando crees que ya has agotado toda la que tienes.

Por eso es importante vivir una vida organizada, mantener las cosas en su lugar (que no sólo significa colgar la chaqueta, sino también hacer las cosas con puntualidad) para eliminar las distracciones y poder estar en contacto con lo que está sucediendo en tu mente y en tu corazón.

La única manera en que puedes despejar tu mente de distracciones es cumpliendo con todas tus obligaciones. Te procuras más espacio para inspirarte cuando te organizas y respetas tu tiempo. Puede ser que suene monótono y poco emocionante, pero si ya tienes el hábito de cuidar de tu negocio, tendrás más tiempo y más energía para estar consciente de esos rayitos de inspiración.

Una forma de conseguir desarrollar el hábito de escuchar y de sentir tus propias ideas es escoger un momento para simplemente pensar. Yo me siento más inspirado por las mañanas cuando me levanto y está todo en calma. Cuando no hay distracciones. Amo la mañana porque es cuando todo comienza. El sol está saliendo y ver la luz me da esperanza. Estoy descansado y tengo la mente clara.

Las ideas me pueden venir en cualquier momento pero estoy lleno de una energía más positiva por la mañana. Puede ser que te sientas mejor en otro momento del día; para mí, la mañana funciona mejor. Tienes que descubrir tu hora óptima. Puede ser que sea necesario hacer algunos ajustes para encontrar esos pocos minutos diarios en los que puedes escucharte, pero el esfuerzo bien vale la pena.

Luego, acostúmbrate a escuchar tus ideas. Tal vez te sientas tonto al principio, allí sentado intentando inspirarte. Pero es una buena manera de empezar. Es casi como un ejercicio, un ejercicio de relajación en el que sólo escuchas el sonido de tu respiración. En este caso, estás escuchando el sonido de tus ideas fluyendo. Acostúmbrate a él. Escucha. Escúchate y también adquirirás el hábito de escuchar bien a los demás y sus ideas. Pero primero, aprende a escucharte a ti mismo.

Después, piensa en términos infinitos. En la privacidad de tu propia mente, nada queda fuera del alcance. Así que comienza a sentirte cómodo incluso con las ideas más descabelladas. Permítete algunos minutos de cada día para ponerte en contacto con tus ideas y en poco tiempo estarás escuchándolas sin incluso darte cuenta.

Cree en esas ideas y ten fe en ellas. Si te gusta algo, existe una razón para ello. Otros pueden también apreciar tu idea si ven tu pasión. Sé audaz en tu entusiasmo por tus sueños.

Imagínate una idea implementada. Los escritores hablan a menudo del pavor que sienten cuando contemplan la página en blanco y nada les viene a la mente. Los músicos y otros artistas sienten igual cuando intentan forzar el principio de algo. Mi sugerencia es no forzar el principio sino imaginarse el resultado.

Hace algunos años compramos una casa en Vero Beach, varias horas al norte de nuestra casa en Miami Beach. Queríamos contar con un refugio al que podríamos escapar conduciendo y en un área relativamente poco frecuentada por los turistas.

Gloria y yo encontramos el lugar perfecto, pero no lo habrías podido decir si lo hubieras visto entonces. Era una vivienda vieja y en mal estado, que no había sido ocupada en largo tiempo. Pero cuando entré en la casa, en mi mente podía verla restaurada, remodelada y lista. Me la imaginaba, hasta en los mínimos detalles. La compramos enseguida y no nos arrepentimos nunca.

También, necesitas recordar las buenas ideas. No es que tengas que andar con un bloc de notas para todas partes —aunque no sería mala idea— pero tienes que tomar notas rápidamente o podrías perder esas ideas estupendas. He elaborado planos de diseños, he planeado campañas de comercialización y he escrito canciones que se me ocurren repentinamente. Y muchas de ellas fueron registradas en cajas de fósforos, envolturas de chicles, recibos de compra, cualquier cosa que haya tenido a mano.

Pero la mayor parte del tiempo no podrás darte el lujo de sentarte y pensar todo el día, ni esto te conducirá necesariamente a generar las mejores ideas. Mucho se podría decir sobre los ruidos, los problemas y otros estímulos externos que ayudan a conseguir que fluya la creatividad y las ideas. No puedes elegir el momento en que te vendrán las mejores ideas. Por tanto recuerda, debes estar siempre listo para sentir la inspiración.

El paso siguiente es ser ingenioso. Tendrás un torrente de ideas cuando te des cuenta de todos los recursos con los que puedes trabajar. Podemos hacer tanto con tan poco, pero nos hemos convencido de que necesitamos gastar, gastar y gastar para poder poner en práctica un proyecto o una idea acertada. No es cierto. Algunas de las ideas más encantadoras y más interesantes se pueden implementar en base a ideas establecidas o con materiales reutilizados. Por eso he aquí otra mantra para ti: Recicla, renueva, revitaliza.

CAPÍTULO VEINTICINCO

Recicla, renueva, revitaliza

H ay muchas cosas magníficas en nuestro país y en nuestra cultura; pero una de las facetas negativas de la vida en los Estados Unidos es la forma en que damos todo por sentado. Hay tal abundancia aquí de alimentos, ropa, carros, dinero, muebles, equipos electrónicos, etc., que nos hemos convencido de que los bienes materiales estarán eternamente disponibles. Pero no es así. Las materias primas, y por extensión los bienes que fabricamos a partir de ellas, son finitas.

Conduce por cualquier ciudad grande de los EE.UU. y echa una ojeada a todos los muebles en buen estado que son dejados en los basureros o en el contén de la acera. Se ha vuelto así de costoso el restaurar los muebles —¿o han llegado a ser éstos tan baratos?— que ya es un despilfarro epidémico. Nuestro derroche no se confina a los muebles solamente, por supuesto. Las porciones en los restaurantes son excesivamente grandes. Muchos simplemente tiran a la basura la comida que sobra. La gente que ha pasado por lo que yo pasé como refugiado e inmigrante tiene una actitud diferente hacia el desperdicio. Por instinto, apagamos todas las luces de la casa. No botamos las cosas que otros podrían necesitar o utilizar. No dejamos el grifo abierto cuando nos cepillamos los dientes. El ser inmigrante, o el haber tenido que trabajar arduamente para llegar a alguna parte, te hace pensar en no despilfarrar los recursos y en ser prudente.

Es duro ver tanto desperdicio, especialmente cuando sabes que hay tanta necesidad. Si adquieres el hábito del reciclar y de solamente usar lo que necesitas—y preservar el resto o darlo a alguien que lo necesite—seríamos mucho más conscientes de la abundancia que tenemos.

Como sociedad y como individuos necesitamos reeducarnos acerca de cuánto tenemos. Y sobre qué podemos hacer con lo que tenemos, incluso si no parece tanto. A mí me encanta encontrar aplicaciones creativas a las cosas que la mayoría de la gente abandonaría como desecho. Es más que un juego o un escape para mi creatividad. Es parte de mi forma de ver las cosas; no creo en despilfarrar ni en gastar dinero por el gusto de gastar dinero.

Es sorprendente cuánto se puede hacer con tan poco, y para tan poco dinero. Las ideas abundan cuando intentas hallar maneras de alcanzar el mismo resultado con menos dinero. Cuando trabajaba en el departamento de marketing en la Bacardí estábamos desplegando una campaña nacional para las tortas de ron Bacardí. La idea era promover las tortas en supermercados con la ayuda de bellas jóvenes que exhibirían las tortas usando bandas que dirían *Miss Bacardi Rum Cake*. Las bandas de satén que planeábamos usar costaban $30 cada una, lo que me pareció caro, demasiado caro, incluso. Y Bacardí necesitaría centenares de ellas.

Las bandas, aunque eran bonitas, parecían fáciles de hacer. Tuve una idea. No era incluso una nueva idea, ya lo había hecho antes con las camisetas que había confeccionado al poco tiempo de que comenzara a trabajar en la compañía. Pregunté a mi jefe si podría tratar de conseguir que se hicieran las bandas por menos dinero y vendérselas de nuevo a Bacardí. Él aceptó. Una amiga mía trabajaba en una funeraria pintando a mano las cintas que se exhiben en las guirnaldas y las partes posteriores de los coches fúnebres. Fui a verla para preguntarle cuánto costaría hacerlas; me dijo que cerca de $1,50 cada una. Hicimos un trato. Ella pintaría las bandas para mí en la noche, después del trabajo, y me las vendería por $7 cada una. Se las vendí a Bacardí por $15. Bacardí pagó la mitad de lo que hubiera pagado y yo terminé ganando casi $5.000 en el negocio —simplemente por ser ingenioso y pensar en nuestro exceso y derroche.

Reciclar es otra parte de ser ingenioso. Sé que mucha gente considera que algo fabricado con material reciclado tiene una calidad inferior, pero no concuerdo con ellos. Piensa en una mesa hecha a partir de una ventana o de una puerta vieja, en comparación con una nueva comprada en una tienda de muebles exclusiva. Creo que una ventana vieja transformada en el tablero de una mesa puede resultar encantadora y con sabor histórico. Por no decir que una mesa moderna y elegante podría no ser bella, y la ventana vieja además de tener su propia historia, podría ser hermosa.

Una día que estaba lechando un vistazo en una tienda de antigüedades me encontré unos hermosos platos de plata. Por los intrincados patrones grabados en ellos calculé que los platos provenían del norte de África, y resultó que eran de Marruecos. Mientras los miraba comencé a imaginarme los platos de plata no colgados en una pared, sino sobre una mesa, una mesa de madera oscura. Mientras más pensaba en ellos, mejor podía verlos no encima, sino incrustados en la mesa de madera oscura.

Compré los platos, llegué a casa y dibujé un diseño con ellos incorporados en el tablero de la mesa. Luego, le pedí a un carpintero que construyera una mesa alta y larga y tres mesas pequeñas. La próxima vez que vayas a Miami Beach, llégate al Cardozo Bar and Grill en nuestro Hotel Cardozo. Allí están. Y las canoas que utilizamos en el vídeo de Gloria *Wrapped*, que filmamos en la altiplanicie peruana, adornan ahora el bar de nuestro restaurante Bongos Cuban Café en Miami. Simplemente pensé que eran demasiado lindas para dejarlas.

El reciclaje es importante en el proceso creativo. No hablo de copiar, hablo de tomar algo —artículos, ideas— y usarlos más plenamente. Da mucha satisfacción tomar algo e insuflarle nueva vida, sea una chaqueta, un marco, una mesa, un plato con sobras, un ritmo o un sonido entrañable. Esto no es ser tacaño; es ser creativo e ingenioso. Los recursos son finitos y tenemos que emplearlos bien. A la gente creativa le gusta el desafío de reciclar. Y algo nuevo, construido sobre o a partir de algo viejo, tiene cierta energía positiva.

La revitalización —el dar una nueva vida a algo— es otra manera de ser ingenioso. Uno de los mejores ejemplos de esto, y que es muy cercano a mi corazón, fue el caso de un músico cubano muy querido, Israel

López, más conocido como Cachao. Llamado el Padrino del mambo, Cachao tuvo una influencia enorme en la música cubana por décadas, comenzando con su creación del mambo en los años treinta. Cachao, bajista, y su hermano, Orestes, que tocó varios instrumentos, escribieron millares de canciones juntos; pero después de la revolución, fue virtualmente silenciado.

Cachao siguió una ruta similar a la mía; salió de Cuba para España en 1962 y pasó un par de años en Europa antes de inmigrar a Estados Unidos. Finalmente vino a Miami en los años ochenta para vivir los años que le quedaban en paz. El actor Andy García se enteró de que Cachao vivía en Miami y tocaba en los restaurantes y me habló de la posibilidad de grabar la música de Cachao, para que no se perdiera para siempre.

Nosotros acabábamos de establecer Crescent Moon Records y firmé un contrato con Cachao. Llamé a mi socio Tommy Mottola y le dije que acababa de firmar con mi primer artista. Tommy me preguntó: "¿Es bien parecido?", y le dije: "Más o menos". "¿Canta bien?" y le dije "No". Entonces Tommy preguntó: "Bueno, ¿hace grandes toures?", y contesté: "Bueno, él da conciertos…"

Grabamos varios álbumes con Cachao, comenzando con *Master Sessions Vol. 1*, que disfrutó de un gran éxito entre la crítica y ganó un Grammy (de hecho ganó el año después que Gloria ganara con *Mi Tierra*). Crescent Moon nunca consideró las ventas de álbumes como lo más importante en el caso de Cachao —él nos dio credibilidad inmediata. Más importante aún, rescató un sonido que estaba en peligro de perderse, para una nueva audiencia. Cachao era un enlace con la música con la que había crecido en Cuba. Tenía tantos deseos de demostrar este respeto por mi herencia y la cultura latina, y trabajar con Cachao, a quien admiré grandemente como músico y como ser humano. Él también resultó ser una de las personas más buenas que he conocido en toda mi vida. Perdimos a Cachao cuando murió de 89 años en Coral Gables, en 2008.

Otra de las personas más buenas y más humildes que he conocido fue la también leyenda cubana Celia Cruz, la Reina de la Salsa. Habíamos trabajado con Celia en los días de Miami Sound Machine. Años más tarde, ella se encontraba sin sello discográfico que la apoyara y quise conseguirle un contrato con Sony. Realmente tuve la pelea más grande que jamás haya tenido con Sony por causa de Celia. No querían contratarla, aduciendo que era demasiado vieja. Le hice el contrato y ella logró colocar toda una serie de temas en la posición número uno y obtuvo además unos cuantos premios Grammy antes de que falleciera en 2003. Uno de mis sueños era producir a Celia Cruz. Producimos su primer vídeo musical y nos divertimos muchísimo.

Shakira y Ricky Martin son importantes en mi carrera, por supuesto, pero era tan importante para mí ayudar a esta leyenda cubana. Estoy probablemente más orgulloso de haber trabajado con Celia y con Cachao, ambos artistas a los que el resto de la industria había descartado, como demasiado viejos. No creo que exista algo como el ser demasiado viejo —uno es un gran artista, o no lo es.

Ayudar a Celia y a Cachao también era congruente con mis sentimientos sobre el deber de venerar a los miembros mayores de la sociedad. Ellos poseen un tesoro de experiencia que no debemos ignorar. Nos brindan un eslabón de enlace con el pasado que es fácil perder. Éstas son razones por las que siempre he respetado tanto la cultura japonesa. En mis lecturas sobre Japón siempre me cautivaron aspectos de esa nación que concordaban con mis valores personales. El respeto por la familia, especialmente los ancianos, era uno. Me interesaba profundamente la manera en que viven, con grandes familias a menudo apretadas en pequeñas casas.

Cuando ya llevaba algunos años en los Estados Unidos, ahorré dinero de las presentaciones y fui de gira con un grupo a Japón. Me fascinó la visita. Es bueno leer sobre los lugares pero si quieres realmente saber cómo son las cosas por allá, tienes que ir y verlo. Fue interesante observar como vivía otro pueblo. Los viajes al extranjero pueden ser particularmente inspiradores para quienes tienen mente abierta y buena voluntad para aprender. Cuando Gloria y yo nos casamos le dije que debíamos ir a Japón para nuestra luna de miel porque probablemente no tendríamos otra oportunidad y hemos estado allí quizás diez veces desde entonces.

*   *   *

TEN PRESENTE CUANDO ESTÉS MEDITANDO sobre tus ideas que tu recurso más grande eres tú. Eres una fuente infinita de talento e ideas. Continuamos desarrollando, e incluso renovando y reciclando, nuestras habilidades. Es una manera de reinventarse y de avanzar. Soy un buen ejemplo de eso. Fui siempre músico, y me encantaba. Pero al principio, cuando Miami Sound Machine comenzó a cosechar cierto éxito, comprendí que podía hacer más. Y quería hacer más, porque soy un perfeccionista y también porque soy muy dinámico.

A veces me disgustaba cuando el sonido no era tan bueno como habría debido ser o la iluminación no era la correcta. Comencé a involucrarme en más aspectos de nuestro trabajo. Me dio una mayor sensación de seguridad y también de satisfacción, porque podía controlar mejor la calidad de lo que hacíamos. Convertirme en productor fue una magnífica forma de reciclarme y de reciclar mis habilidades, y de elevarme a otro nivel. Continué aprendiendo. Si alguien me dijo alguna vez que no podría ser un productor, o no lo oí o no le hice caso. Al final terminé haciendo de todo. Me sentía bastante confiado en que podría hacer lo que me propusiera. Creí en mí y en la idea de hacer algo diferente con mis talentos.

¿Por qué subestimamos nuestras propias capacidades de hacer más y de tener éxito en diversas tareas? Es fácil convencerse de que uno ha alcanzado su máximo nivel de competencia, y de que es mejor permanecer allí. Todos podemos hacer tanto más. Primero tienes que creer en ti mismo y entonces podrás ser terreno fértil en el cual germinará la inspiración.

CAPÍTULO VEINTISÉIS

Concéntrate en medio de la catástrofe

 ué pasa cuando, en palabras de John Lennon, la vida te sucede mientras estás ocupado haciendo otros planes?

Me encantaba ir de giras con Miami Sound Machine y Gloria. Vimos el mundo, conocimos a reyes y capitanes, legiones de admiradores fieles, afectuosos y nos divertimos horrores, de paso. Y en la cumbre del éxito de la banda, tuvimos un niño, nuestro hijo Nayib. Mientras estuviera cerca de Gloria y de mí, a él no le afectaba en lo más mínimo estar en un ambiente ajeno. Los niños son así. De hecho, los viajes despiertan muchos talentos y gustos en ellos, así como la inspiración de sus padres. Pero llega un momento en que necesitan un entorno más estable, y a los seis o siete años ya Nayib había alcanzado ese punto.

Eso coincidió con una época en mi vida en la que me sentía tentado a explorar otros frentes. Aprendía cada vez más sobre la industria musical y me sentía ciertamente desafiado a hacer algo más, algo diferente. Con frecuencia me disgustaba cuando las cosas no quedaban tan bien como habrían podido en nuestros espectáculos. Sentía la necesidad de dejar las actuaciones y dirigir, un ardiente deseo de producir y de perfeccionar.

Gloria había sido la cara de Miami Sound Machine por mucho tiempo y estaba a punto de emprender su carrera como solista, así como los miembros de la banda, que estaban listos para abordar otros proyectos. Y todo esto coincidió con la época en que Nayib necesitaba adaptarse a la escuela y a una rutina más constante. Así pues, decidí convertirme en un padre de casa.

Comencé a producir para diversos artistas y encontré que tenía destreza y talento para ello. Me encanta cada faceta de la producción. Es algo que se adapta a mi temperamento y a mis habilidades muy bien: exige mucha atención al detalle; es una actividad creativa en la que eres responsable del resultado final. Me gusta concluir las cosas.

Cuando Gloria andaba de gira, volábamos para verla los fines de semana en las presentaciones, o ella volaba a casa durante los días de descanso. Era difícil, pero dio a Nayib la estabilidad y la rutina que necesitó durante algunos años y me permitió desarrollar mi carrera como productor. Además, necesitaba apoyar los sueños y el talento de Gloria.

Cualquier persona que sepa algo sobre Gloria y sobre mí, sabrá que nunca ha habido escándalos ligados a nuestros nombres. Lo que se explica fácilmente: Nunca hemos hecho nada que de pie al escándalo. Realmente. Necesitas construir tu carrera a base de talento, no de chismes, si quieres permanecer en ella por largo tiempo. Cuando viajábamos juntos, nuestro hijo era pequeño, de modo que tan pronto el concierto terminaba, regresábamos al hotel y nos acostábamos a dormir. Cuando Gloria viajaba sola, sucedía prácticamente lo mismo. Pero a ella no le gustaba viajar sin nosotros.

Así que, con el tiempo, volvimos a hacer giras con Gloria, y yo me hice cargo otra vez de la dirección y la producción del espectáculo. Disfruté de este trabajo también porque podía aplicar muchos de mis diversos talentos y habilidades y podía todavía producir para otros artistas.

Todos los sacrificios que implicaban las giras, valían la pena. La mejor parte de todo era cuando Gloria dejaba el escenario al final de la presentación. Emocionada por el cariño y los aplausos que acababa de recibir de sus admiradores, todavía bajo el efecto del torrente de adrenalina que desata la actuación, ella se refugiaba en nuestros brazos. Nayib y yo siempre la esperábamos entre bastidores. Años después, nuestra hija Emily, que nació en 1994, se nos uniría en estos momentos en que su mamá salía de escena.

En el invierno de 1990, el Presidente George H. W. Bush nos invitó a la Casa Blanca. Estábamos emocionados, orgullosos y entusiasmados. Nayib, Gloria y yo nos fotografiamos con el presidente en la Oficina Oval, una foto que se divulgó ampliamente. Exactamente como lo describió un periódico en sus titulares: teníamos "el mundo en nuestras manos", y ¡nos sentíamos de esa manera también! Fue un momento increíble en nuestras vidas. Era la culminación de nuestros sueños recibir el reconocimiento del presidente de nuestro país adoptivo.

Lejos estábamos de imaginar que en el plazo de 24 horas, nuestras vidas se sumirían en la oscuridad.

Tommy Mottola nos había invitado a la ciudad de Nueva York para una cena especial. Sentía que era importante asistir y convencí a Gloria de que debíamos ir, así que partimos hacia la ciudad en nuestro autobús de giras. Al día siguiente íbamos para Syracuse. Era un día de marzo, gris y plomizo, y a pesar de que ya estábamos a comienzos de primavera, las carreteras a través de Pensilvania estaban resbalosas y cubiertas de nieve. El tránsito avanzaba con lentitud. Gloria estaba durmiendo y Nayib jugaba.

De repente, escuchamos un fuerte ruido, sentí una espantosa sacudida y el autobús quedó totalmente a oscuras. Un tractor con remolque se había estrellado contra nuestro vehículo. Gloria llamó a gritos a Nayib. Lo encontré, asustado pero sano y salvo. Gloria, sin embargo, no podía moverse. Cuando llegué a su lado, me dijo que no podía sentir nada. Comprendí de inmediato que necesitábamos ayuda pero el accidente había bloqueado el tráfico y pasaron horas antes de que pudiera ser evacuada. Mientras tanto, una mujer subió al autobús y sostuvo el cuello de Gloria en sus manos y le habló suavemente. Es probable que esa mujer haya salvado a Gloria de la parálisis permanente.

Nadie más en el autobús había sido lesionado, algo por lo que doy gracias hasta el día de hoy. Gloria fue finalmente trasladada en ambulancia a un hospital cercano, donde le diagnosticaron fracturas graves en la columna. Nayib, impresionado, lleno de moretones y con la clavícula rota, se mantuvo todo el tiempo a mi lado. Él y yo fuimos por separado al hospital de Scranton.

Cuando llegamos al hospital me llevaron a una habitación donde Gloria yacía atada a una camilla, con la cabeza y el cuello fijados con aparatos ortopédicos. Estaba completamente inmóvil, paralizada. El doctor me dijo que Gloria se había roto la columna vertebral. La miré y sentí que las rodillas se me doblaban y todo se ponía negro en la sala. Lo próximo que supe fue que estaba sentado en una silla de ruedas. Me abrumaban los sentimientos de temor, impotencia, y culpa. Todo había sucedido tan rápido. La vida puede cambiar en una fracción de segundo.

No sé cómo ni de dónde, pero encontré la fuerza y los recursos en mí para comenzar a revertir la situación. Una vez que se estabilizó, trasladamos a Gloria por vía aérea a la Universidad de Nueva York, en esa ciudad. En lo que fue el día más oscuro de nuestra vida como familia, mientras sostenía la mano de mi hijo y atravesábamos en avión el cielo nublado de Pensilvania, pude ver un rayo de sol, asomando a través de las nubes. En ese momento, creí que estábamos saliendo de la oscuridad y entrando en la luz. Aunque era una situación desesperada, había esperanza. Hurgué en el bolsillo de mi chaqueta y en un trozo de papel garabateé la frase "saliendo de la oscuridad". Lo guardé en mi bolsillo, como un talismán de buena suerte, donde permaneció hasta que lo encontré varios meses más tarde. Tuve que centrarme en la tarea del momento, en la monumental tarea que tenía por delante, asegurarme de que mi esposa se recuperara.

En Nueva York, Gloria fue sometida a una intervención quirúrgica en la que le insertaron dos barras de titanio en la espalda para ayudar a fusionar las vértebras rotas. Durante dos largas semanas, siguió paralizada. En lo que consideramos un milagro, Gloria comenzó a recuperar la sensación en su espalda y sus piernas. Tan pronto como esto sucedió, ambos supimos que ella caminaría, correría, bailaría y volvería un día al escenario. Estábamos los dos convencidos de que esto sucedería. Pero en los días que permaneció en la cama de aquel hospital estábamos aún lejos de esa meta. Julio Iglesias nos prestó generosamente su avión privado y trajimos a Gloria de nuevo a Miami para comenzar el largo proceso de recuperación.

El accidente puso a nuestras vidas a prueba. Y aunque no estábamos preparados para él, de cierta forma, sí lo estábamos. Estábamos tan preparados como nos era posible para enfrenarnos al desafío de una recuperación larga. Cuando construimos nuestra casa quiso incluir un elevador porque dijo que alguien en la familia posiblemente lo necesitaría algún día. Nuestro dormitorio está en la segunda planta de la casa. Nosotros solíamos competir, corriendo escaleras arriba, para ver quien llegaba primero. Cuando regresamos a casa después del accidente, me eché a llorar mientras la ponía en el elevador, pero Gloria estaba mucho más lista que yo. "Ahora vas a ganar la carrera por las escaleras", me dijo.

He tenido algunas premoniciones en mi vida. Una vez, nos encontrábamos haciendo la apertura de un concierto de Stevie Wonder en Los Ángeles. Había millares de personas allí, en un festival al aire libre, y a la tercera canción, tuve una sensación extraña. Se suponía que Gloria debía cantar unas diez canciones más cuando le dije: "¿Estás lista para una conga?", que era el número con el que cerrábamos el programa. Ella me miró como preguntando: ¿Qué haces? Le dije que teníamos que salir de aquí. Tocamos la Conga y al minuto de haber dejado el escenario todo se derrumbó. El lugar donde Gloria estaba cantando quedó destruido y hubo personas lesionadas.

Después del accidente comenzamos a poner a un lado todos los proyectos que habíamos planeado cuidadosamente. Habíamos acordado tener otro bebé después del viaje, pero esa idea tendría que ser suspendida por el momento, quizás para siempre. Teníamos otros planes para diversificarnos en lo profesional, comenzar nuevos negocios; pero todo eso tuvo que ser cancelado o postergado. Tuvimos que centrarnos en la tarea que teníamos delante: la recuperación de Gloria. Era lo único que importaba.

Es extraordinario cómo tus prioridades pueden cambiar rápidamente frente a un desastre como este. También demuestra lo importante que es tener buena salud. Mientras disfrutamos de buena salud, es fácil darla por sentado. Cuando la perdemos, incluso temporalmente, daríamos cualquier cosa por recuperarla.

Pasé seis meses bañando y ayudando a Gloria con las tareas más básicas. La primera vez que se cepilló los dientes por sí misma, lloraba. Cuantas veces en esos largos meses oímos la frase, "No, no se puede hacer". No, Gloria nunca caminará otra vez. No, Gloria nunca bailará otra vez. No, Gloria nunca será la misma otra vez. Habíamos oído "no" antes. Nunca habíamos aceptado "no" por respuesta antes. ¿Por qué empezar a hacerlo ahora? No nos digas que no podemos.

La recuperación de Gloria fue un esfuerzo de equipo. Nos centramos completamente en lograr que se pusiera bien. Pasó largas horas en sesiones de terapia y el gimnasio. Rara vez salía de casa. Se mantenía de buen ánimo, lo cual era admirable, pero mantener una perspectiva positiva se fue haciendo cada vez más difícil porque el progreso en estos tipos de recuperación es muy lento. Exasperantemente lento. Es literalmente un paso a la vez, un pie delante del otro.

Unos cuatro meses después del accidente, sugerí que fuéramos al estudio. Ninguno de los dos habíamos salido prácticamente de casa durante mucho tiempo. Gloria estaba inusitadamente sombría. Me di cuenta de que necesitaba centrar su atención en algo que no fuera su columna. Mientras conducíamos al estudio, metí la mano en el bolsillo del pantalón para pagar el peaje y encontré el trozo de papel que había puesto allí cuatro meses antes, durante el vuelo en helicóptero a Nueva York. (¡No deja de sorprenderme que ese papelito haya sobrevivido a tantas lavadas!) Le mostré a Gloria el papel. La canción "Coming Out of the Dark" (Desde de la oscuridad) se escribió prácticamente sola, y fue un gigantesco paso adelante en la recuperación de Gloria.

Siempre encontramos consuelo en nuestra música y aquel día en el estudio, viendo a Gloria, me sentí plenamente confiado en que ella volvería a la escena, aunque para ello debieran pasar aún muchos meses. Aunque estábamos conscientes de cuán afortunados habíamos sido y agradecidos de que Gloria no estuviera paralizada, de que pudiera caminar y de que fuera cada vez más independiente, no estaríamos satisfechos hasta que no volviera a ser la misma de antes. En esos tiempos pudimos constatar, como nunca, el poder del pensamiento positivo y de la confianza en sí mismo.

El accidente de Gloria ocurrió en marzo de 1990. En enero de 1991, ella cantó "Coming Out of the Dark" en la ceremonia de los American Music Awards. Fue una experiencia increíblemente conmovedora y Gloria sintió el cariño de la audiencia que se puso en pie y la aplaudió cuando subió al escenario. Esa canción se convirtió en un sencillo que ocupó primeros lugares en las listas de éxito. Fue la celebración pública de su supervivencia y de su regreso.

Miro atrás y puedo decir que el accidente y el proceso de recuperación nos aportaron mucho, aunque pasáramos en ese entonces por días extremadamente sombríos. Todas las lecciones sobre la vida que aprendí durante aquel período, las he aplicado en mi vida profesional. La lección principal es que no puedo dejarme disuadir por un no; tengo que tomar las riendas en mis manos y siempre creer y visualizar un resultado exitoso. Nos dieron tantas veces un pronóstico negativo sobre Gloria, fueron tantas las cosas que los profesionales predijeron que ella no podría hacer como consecuencia de su accidente. Supongo que todos se preparaban para lo peor. Hicimos frente a lo peor, luchamos y vencimos.

Esto reafirmó mi convicción de que hay que vivir el momento. Nunca dejes pasar una ocasión de abrazar a alguien, de besarlo. De decir a quienes amas que los amas. Pues nosotros en un momento estábamos en la cima del mundo; acabábamos de visitar la Casa Blanca y nuestras carreras iban viento en popa. Al siguiente, todo aquello por lo que habíamos trabajado dejó de tener significado mientras existió una posibilidad de que mi esposa jamás volviera a caminar. Pero ella emergió de la terrible prueba, más fuerte que nunca.

CAPÍTULO VEINTISIETE

Lleva el éxito manteniéndote activo

Toda mi vida la he pasado haciendo malabares con varias cosas a la vez. Cuando llegué a este país, me las amañaba para combinar mi trabajo en la Bacardí con los estudios de bachillerato y las presentaciones con la pequeña banda en la que tocaba el acordeón. A lo largo de los años, las metas pueden haber cambiado, pero los principios han seguido siendo los mismos. Fui de trabajar por propinas en un restaurante a interpretar y dirigir una banda de éxito internacional. Pasé de la sala de correspondencia de la Bacardí a un puesto en su departamento de marketing para el sector latino, con un sueldo de seis dígitos. Todo el tiempo iba hacia adelante. Cuando haces malabares, si detienes el movimiento, las pelotas se vienen a tierra con estrépito. Cuando todo en mi vida profesional comenzó a desenvolverse vertiginosamente y se me empezaron a presentar otras oportunidades de negocios, tuve que dar algo a cambio. Y fue mi trabajo diurno.

Bacardí fue para mí una fuente de oportunidades, un lugar en el que me sentí apreciado y donde creí que podía hacer todo lo que me propusiera dentro de la empresa. Fui ascendido rápidamente y con frecuencia. Me gustaba la cultura empresarial de Bacardí. Era muy flexible con sus empleados, en parte porque la gerencia de la compañía sabía lo importante que era desarrollar buenos profesionales. Si hubiera estado trabajando en otra parte, quizás no habría tenido el tiempo necesario, ni supervisores que me permitieran hacer mi labor para ellos y trabajar en mis propios proyectos —es decir, la música— al mismo tiempo.

Cada vez se presentaban más oportunidades de hacer música. Había trabajado en Bacardí por más de diez años, la única vez en mi vida en que realmente trabajé como empleado. En 1980, cuando las circunstancias eran propicias para que dejara la empresa y me dedicara completamente a la música —y también cuando me sentí totalmente listo para dar el salto— hablé con mis jefes y les conté lo que planeaba hacer. "Mi amor es la música. Quiero probar ahora por mi cuenta". Pedí una cosa a cambio. "Si las cosas no me van bien, ¿puedo volver?". Y me dijeron: "Tantas veces como gustes. Lo que quieras hacer". ¡No quemes las naves!

Agradecí aquella maravillosa muestra de apoyo de mi empresa. Era también una validación de que había hecho bien mi labor y de que me valoraban, no sólo por mi trabajo. Resultó, por supuesto, que no volví nunca más a Bacardí como empleado, pero hemos mantenido una relación larga y fructífera. Bacardí patrocinó a menudo nuestros viajes y eventos. Los contactos de trabajo que estableces en las primeras etapas de tu carrera pueden ser inestimables más adelante en la vida. ¡Simplemente nunca sabes con quién te vas a encontrar en el futuro así que no vayas a quemar tus naves! Como he dicho, vendemos mucho ron Bacardí en nuestros restaurantes así que la relación todavía funciona en todo los sentidos.

Nunca me conformé con hacer una sola cosa a la vez. Gloria y yo buscamos oportunidades de asegurar nuestro futuro como familia. Siempre hemos manejado con cuidado el dinero y puesto que el destino de los músicos depende del gusto del público sabíamos que teníamos que economizar nuestros ingresos. Por muy arduamente que trabajáramos, nunca podríamos garantizar estar en la preferencia para siempre.

Gloria y yo ahorramos siempre, pero cuando nuestra música comenzó a despegar de verdad, comprendimos que podíamos hacer mucho más con el dinero que ganábamos que simplemente dejarlo en el banco. Estábamos interesados en los bienes raíces, y no sólo porque la sabiduría popular afirma que es una buena manera de poner el dinero a trabajar para uno. Sabíamos que en la mayoría de las coyunturas económicas las propiedades inmobiliarias son una inversión sólida —aunque a largo

At the recording of *El Último Adiós,* a tribute and homage to the victims and families of September 11 / En la grabación de *El último adiós*, un tributo y homenaje a las víctimas y a las familias de septiembre 11

Emilio and Shakira recording in the studio / Shakira y Emilio grabando en el estudio

Ricky Martin and Emilio at the taping of *El Último Adiós* / Ricky Martin y Emilio en la grabación de *El último adiós*

MAGGIE RODRIGUEZ

MAGGIE RODRIGUEZ

GIE RODRIGUEZ

Emilio and Jennifer Lopez /
Emilio y Jennifer Lopez

Emilio, Gloria, Ricky
Martin, Jennifer Lopez,
Tommy Mottola at the
Sony GRAMMY Party /
Emilio, Gloria, Ricky
Martin, Jennifer Lopez,
Tommy Mottola en la
fiesta de Sony de los
GRAMMYs

Gloria, Celia Cruz, and Emilio in the
recording studio / Gloria, Celia Cruz,
y Emilio en el estudio de grabación

Julio Iglesias, Gloria, and Emilio /
Julio Iglesias, Gloria, y Emilio

Emilio and Andy Garcia playing
bongos at Lario's on the Beach /
Emilio y Andy Garcia tocando
bongos en Lario's en la playa

Israel "Cachao" Lopez and
Emilio / Israel "Cachao"
Lopez y Emilio

Emilio, Gloria, and
"Cachao" / Emilio,
Gloria, y "Cachao"

Emilio and Thalia /
Emilio y Thalia

...ilio, Marcos Avila, Cristina Saralegui

Lili Estefan and Emilio / Lili Estefan y Emilio

Gloria, Emilio, and Pope
John Paul II at the Vatican
in Rome / Gloria, Emilio,
y el Papa Juan Pablo II en
El Vaticano en Roma

Emilio, Nelson Mandela, Gloria, and
Nayib in South Africa / Emilio,
Nelson Mandela, Gloria,
y Nayib en Sudáfrica

Emilio, Gloria, and Quincy Jones / Emilio,
Gloria, y Quincy Jones

Emilio and Sylvester Stallone on the movie set of
The Specialist / Emilio y Sylvester Stallone en la
filmación de la película *The Specialist*

Madonna, David Geffen, Emilio, and Gloria, New Year's Eve at Gianni Versace's mansion on Miami Beach / Madonna, David Geffen, Emilio, y Gloria, Año Nuevo en la mansión de Gianni Versace en Miami Beach

Pitbull, Emilio, and Sean "Puffy" Combs at the Latin Billboard Awards /Pitbull, Emilio, y Sean "Puffy" Combs en los Latin Billboard Awards

Emilio and Donald Trump / Emilio y Donald Trump

Emilio and Muhammad Ali / Emilio y Muhammad Ali

Emilio, President George H. W. Bush, and Gloria / Emilio, el Presidente George H. W. Bush, y Gloria

Gloria, Emily, President Bill Clinton, First Lady Hillary Rodham Clinton, and Emilio during Christmas in Washington / Gloria, Emily, el Presidente Bill Clinton, Primera Dama Hillary Rodham Clinton, y Emilio en Navidad en Washington

President Bill Clinton, First Lady Hillary Rodh Clinton, Gloria, Emilio, Chelsea Clinton, and Na at the Clinton Inaugural Presidente Bill Clinton, Primera Dama Hillary Rodham Clinton, Gloria Emilio, Chelsea Clinton, Nayib en la Inauguració de los Clinton

Emilio and President George W. Bush aboard *Air Force I* / Emilio y el President George W. Bush en *Air Force I*

President Barack Obama, Emilio, ar First Lady Michelle Obama / Presid Barack Obama, Emilio, y Primera D Michelle Obama

Queen Sophia, King Juan Carlos of
Spain, and Emilio / Reina Sofía,
Rey Juan Carlos de España, y Emilio

Emilio Estefan receives Honorary
Doctorate of Music degree from
University of Miami, with UM trustee
Gloria Estefan / Emilio Estefan recibe
n doctorado honorario en musica de la
Universidad de Miami con Gloria
efan, Fideicomisaria de la Universidad

Emilio with his Ellis Island Medal
of Honor / Emilio con su medalla
del honor de Isla de Ellis

Emilio receiving his star on the Hollywood Walk of
Fame / Emilio recibiendo su estrella en el Paseo de
la Fama en Hollywood

Emilio receives his 19th GRAMMY at the 2008 Latin GRAMMY Awards / Emilio recibiendo su 19th GRAMMY en los 2008 Premios GRAMMY Latinos

Emilio and Nayib give Gloria a big kiss after she receives a lifetime achievement recognition at the Alma Awards / Emilio y Nayib dan un gran beso a Gloria después de recibir en los Alma Awards, un premio honorífico a toda su carrera

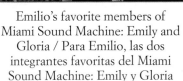

Emilio's favorite members of Miami Sound Machine: Emily and Gloria / Para Emilio, las dos integrantes favoritas del Miami Sound Machine: Emily y Gloria

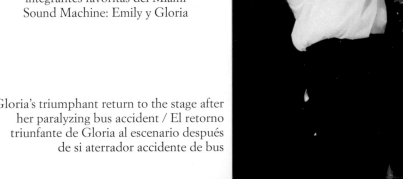

Gloria's triumphant return to the stage after her paralyzing bus accident / El retorno triunfante de Gloria al escenario después de si aterrador accidente de bus

plazo— y que había un montón de oportunidades en Miami. Lo primero que compramos fue un dúplex en el área noroeste de Miami (que todavía poseemos, tan sentimentales somos).

Nos encantaba Miami Beach desde mucho antes que el resto del mundo la descubriera a través de *Miami Vice* y las brillantes revistas de moda. Cuando tuvimos la ocasión de comprar en Ocean Drive, gran parte del área se encontraba descuidada y en mal estado, pero ¡bendito Señor!, había algunos edificios bellos allí, implorando ser recuperados, renovados y atendidos.

En 1985, compramos una edificación de pocos pisos de los años treinta, justo en el corazón del distrito histórico del Art Deco. Ése fue el comienzo de nuestro negocio de bienes raíces. Y fue también nuestra primera incursión en un sector fuera de la industria musical. Hemos continuado invirtiendo en propiedades inmobiliarias a través de los años y esas inversiones nos llevaron a otras áreas de actividad, como el negocio de restaurantes y hoteles. Comenzamos a invertir en propiedades residenciales y después nos ramificamos hacia instalaciones comerciales. Supervisamos con mucha atención nuestras inversiones inmobiliarias, y compramos propiedades en áreas que conocíamos y en las que creíamos que había potencial de crecimiento.

Aunque no era nuestra intención inicial entrar en el negocio de los bienes raíces por la puerta ancha, nuestras inversiones proliferaron rápidamente. Miami es nuestro hogar, y comenzamos a invertir durante un tiempo muerto en la industria. Ésa es una manera inteligente de hacer las cosas —comprar a precio bajo— pero además tienes que tener fe en tus inversiones. Las propiedades inmobiliarias pueden ser un negocio aventurado, pero hay muchas maneras de atenuar los riesgos. Primero que nada tienes que saber dónde estás poniendo tu dinero. No vas a invertir en algo cuyo valor no va a cambiar. Para eso mejor guarda tu dinero debajo del colchón. Pero tampoco vas a invertir en algo que no hayas visto —¡o espero que no lo hagas! Así que investiga, haz tu tarea.

Una de nuestras mayores adquisiciones de bienes raíces la hicimos por necesidad. A fines de los ochenta, nos dimos cuenta de que era sensato contar con nuestras propias instalaciones de producción así que

compramos un edificio en Bird Road, una propiedad espaciosa y en excelentes condiciones, que había alojado antes consultorios médicos. Allí
construimos nuestros estudios de grabación, Crescent Moon. Era parte
de un plan más ambicioso: crear el Motown de Miami. Quería construir
el estudio no sólo para Gloria y Miami Sound Machine, sino también
para grabar a otros artistas. Ése es un ejemplo de necesidad ligada a la
visión. Necesitábamos nuestro propio lugar, pero también sabía que podría levantar un negocio más grande sobre la base de aquel. Cada negocio
puede ser un peldaño para otro. Ese edificio es ahora la sede de nuestros
estudios de grabación, nuestras instalaciones de producción y edición,
estudios y oficinas.

No salimos y compramos un estudio de grabación tan pronto como
pudimos. Hicimos las inversiones bien pensadas, basadas a veces solamente en la oportunidad, y otras por necesidad como en el caso del estudio. A medida que Estefan Enterprises creció y se diversificó, se hizo
preciso consolidar nuestras oficinas corporativas así que compramos un
edificio en Miami Beach, y cuando éste nos quedó chico compramos
un edificio entero de oficinas, de cuatro pisos, en South Beach. Desde ese
edificio dirigimos toda Estefan Enterprises. Es una ubicación céntrica (y
no lejos de donde vivimos tampoco). Originalmente, alojó a Arquitecto-
nica, la firma de arquitectura de renombre mundial, creadora de tantos
nuevos edificios del sur de la Florida, como el American Airlines Arena y
grandes edificios alrededor del mundo, como el imponente Hotel Westin
en el Times Square en Nueva York. Es un edificio hermoso y estaba en
muy buen estado cuando lo compramos.

No diría que soy un especialista en bienes raíces pero conozco un par
de reglas prácticas que me han ayudado en el negocio de las propiedades
inmobiliarias. Primero, hacer una buena compra (a un buen precio) no
es suficiente. Tienes que invertir en el mantenimiento de la propiedad o
perderá su valor. En segundo lugar, no te enamores de un edificio que
hayas comprado como inversión. Si lo haces, no podrás venderlo cuando
necesites sacarle ganancia. Otra cosa esencial es que no tienes que ser un
experto en todo el sector, pero sí un experto en tus propias inversiones.

Aunque te estoy exhortando a crecer, debes hacerlo a tu propio ritmo, un paso a la vez. Si planeas estar en el negocio a largo plazo, y no se trata de una incursión rápida, tienes que ser paciente. Nuestras primeras oficinas estuvieron en el garaje en la casa de mis padres, luego pasaron a un edificio pequeño.

A medida que nos involucrábamos en estos otros sectores, nuestras vidas, tanto en el plano personal como el profesional, avanzaban a toda velocidad. Gloria ya llevaba un tiempo como solista, nuestro hijo crecía, y yo producía y representaba a cada vez más artistas.

Habíamos creado Estefan Enterprises siempre con el propósito de diversificarnos hacia otras actividades. Establecimos la compañía en mayo de 1986, incluso antes de que abordáramos nuestros otros emprendimientos. Sabíamos que debíamos mantener nuestros asuntos de negocio en orden y la creación formal de una empresa era una buena manera de comenzar. Estefan Enterprises cuenta ahora con negocios en los sectores de la música y el espectáculo, los bienes raíces, la industria de la hospitalidad. Pero como puedes ver, no sucedió de la noche a la mañana.

Nuestras inversiones en bienes raíces han crecido tanto durante los últimos veinte años que ahora tenemos una división entera de Estefan Enterprises para manejar las propiedades inmobiliarias (a pesar de todo no somos una compañía especializada en bienes raíces). Tanto Gloria como yo sentíamos inclinación por los bienes raíces y hemos disfrutado todos los aspectos del negocio, que es complicado e implica el financiamiento, la firma de contratos, y el conocimiento de los reglamentos municipales. También implica el tratar con gente de diversas profesiones, de modo que para triunfar en él se necesita ser bastante versátil y abierto.

OTRA EMPRESA COMERCIAL QUE NO se relaciona con nuestro negocio principal de la música y del espectáculo es el restaurante Larios on the Beach. Doy el crédito a Gloria por la idea de acometer esta empresa en particular. Ella me comentó que Miami había sido muy bueno con nosotros y que debíamos dar algo a cambio, e invertir seriamente en algo que amáramos, en la ciudad que amábamos. Y puesto que me motiva mucho el compartir y promover nuestra cultura, esto me pareció una magnífica idea.

La familia Larios era la dueña de Casa Larios, un restaurante cubano muy exitoso de Miami y uno de los lugares adonde preferíamos ir a cenar. Para Gloria y para mí, la cocina cubana es lo último en comida "reconfortante". Cuando nos visitaban amigos de todo el mundo, querían ir a South Beach (que en los años ochenta y noventa estaba siendo descubierta, o redescubierta, por los turistas), y muchos nos pedían que los lleváramos a probar comida cubana. Puesto que South Beach es la Meca de las personas jóvenes y bellas —y que cuidan con celo de su salud— se nos dijo una y otra vez que la comida cubana no atraería a quienes frecuentaban South Beach, especialmente Ocean Drive. La comida cubana puede ser bastante pesada, es cierto, pero ostenta realmente una variedad asombrosa de cosas sanas de donde elegir. No todo es frito —incluye un montón de verduras, arroz y frijoles, plátanos, pescado asado. A nosotros nos encanta, estábamos convencidos de que sería una sensación y, una vez más, no aceptaríamos un "no" por respuesta.

Había un par de edificios en Ocean Drive que queríamos comprar y restaurar a su gloria Art Deco, así que convencimos a familia de Larios de unir fuerzas con nosotros y así nació Larios on the Beach. Al tercer día de su inauguración, había colas que daban la vuelta a la manzana, de gente que quería entrar. Quizá se debía a la comida, quizá a la novedad y —no lo voy a negar— quizá incidía allí el factor curiosidad: ¿Como sería el restaurante de Gloria Estefan? En cualquier caso, fue un éxito instantáneo.

Lo que hace que un éxito perdure tiene mucho más que ver con la visión que con cualquier moda o ardid. Estábamos promoviendo algo por lo que sentíamos amor —nuestra cultura— y creímos en ello sinceramente. En el caso de propiedades inmobiliarias, una buena inversión requiere de supervisión y mantenimiento, de renovación continua. En el caso de la industria de la hospitalidad —los restaurantes y los hoteles— es bastante similar: Necesitas prestar atención a tu inversión y mantenerte actualizando, modernizando.

Cuando trabajas en el mundo de la gastronomía, te enfrentas a una competencia de popularidad diaria. Los consumidores en una ciudad importante como Miami tienen millares de lugares para elegir. Si un día deciden probar el tuyo tienes que estar en la mejor posición para hacerles regresar. Mima a tus clientes; sorpréndelos constantemente y volverán por más. Eso significa que la comida tiene que ser excelente, cada día. Eso significa que el servicio tiene que ser excelente, cada día. Significa que tu menú tiene que reflejar las tendencias y la temporada. Todo radica en el trabajo arduo y la atención al detalle.

COMPRAMOS EL HOTEL CARDOZO MÁS o menos por la misma fecha en que abrimos Larios on the Beach. El hotel se halla también en Ocean Drive y ha estado allí desde la época de esplendor del Art Decó en los años treinta. ¡Qué edificio tan hermoso! Cuando Gloria y yo éramos novios, no teníamos mucho dinero. Nos gustaba ir a Miami Beach y caminar por los alrededores, admirando siempre la arquitectura. Yo solía decir a Gloria que un día compraría el Cardozo. No perdimos la oportunidad cuando se presentó, pero esa inversión constituía más que el cumplimiento de una promesa romántica. Podíamos vislumbrar grandes oportunidades allí, justo en Ocean Drive. El Cardozo es ahora un hotel *boutique* con su propio restaurante, el Cardozo Bar and Grill.

La industria de la hospitalidad ofrece innumerables oportunidades. Es un negocio realmente desafiante, pero también realmente creativo. Requiere de una combinación de habilidades que yo he desarrollado con los años y, personalmente, me siento plenamente realizado al dedicarme a él. Incluso hemos podido ampliarnos y otorgar la concesión de uno de nuestros restaurantes. Una noche, a mediados de la década de los noventa, Gloria y yo fuimos invitados por algunos ejecutivos de Disney para analizar la posibilidad de abrir un restaurante en el centro de Disney. Por entonces yo había estado pensando sobre la sed que tenía la gente de volver a saborear su pasado, su nostalgia, ¡de modo que el momento era ideal! Esto sería distinto de Larios on the Beach, porque de cierta manera sería un tributo a nuestros padres y a la Cuba sobre la que nos habían contado y a la que nos habían pedido no olvidar. Y qué estupenda oportunidad para nosotros de compartir nuestra cultura con una audiencia mucho más amplia.

Así surgió Bongos Cuban Café. Es una de esas ideas que nace y se hace realidad cuando menos te lo imaginas. Bongos Cuban Café ofrece comida cubana, ambientación cubana —las paredes están cubiertas de obras de arte tropical, fotos antiguas y, sí, bongos— y música cubana. Tan pronto como se inauguró en Disney, se convirtió en un éxito, como lo había sido Larios on the Beach. Al finalizar su primer año de existencia, más de 700.000 clientes habían visitado Bongos Cuban Café en Disneyworld. Ha sido una excelente asociación —compartimos los beneficios con Disney pero aún más significativo es que somos los propietarios de la marca Bongos Cuban Café. Y lo más importante de todo, representamos nuestra cultura y honramos nuestra herencia de una manera que haría a nuestros padres sentirse orgullosos. La nueva generación de cubanoamericanos, como mis hijos, no conocía sobre su cultura tanto como hubiéramos deseado, por lo que esta era además una magnífica vía de fomentar entre los cubanos jóvenes el orgullo por sus tradiciones.

Menos de cinco años después de que abriera sus puertas el primer Bongos Cuban Café, cuando se construyó la American Airlines Arena en el centro de Miami, abrimos un segundo Bongos Cuban Café al lado (No puedes dejar de verlo, ¡su gigantesco techo en forma de piña da la bienvenida a todos los cruceros que entran en el puerto de Miami!) Los Bongos Cuban Café, en Miami y en Disney, son clubes de enorme aceptación, donde se celebran eventos de gran magnitud, en los que a menudo se presentan grandes estrellas del mundo del espectáculo. Y hace poco, exportamos "Bonguitos", ahora puedes tomarte un café cubano y degustar otras exquisiteces en Puerto Vallarta.

Creo que una empresa exitosa debe mantenerse siempre activa. Eso no significa que un negocio tenga que arrollar a la competencia. Mantenerse activo significa que el mayor enemigo de una empresa exitosa es la complacencia. Significa trabajar con dedicación y empeño para mejorar lo que ya tienes, para asegurarte de tener el mejor restaurante posible, la mejor librería posible o el mejor negocio de limpieza de carros posible.

Y nunca ampliamos o incorporamos nuevas empresas por gusto, todo se ajustaba a los parámetros de lo que intentábamos hacer. Los negocios se correspondían con mis habilidades, y podía ampliar mis conocimientos manteniéndome dispuesto a aprender. Y en medio de todo ello, entiendo que la clave de todo negocio son las personas que participan en él.

CAPÍTULO VEINTIOCHO

Sé el jefe

E s una perogrullada decir que los negocios tratan sobre la gente —los empleados y los clientes. Pero te sorprendería saber cuántas empresas parecen olvidarlo. Quizás no te asombre el haber sido recientemente víctima de cualquier ridículo mal servicio como cliente, que alguien haya sido grosero contigo en un avión o en un restaurante, o que tu patrón te haya tratado como un mueble. Sucede todo el tiempo. Pero puedo decir con honestidad que siempre he tenido el compromiso de hacer crecer nuestros negocios debido a nuestros empleados. Sin ellos, nunca hubiéramos podido alcanzar lo que hemos logrado. Han dedicado su tiempo y su energía a nosotros durante muchos años y asegurarme de que tengan un sustento es de importancia capital para mí. Me siento responsable por ellos.

Y también por nuestros clientes. Las empresas deben estar listas para cambiar con los tiempos y también para crecer con sus clientes. Cualquiera que sea tu producto o tu negocio, en determinado momento tus clientes van a querer algo nuevo y mejorado, o simplemente algo diferente. El truco está en descubrir, antes que ellos, cuándo llegará ese momento, para tener tiempo de hacer algo al respecto.

Analicemos primero a los empleados. La relación entre jefe y empleado es una calle de doble sentido. Ser jefe significa estar al servicio de otros. Tienes que ser consciente de las necesidades de los empleados (sueldo, días feriados, beneficios) así como de sus aspiraciones (nuevos desafíos, promociones). Ser jefe es sinónimo de ser líder. Necesitas interesar a tus empleados en el trabajo y "contagiarlos" con tu entusiasmo por lo que están haciendo todos juntos. Un líder verdadero sabe inspirar y obtener lo mejor de la gente, dando lo mejor de sí. Una vez más (¿cuántas veces hemos vuelto a esto?), el pensamiento positivo es la clave. Esa actitud me ha ayudado a sacar lo mejor de mí y de toda la gente con la que trabajo. Es contagioso. Las personas se inspiran, y se sienten más confiadas, si ven que el individuo que está arriba tiene fe en lo que hacen como colectivo.

El mejor liderazgo se ejerce mediante el ejemplo, así que debes estar preparado para hacer el trabajo pesado. Como he contado, yo he atendido el bar, dispuesto micrófonos, cables, la pizarra de control de sonido, he ayudado a cargar los equipos en camiones y cuanto haya sido necesario hacer. Soy un jefe que está siempre al tanto de todo, y pienso que todos los que trabajan para mí convendrán en eso. Soy también algo perfeccionista. Al exigir lo mejor de ti y de quienes te rodean, puedes crear una atmósfera positiva de estímulo y buena energía. Debe ser horrible trabajar en algo por lo que no sientes pasión, o tener un jefe que no te anime ni te aprecie.

Hay pocas cosas que desmoralizan tanto como hacer algo que odias o trabajar para alguien que no te estimula. La gente que ama lo que hace no se preocupa por los pequeños esfuerzos adicionales y no pasan la jornada completa mirando el reloj y anhelando que lleguen las cinco de la tarde. Hacen de buen grado lo que hace falta hacer y trabajan tantas horas como sea necesario para completar el trabajo.

Es también importante, especialmente en situaciones económicas difíciles como la presente, ser frugal con los recursos y mantener los costos bajos. Si gastas en exceso, sobre todo cuando no se cubren las necesidades de los empleados, pones tu negocio en riesgo y minas la confianza de los que trabajan para ti. En nuestro caso, incluso cuando la industria musical sufrió pérdidas, no despedimos a nadie. Pudimos trasladarlos a otros puestos. No todos los negocios pueden hacer eso, por supuesto, pero es importante estar consciente de que debes ocuparte de tus empleados y de su empleo en la medida de lo posible.

Sobre todo, trata bien a los empleados y a los colegas. Al tratar bien a las personas te ganarás la reputación de buena persona y de buen jefe —y nunca subestimes el valor de una buena reputación.

Tampoco puedes ser tímido al dirigir el personal. Después de todo eres el jefe; debes reconocer a los empleados cuando hacen bien su trabajo e igual señalarles cuando éste no es satisfactorio. Un buen jefe tiene que exigir. No temas presionar a los empleados para que se esmeren en ser y hacer lo mejor.

Recuerdo una reunión que tuvimos recientemente en uno de nuestros restaurantes. Las ventas estaban bajando aunque seguíamos contando aproximadamente con el mismo flujo de clientes. Pasé algún tiempo observando al personal y me pareció que no estaban dando realmente un buen servicio a nuestros clientes. Convoqué a una reunión y compartí mis observaciones con ellos. Sobre todas las cosas, les recordé el importante papel que desempeñan. Los camareros están allí para servir y ayudar a los clientes a relajarse y a disfrutar. Son además la fuerza de ventas del negocio. No llenaban los vasos de agua, ni sugerían diversos platos o los especiales a los clientes con suficiente entusiasmo. Sugerí que ofrecieran algo que el cliente no hubiera probado. "¿Desea un mojito? Si no le gusta, va por mí".

"¿Por qué no les ofrecen otra bebida o un postre?", dije. "No esperen a que el cliente lo pida". También resalté el hecho de que mientras más grande era el monto de la cuenta, mayor era la propina. Y mientras mejor sea el servicio, más probable es que el cliente regrese. Las críticas constructivas son importantes, pero nunca hay necesidad o excusa para destruir a un empleado.

Una pieza vital en la labor del jefe es la contratación eficaz. Cuando tienes una vacante, a veces tienes al candidato adecuado ante tus ojos. Encontrar a un magnífico empleado puede traducirse a veces en desarrollar a los que ya tienes. Tal vez haya una persona con todo el potencial para esa posición, ocupando una de relativamente menor categoría y que podría acometer ese trabajo. Creo que subestimamos nuestras propias capacidades de hacer más y de salir airoso en diversas tareas.

En cuanto a los empleados, es fácil convencerse de que estás en tu máximo nivel de capacidad, y que debes mantenerte allí. Pienso que todos somos capaces de hacer mucho más. Cuando nos planteamos hacer crecer un negocio, lo primero que casi siempre pensamos es que tenemos que aumentar la cantidad de personal. Eso no es tan necesario. No pienso que la gente deba ser sobrecargada con exceso de trabajo pero con frecuencia no damos a nuestro personal o empleados los desafíos que ellos disfrutarían. Sí, así es. A la gente le gusta que se les dé más trabajo, especialmente si esto representa mayores responsabilidades y se acompaña de las facultades necesarias para cumplir dichas responsabilidades. ¿Por qué contratar a más gente cuando puedes trabajar con el mismo grupo, especialmente si es un grupo leal y unido?

Las razones a favor de no aumentar el número de personal son de peso, especialmente en períodos de crecimiento. Debes tener mucho cuidado de no contratar personal en exceso. Es mejor trabajar con menos cantidad de personal que la necesaria, si son personas dinámicas, calificadas y las mantienes motivadas. Tú puedes aumentar el personal en cualquier momento, pero el tener que reducirte y despedir a gente envía un mensaje que no has planeado detenidamente. Y puede ser muy desmoralizador para los que se quedan.

Usar el personal que tienes y buscar formas de ayudarle a desarrollar sus talentos, bien sea mediante la capacitación o el empleo de otra forma de sus habilidades, es un desafío grande pero importante. Es necesario ser inventivo y descubrir cuál es el lugar apropiado para la gente, y cuándo es el momento para dejar que los empleados decidan cuál es el lugar apropiado para ellos o qué más pueden hacer por tu organización. Es posible que debas pagarles más que lo que ganarían en otra parte, pero valdrá la pena. Y aún por lo general resulta más barato pagar bien a unos cuantos empleados que contratar a un ejército y tener que pagar sueldos y beneficios a gente que trabaja menos de lo que debe, por el mero hecho de tenerla empleada, mientras intentas hacer crecer tu negocio.

Sin embargo, nunca trates de mantener salarios demasiado bajos. Es realmente importante pagar a las personas lo que merecen. Y pienso que las personas no se sienten sobrecargadas cuando están profundamente motivadas y se sienten desafiadas. Pero ten presente que el dinero motiva solamente hasta un punto. El dinero compra los servicios de los empleados pero no comprará su lealtad a largo plazo. Lo que lo logrará será tu comprensión de los empleados, así como de sus necesidades y aspiraciones.

Algunas de las mejores ideas que he tenido han tenido que ver con mi personal y la gente que he contratado a lo largo de los años. Es difícil encontrar buena gente. Es más o menos como casarse, de hecho. Puede haber una atracción inmediata, pero toma tiempo y esfuerzo, en realidad, familiarizarse con las personas. Una vez que lo haces, deseas retenerlas.

He sido muy afortunado con los empleados que he elegido. Pienso que es porque estoy buscando siempre gente muy motivada. Frank Amadeo es hoy mi mano derecha y presidente de Estefan Enterprises. Había conocido a Frank años antes de que lo contratara en 1992, cuando dejó la estación de radio para la que trabajaba en el sur de la Florida. Lo que más me impactó al momento de contratarlo fue que no hablaba español. Los cimientos mismos de nuestra compañía están firmemente afianzados en la comunidad hispana y hacemos una buena parte de nuestros negocios en español. Pero, obviamente, me cayó bien el hombre (¡es el presidente de mi empresa!), así que le di una oportunidad, trabajando en relaciones con los medios bajo la dirección de la hermana de Gloria. Pienso que muchos jefes no habrían mirado más allá que el desconocimiento, entonces, del español por parte de Frank, y no lo habrían contratado (¡Frank es el ejemplo perfecto de la transición cultural a la inversa!). Confío en Frank, para las cosas de mi vida y, más importante aún, de mi familia. Sé que si cualquier cosa me sucediera, Frank estaría allí para ellos. Inmediatamente después de los hechos del 11 de septiembre, cuando todos andaban preocupados por la situación, Frank se me acercó y se ofreció a aceptar un recorte en el salario. No acepté su oferta, por supuesto, pero su lealtad y su compromiso me conmovieron profundamente.

Muchos de los cargos clave en mi empresa son desempeñados por mujeres, (muchas de las cuales son también inmigrantes). No debemos tener opiniones unidimensionales acerca de las personas, o acerca de dónde pueden residir sus talentos o cuáles pueden ser sus hábitos de trabajo, debido a su sexo o procedencia. Y, esto es extremadamente importante —y una de las maravillosas cosas de este país— existen leyes que prohíben la discriminación a la hora de contratar para un empleo, o dar una vivienda en alquiler y otras áreas, por causa de la raza, el sexo, la orientación sexual, las creencias religiosas, etc… No debes discriminar no sólo porque podrías estar dejando ir empleados con inmenso potencial, ¡sino porque la discriminación está contra la ley!

Descubrirás que la gente motivada viene en todas formas, tamaños, colores y demás. En contadas ocasiones he contratado a personas y no funcionó. A veces puedes aplicar criterios poco convencionales al contratar, pero la gente tiene que estar calificada. Cuando me presentan a las personas las archivo. Soy mi propio servicio de cazatalentos. No es posible contratar gente y mantenerla de reserva, pero tienes que estar pensando en crecer y por consiguiente en buscar más personal. Cuando no sea el momento adecuado, simplemente debes esperar y mantenerte en contacto con los posibles futuros contratados, o darles seguimiento.

Al buscar empleados, ve contra la lógica y confía en tus instintos. Busca ambición y busca motivación. Pocas personas hay más motivadas que los padres y la gente con responsabilidades para con una familia. Las madres y las madres solteras especialmente, pueden enfrentar grandes dificultades para combinar el desarrollo profesional y la educación de los niños. Es especialmente duro para las madres solteras, y siento un enorme respeto hacia ellas. No es fácil trabajar y criar hijos sin otro apoyo; exhorto a los empleadores a no considerar a las madres solteras como una carga. Por el contrario, encontrarás que las madres solteras y las mujeres son por lo general más organizadas que la mayoría de los hombres. Tienen que serlo.

Las madres solteras resultan a menudo magníficas empleadas. Tienen la mejor motivación. He intentado siempre ser flexible con las situaciones particulares de la gente. En la medida en que puedas, sin invadir la privacidad de las personas, como patrón debes conocer las necesidades de tu empleado. Ha habido días en que nuestras oficinas parecen una guardería infantil porque los empleados han tenido que traer a sus niños debido a que están enfermos, o porque quienes los cuidan no aparecieron, o cualquier número de razones. No me importa tener una cuna en la oficina o que un empleado llegue tarde, o se vaya más temprano, por razones personales. Los empleados recuerdan tu amabilidad y comprensión. Y especialmente recuerdan que has tomado en consideración sus vidas más allá del trabajo.

No cierres la puerta a posibles empleados porque parezcan tener una situación personal más complicada que la de los demás. El dar a alguien una oportunidad puede redundar en un gran beneficio para ti y para el empleado. A veces tratas de mover a la gente de sus campos de especialización y los resultados son espectaculares —o desastrosos. Pero es algo digno de intentar. Tan sólo tienes que supervisar cómo les va. Tienes que dirigirlos, y eso lleva tiempo y compromiso.

Una vez, puse un anuncio en un periódico para contratar a un cocinero. Se presentó una mujer. Me dijo que no sabía cocinar pero que tenía seis hijos y necesitaba desesperadamente el trabajo. Dijo: "Usted me emplea y voy a ser la mejor cocinera que haya tenido nunca". Bueno, esto puede contradecir lo que acabo de mencionar sobre contratar personas calificadas, pero también señalé que debes usar tu instinto y, en este caso, el instinto prevaleció sobre las calificaciones. Corrí el riesgo y contraté a la mujer, y aprendió rápidamente sobre la marcha y se convirtió en una excelente cocinera. Ella sabía que me estaba arriesgando al contratarla y mi confianza fue una gran fuerza motivadora. No tan grande como el tener que alimentar seis niños, pero considerable, no obstante. No hay nada que yo aprecie más en otra persona que la lealtad. Hay una razón por la que he tenido el mismo doctor y el mismo dentista —por no mencionar a Gloria, la misma esposa— durante casi treinta años. Me conocen bien; los conozco bien. Me tratan bien; los trato bien. Lealtad.

Pero la lealtad no implica solamente permanecer en una relación durante mucho tiempo. Como todo, implica trabajo. Implica conocer y crecer con otros. Apoyarlos, y recibir el apoyo de ellos. Implica también perdonar cuando es necesario. La lealtad es una calle de doble vía. Y significa compartir en los momentos de triunfo y dar respaldo en los de fracaso. No puedes hacer algo grande solo. Hay un montón de personas que te han ayudado y que te ayudarán a lo largo del camino. No las olvides nunca. El éxito se disfruta más cuando se comparte. Y una carga se lleva más fácilmente cuando descansa sobre tus hombros y los de otros.

Desde que comencé en la Bacardí y en mi trayectoria hasta Estefan Enterprises, todo mi éxito profesional ha sido formado siempre parte de un equipo más grande, tanto como empleado que como empleador. En todo ha habido siempre una constante. A medida que han aumentado mis responsabilidades en la dirección de otras personas he tenido que perfeccionar la tarea de dirigirme a mí mismo.

CAPÍTULO VEINTINUEVE

Dirígete a ti mismo

P rimero quiero abordar la falsa idea que la gente tiene sobre el ser jefe. Hay quien dice que desea ser el jefe, tener su propia compañía y ser quien manda. No tener que rendir cuentas a nadie. Si ésa es tu motivación, te aconsejo encontrar una buena empresa y seguir siendo empleado. Porque estás equivocado. Si eres jefe, y especialmente si eres el dueño de una empresa, tienes que rendir cuentas a todo el mundo. A todos. Si quieres que te dejen en paz, mejor quédate como empleado, respondiendo sólo a tu superior inmediato. Un jefe es un ejemplo, un modelo de conducta y a menudo un mentor.

Cuando eres el jefe máximo, eres jefe las 24 horas al día y al mismo tiempo eres el empleado número uno de la empresa. No puedes tomarte un día libre y dejar de ser quien diga la última palabra —nadie delega cada decisión. Claro, eres tu propio jefe (cada empleado tiene un jefe, ¿no?), pero eres el jefe de todos los demás también y ése es un trabajo duro. Para poder hacer un trabajo excelente dirigiendo tu equipo, no importa cuán grande sea, necesitas cerciorarte de hacer un excelente trabajo dirigiendo a tu empleado más importante: tú mismo. (¡Y esto se aplica si trabajas por tu cuenta también!)

Hay pocas cosas más difíciles que ser un jefe. Es realmente una vocación —requiere un conjunto de habilidades y tener la destreza para hacerlo. ¿Dónde adquieres esas habilidades? Claro que puedes asistir a una universidad de lujo y obtener un título en administración de empresas, pero no existe algo como una facultad donde se estudie para ser jefe. Está todo en la experiencia y el criterio propio, atributos que vas acumulando a lo largo de una carrera. Y necesitas mucha autodisciplina y, de vuelta a esa palabra otra vez, visión. Necesitas articular constantemente tu visión y ser capaz de comunicarla a tus empleados. Necesitas hacerlos parte del sueño.

Un buen empresario tiene de manera natural un sentido de propiedad respecto a la idea y a la compañía en conjunto, tiene la capacidad y la buena voluntad para cambiar y mejorar la empresa. Como jefe, necesitas comunicar que esa es la forma en que sientes. Y debes conseguir que tus empleados tengan esa visión y ese sentido de propiedad. Comparte con tus empleados el panorama amplio de tu visión sobre el crecimiento. De esa manera ellos sienten que su futuro, su seguridad, dependen en gran parte de sus propios esfuerzos; cosa que, por supuesto, es cierta.

Si quieres ser jefe y no te importa llevar sobre los hombros la responsabilidad que esto implica, no hay nada como trabajar para ti mismo en lugar de ser un diente en la rueda dentada de una corporación. He trabajado para corporaciones como Sony y Bacardí, y también para mí mismo, y la gente me pregunta cuál es la diferencia. Es una diferencia enorme. Si puedes, pienso que debes trabajar siempre por cuenta propia.

A alguna gente le gusta la estabilidad de un trabajo de nueve a cinco, que no sea necesario llevarse a casa. Respeto esa postura, pero eso no es para mí. Es mucho mejor que trabajes para ti. Puedes dar rienda libre a la creatividad. Puedes dejarte guiar por tu instinto cuando éste te está diciendo que contrates a este artista o compres ese hotel o abras aquel restaurante. No necesitas conseguir la aprobación de ningún comité. Sin decir, por supuesto, que tienes que actuar de manera temeraria, pero necesito la libertad de triunfar o de fallar en mis propios términos.

Una lección que aprendí al pasar de la corporación a trabajar por mi cuenta es que es bueno mantener los contactos. También funciona a la inversa. Si alguien ha trabajado para mí y después se ha puesto a trabajar para sí, me gusta ofrecerle mi ayuda. Puedo nombrar a centenares de personas con las que he conservado mis conexiones. Si los empleados se quedan con nosotros tienen oportunidad de ser ascendidos en la compañía. Un administrador de viajes de Miami Sound Machine pasó a ser gerente de Bongos Cuban Café y el administrador de viajes de Gloria se convirtió en el gerente general del Hotel Cardozo.

BIEN, ERES EL JEFE. DIRIGES bien a tus empleados, eres leal, a la hora de emplear eres audaz, pero sensible, por lo general. Y es de suponer que eres bueno en la faceta creativa y los fundamentos y trucos de tu negocio. O has contratado a gente buena que puede hacer eso por ti. Finalmente está este otro componente clave para ser un buen jefe y es dirigirte a ti mismo. Ser tu propio jefe, en otras palabras. En realidad, esta no debe ser la última cosa en la que pienses, sino la primera.

Comienza con otra de esas cualidades que se dan por sentado y una de las habilidades más importantes para ser jefe: saber escuchar. Mucha gente, una vez que ha alcanzado la cumbre de su profesión o dentro de su empresa, se deja arrastrar por la autoadoración y empieza a ignorar lo que lo llevó adonde está. Puedes estar seguro de que no lo hicieron todo solos. Contaron con mucha ayuda de sus colegas. Así que mantente escuchando lo que tus colegas tienen que decir. Y deja a la gente hablar. Es asombroso lo que aprenderás. Y más importante aún, el escuchar es también una muestra de respeto.

Ábrete a la gente y a sus ideas. Necesitas confiar lo suficiente en ti mismo y en tus ideas para que puedas escuchar lo que piensan los demás. Puedes aprender de cada persona con la que trabajas. Es tan valioso hablar con los jóvenes que hacen prácticas en tu empresa sobre lo que saben y están estudiando en la escuela, como hablar con quienes han estado en el negocio por décadas. Y cerciórate de que sepan que estás escuchando. No se trata de aparentar. Prestar atención a lo que la gente dice es una cualidad vital para ser un buen jefe. ¡A la virtud de saber escuchar no se le da el valor que merece!

Muchos hombres de negocios exitosos afirman que se debe "tomar un modelo acertado y copiarlo". No es una mala idea con respecto a la gente, tampoco. Observa a aquellas personas que admiras y sigue su ejemplo.

No hay nada como tener un mentor. He tenido varios durante mi vida y dos sobresalen de manera especial. Mi admiración por Quincy Jones no tiene límites. Quincy ha desarrollado una carrera extraordinaria, trabajando con algunas de las personalidades más grandes de la música en los últimos cincuenta años. Nos conocimos cuando él hizo una versión en español de "We are the World" y nos pidió a Gloria y a mí participar. Quincy derrocha virtudes y talentos, pero sobre todas esas cosas brilla como un extraordinario ser humano. Es un gran ejemplo para mí y para muchos más.

Quincy es el padrino de Emily. Cuando Emily nació, él se hallaba preparando un programa de televisión especial y quería que Gloria participara, pero ella había tenido la bebé tan sólo unos dos días antes. Quincy dijo que Gloria podría aparecer desde nuestra casa. Echó una mirada a la pequeña Emily y dijo: "Con todo el respeto, yo voy a ser el padrino de esta niña". Quincy ama la vida y ama a sus amigos. Conversamos mucho sobre la vida y la historia. Tenemos mucho en común debido a nuestra condición de minoría. Quincy tuvo que ir a París para echar a andar su carrera y nosotros tuvimos una experiencia similar en Europa.

Quincy me llamó el otro día. Estaba a punto de abordar un avión para viajar a Suiza y me dijo: "Sólo te llamo para decirte que te quiero mucho". Él tiene sus prioridades claras —son las personas lo importante para él; la fama no se la toma en serio.

La otra figura colosal en mi vida ha sido Phil Ramone. Es todo un creador en la gama de estilos musicales. Su manera de producir, la manera en que cambió los sonidos, he aprendido muchísimo de él. ¡Phil es la única otra persona que ha sido productor de Gloria, así que debe ser especial, ¡¿cierto?! Es reservado, modesto, de primera.

Como empleado y como jefe, tienes que aprender constantemente de la gente, mejorarte. Debes fijar metas no sólo para tu negocio sino también para tu propio desarrollo profesional. Puedes ser el experto en tu idea exclusiva pero eso sólo no te hará experto en cada aspecto de tu campo de actividad. El conocimiento es una herramienta importante. Si estás incursionando en un nuevo campo, aprende tanto como puedas sobre él, y si estás ampliando tu negocio, asegúrate de mantenerte al día de lo que está aconteciendo. Existe un sinfín de fuentes de las que puedes informarte: libros, seminarios, cursos. Y, por supuesto, la investigación mediante Internet es una de las herramientas más valiosas con que contamos hoy en día, aunque debes aplicar tu buen criterio y sentido común, hay mucha chatarra cibernética allí también. Pon en práctica tu picardía y astucia callejera, y si no la tienes, trata de adquirirla.

No desperdicies nunca una oportunidad de aprender algo más. No tienes que hacerte un experto en cada uno de los aspectos del negocio, pero no pierdas la ocasión de conseguir que alguien te explique lo que hace, ya sea el contable de la empresa, el asistente de producción, quienquiera. Aprovecha cada oportunidad de aprender. Y no sólo dentro de tu compañía. Hay tanto que puedes aprender de cualquier sector, incluso de los que en apariencia no tengan nada en común con lo que haces. Si ya estás bien empapado en la materia de un área, nada te impide seguir aprendiendo y obtener una comprensión integral de todo el negocio.

Así como es importante que te mantengas activo y ocupado, te diversifiques y estés dispuesto a asumir nuevos proyectos, también es importante que conozcas tus límites. Yo tomo sólo cerca del 10 por ciento de lo que me ofrecen. Para mí, es más importante triunfar con ese 10 por ciento, que fracasar con el 100. Destierra la palabra "mediocre" de tu vocabulario. Aprende a decir que no. El comprometerte a hacer más de lo que puedes y el dar menos de lo que prometes, puede conducirte al naufragio.

En el entorno empresarial extremadamente complejo de hoy, una buena asesoría legal y financiera es de importancia crítica. Es a menudo extraordinariamente costosa pero será dinero bien empleado. Las referencias constituyen una buena forma de encontrar buenos abogados, expertos en asuntos tributarios así como bancos y otras instituciones financieras que deseen hacer negocios contigo. Por supuesto, obtener consejo profesional no significa que no debas instruirte en materia de impuestos, inversiones y contratos. Definitivamente, necesitas aprender todo lo que puedas sobre todo eso. ¿Si no, cómo sabrás cuándo te están dando un buen consejo?

Sin embargo, independientemente de cuán buena sea la asesoría que recibas, las decisiones que tomes serán tuyas propias y decidirán entre el éxito y el fracaso. Cuando tienes empleados, esto ejerce una mayor presión sobre ti, porque ellos confían en que no metas la pata. Cuando tus empleados son además miembros de la familia, entonces hay mucho más en juego.

CAPÍTULO TREINTA

Trabaja con la familia

Está claro que el matrimonio y los hijos son metas fabulosas. Mientras más personas formen parte de tu vida, más reconfortante y emocionante esta debería ser. Pero es complicado también. ¿Dónde tu vida personal coincide con tu vida profesional y viceversa? Para los empresarios, la línea entre lo personal y lo profesional es a menudo muy tenue. A veces no hay línea en absoluto y tu tiempo nunca es en verdad tuyo propio.

La familia y la gente que es parte de tu vida serán esenciales en tu éxito o en tu fracaso, estén implicadas directamente en tu negocio o no. Sus vidas, sus alegrías, dolores, problemas y sueños —todos afectarán tu vida. Tienes que tener a los miembros de tu familia de tu lado, antes de que pienses en implicarlos. Es probable que el negocio absorba la mayor parte de tu tiempo, así que a menos que estén todos en sintonía, habrá tensiones. Y tienes que poner siempre sus intereses y su bienestar en primer lugar. Muy probablemente, tu familia, como la mía, ha sido siempre tu motivación e inspiración.

¿Qué hacer entonces, cuando la situación familiar cambia y eso afecta tus planes? Parte de la belleza de la vida familiar reside precisamente en que está cambiando constantemente; Llegan nuevos miembros, la gente crece y madura y alcanza diversas etapas en su vida —es muy dinámico. Necesitas ser flexible, en la vida y en los negocios. La vida en familia crea muchas oportunidades para reinventarse y a veces la necesidad es realmente la madre de la invención. Cuando las parejas se mudan a un área nueva porque ella o él ha aceptado un nuevo trabajo, cuando nace un niño, cuando un familiar pierde su empleo… todas esas situaciones ofrecen oportunidades para el cambio, y el cambio positivo.

Admiro a las personas que crían niños, especialmente a las que lo hacen solas. Nosotros tenemos dos hijos, y siempre les he dedicado mucho tiempo. Los niños cambian tu vida, en la más positiva de las maneras, pero también pueden obligarte a cambiar los planes. La familia es sin duda otro factor a tomar en consideración cuando formules tus planes para la vida. Si estás a punto de tener un bebé, por ejemplo, quizás no desees emprender una nueva empresa que requiera demasiado tiempo. O quizás sí; alguna gente trabaja mejor cuando se encuentra bajo presión. Simplemente no pretendas que la familia no es un criterio vital a tomar en cuenta.

La cuestión de contratar personal da pie a una pregunta fundamental: ¿Deberías trabajar con los miembros de tu familia? En nuestra comunidad, donde las relaciones de familia son tan importantes y donde hay tantas pequeñas empresas de propiedad o bajo la administración de familias, es a menudo un criterio clave. Por otra parte, todos los libros sobre comercio te aconsejan no hacer negocios o no trabajar con tus familiares. Y tienen razón. Sé que quizás suene gracioso viniendo de un individuo que ha trabajado con su esposa por más de treinta años. También trabajo con mi hermano, con la hermana de Gloria y con muchos otros parientes. De hecho, mi hermano José y su esposa Patricia controlan las finanzas de mi negocio. Cuando funciona, no hay nada mejor. Pero esto a menudo no da resultado, por muchas y diversas razones, y entonces tienes que preguntarte: ¿Es este negocio más importante que mi relación con mi hermano, hermana, esposa o quienquiera? En la mayoría de los casos, la respuesta es no.

El trabajo con Gloria ha sido una experiencia extraordinaria, pero no siempre fácil. Cuando dejé la escena para dirigir su carrera, ya había trabajado con ella durante mucho tiempo y conocía sus deseos, sus ritmos, sus gustos, sus valores y sus metas. Lo más importante de todo es que siempre, *siempre* he actuado en sus mejores intereses y nadie lo sabe mejor que Gloria.

Pero desde el punto de vista de ella, sé que a menudo fue duro tener a su marido como mánager. Cuando tienes un problema con un colega, puedes confiar en la persona más cercana a ti y llorar sobre su hombro. ¿A quién iba a acudir Gloria si tenía un desacuerdo con su mánager? Pero las relaciones profesionales, al igual que los matrimonios, son una obra en constante evolución. En última instancia, es Gloria quien toma las decisiones sobre su carrera y sus opciones, y su mánager tiene que respetar eso.

Una vez tuve un altercado con mi hermano Papo que nos separó por años. De hecho, no nos hablamos durante cinco años. El distanciamiento tuvo lugar después del accidente y la recuperación de Gloria. Ella no se había presentado cantando todavía y queríamos mostrar al mundo que estaba de vuelta, y mejor que nunca. Gloria había superado una increíble adversidad. Había quedado prácticamente paralítica de por vida pero por un milagro —de sus doctores y de su fuerza de voluntad de mejorar— Gloria no sólo caminaba, sino que corría y bailaba otra vez. Y, por supuesto, estaba loca por actuar. Estábamos muy agradecidos y nos sentíamos en deuda con nuestros seguidores por todo su amor, su apoyo y sus oraciones. Queríamos volver a hacer giras, como un gesto de gratitud y como una celebración de la vida.

Papo sostenía que perderíamos mucho dinero en aquella gira. Pero yo pensaba que hacer dinero no era la consideración más importante. De modo que todo se reducía a una diferencia de opiniones acerca de qué era lo que realmente importaba en ese punto en nuestras vidas. Ésa fue la raíz de la discusión. Teníamos diferentes puntos de vista. Sé que Papo estaba pensando en nuestros intereses financieros, y ése era su trabajo. Pero sentía que él no comprendía en lo absoluto por qué queríamos hacer aquel viaje. No lo hacíamos por ganar dinero. De hecho, no me preocupaba perder dinero, especialmente cuando había transcurrido tan poco tiempo después de que mi esposa casi perdiera la vida. Peleamos, y la discusión terminó con que dejamos de hablarnos.

El silencio entre mi hermano y yo persistió. Cinco años es un gran lapso de tiempo. Durante ese período Gloria y yo tuvimos nuestro segundo bebé, nuestra hija Emily. Fuimos obstinados y ninguno de los dos dio su brazo a torcer. Cada uno estaba convencido de que tenía la razón y no el otro.

Hasta que finalmente Gloria dijo: "Esto es ridículo, ustedes son hermanos, tienes que hablar con él". Y lo llamó y nos hizo hablar y resolver nuestras diferencias. Mi hermano volvió a trabajar conmigo y es el hombre clave de nuestros negocios. Después de todo, es el que maneja la chequera. Pero cuando regresó, le dije: "Tú podrás ser mi hermano mayor y puedes darme un puñetazo si no estamos de acuerdo. Pero yo soy quien toma las decisiones finales en la empresa".

Si vas a trabajar con la familia, debes fijar algunas reglas básicas y asegurarte de que se cumplan. Y necesitas aprender a comunicarte. Lo más valioso que tienen los seres humanos es su capacidad de comunicarse y de expresar diversos puntos de vista. Pero no siempre lo parece. Nos hubieras visto a mi hermano y a mí cuando no nos hablábamos. Es irónico que en esta proclamada era de la información, no seamos capaces de comunicarnos el uno con el otro. Quizás no es tanto que no podamos transmitir nuestra idea, como que no nos respetamos lo suficiente como para escuchar el punto de vista del otro.

El problema radica en que al trabajar con los familiares es extremadamente fácil que cualquier desacuerdo se convierta en un asunto personal. Eso sucede ¡porque ya es personal, ustedes son parientes! Cuando trabajamos con la familia, o con cualquier persona, de hecho, tenemos que respetar las decisiones de cada uno y el derecho de cada cual a tener una opinión diferente. Yo entendía esto, incluso de niño, pero lo aprendí realmente cuando vine a este país. Este país nos garantiza una increíble libertad para expresarnos, algo que falta en tantas sociedades. Lo viví en mi infancia en Cuba, donde ese derecho elemental fue arrebatado. Estoy tan agradecido de tener ese derecho, el derecho a expresarme, que respeto enormemente el de otras personas. La única manera de asegurar que se proteja es valorándolo y respetando las opiniones de los otros, nos gusten esas opiniones o no.

El respeto es fundamental en los negocios. Tiene que haber respeto por parte de todos los interesados. No digo que es fácil; pero si no existe, las cosas no van a funcionar. Es difícil no entrometerse cuando un ser querido ha recibido una oferta o está intentando tomar una decisión respecto a un proyecto. Pero tienes que reservarte tu opinión, a menos que te la pidan. Gloria toma sus propias decisiones en relación con su carrera. Es una mujer inteligente y muy segura de sí como artista. Puedo sugerir algo, pero cuando Gloria dice no, es su no.

Lo digo una vez más, es probablemente mejor no trabajar con la familia, pero si logras hacerlo con eficacia, realmente no hay nada mejor. ¿Después de todo, quién podría quererte más que un hermano? Sólo recuerda que el respeto mutuo debe encabezar las reglas básicas que tienes que sentar.

Mi sobrina Lili Estefan tiene su propio show en Univision. Se parece mucho a mí, pero no puedo tomar crédito por lo que ha logrado —es su propio mérito. Un apellido famoso puede ser una carga, no cabe duda, pero puede también ser una bendición. Sin embargo, todo lo que alcances hablará a tu favor.

CAPÍTULO TREINTA Y UNO

Reinventa tu propia rueda

V ero Beach queda solamente a algunas horas al norte de Miami Beach, pero se podría decir que pertenece a otro mundo. Es un viejo y encantador pueblo de la Florida, quizás más conocido como Dodgertown, donde los Dodgers realizaron sus entrenamientos de béisbol de primavera entre 1951 (cuando todavía radicaban en Brooklyn) y 2008. Vero está situado en la "Costa de Tesoros" de la Florida, no lejos de Cabo Cañaveral y el Centro Espacial Kennedy, y a solamente unas 90 millas de Orlando y de todas sus atracciones, parques de diversiones y centros comerciales. Cuenta con un pequeño aeropuerto y varios aeropuertos internacionales a un par de horas de viaje por carretera y el área es un destino turístico de importancia nacional e internacional.

Descubrimos Vero hace algunos años cuando buscábamos un lugar conveniente al que poder escapar conduciendo desde Miami. Hallamos la casa y la restauramos completamente. Una mañana, mientras dábamos unas vueltas para familiarizarnos con la ciudad, decidimos detenernos y desayunar en un pequeño y maltrecho hotel que descubrimos justo en la playa, un tanto alejado de la calle principal. Tenía una calzada y un pequeño estacionamiento, un vestíbulo, un restaurante y una piscina, y dos alas de cinco pisos cada una. El Hotel Palm Court, que había sido construido en los años setenta estaba a la venta. No andábamos precisamente a la búsqueda de un nuevo proyecto pero éste tenía un evidente potencial. Puesto que íbamos a pasar más tiempo en Vero Beach, no parecía una mala idea el tener un interés en la comunidad. Ya poseíamos y administrábamos un hotel, el Cardozo, así que teníamos algun conocimiento algo sobre el negocio de la hospitalidad.

Compramos el Palm Court en 2004 y comenzamos a prepararnos para restaurarlo. El hotel estaba en bastante mal estado. Nuestro plan era hacerlo más exclusivo remodelándolo y llevando a cabo algunas mejoras a la infraestructura. Tiene una ubicación fabulosa —justo sobre la playa— y en mi mente, podía vislumbrar algo mejor que el edificio que se encontraba allí entonces. Está situado en el Ocean Drive de Vero, y pensé que era una agradable coincidencia ya que nuestro otro hotel, el Cardozo, está situado en la calle, famosa en todo el mundo, del mismo nombre en South Beach. El de Vero Beach tiene un encanto muy particular. ¡Por supuesto cuando se corrió la voz de que los Estefan estaban invirtiendo en Vero Beach, tuvimos que pagar las consecuencias otra vez! ¡Se arruinó la vecindad! Esa gente del mundo del espectáculo va a traer a toda clase de gente revoltosa, con sus fiestas revoltosas, al área. Bien, eso no es lo que queríamos en absoluto. Queríamos aprovechar el ambiente tranquilo y sereno de allí y sólo agregar unos toques nuestros.

Pedimos a un arquitecto que elaborara los planos para remozar Palm Court y fijamos la fecha de comienzo del proyecto para el otoño de 2004. Pero la naturaleza tenía otros planes. Ese mismo año, la Florida fue azotada por dos potentes huracanes, Frances y Jeanne, que en conjunto simplemente destruyeron el Palm Court. Frances embistió de tal modo el techo de la edificación que una de las alas se derrumbó. Cuando Jeanne pasó arrasando menos de dos semanas después, acabó el trabajo, haciendo volar las ventanas y demoliendo el interior de la mayor parte del hotel.

La verdad es que no me disgusté mucho por el daño que los huracanes le hicieron al hotel. Vero es una ubicación tan estupenda para un hotel que realmente creía que podríamos hacer algo mucho más hermoso si empezábamos casi de cero. Así que supongo que se cumplió mi deseo.

Contratamos a STA Architectural Group de Miami, que restauró nuestra casa en Vero y también había diseñado nuestras oficinas de

Miami Beach. Ellos conocían nuestros gustos y entendían lo que queríamos hacer. Volvimos a la mesa de dibujo. Los viejos planos salieron volando por la ventana y comenzamos casi desde el principio.

Algo en lo que Gloria y yo insistimos mucho fue en hacer el hotel lo más ecológico posible. Queríamos reutilizar y reciclar materiales, usar artesanos locales, lograr en el hotel un mejor rendimiento energético y un uso más eficaz del agua, y respetar la fauna y flora locales. La casa, como el hotel, está en la playa y se puede ver los nidos de las tortugas justo en frente. Y es una vista hermosa, pero las tortugas son muy vulnerables especialmente cuando están anidando, de modo que tuvimos eso presente durante la construcción y al hacer uso de la playa.

Todas las habitaciones que dan al océano tienen cortinas gruesas o que impiden totalmente el paso de la luz, no sólo para comodidad de los huéspedes sino también para la seguridad de las tortugas, quienes anidan durante seis meses directamente en la playa delante del hotel, donde depositan sus huevos en la arena. Si ven una luz, pueden confundirse, perderse y morir en la playa. Por eso no sólo colocamos gruesas cortinas en los cuartos; pedimos a los huéspedes que apaguen sus luces a partir de las 9 p.m. y les explicamos el porqué.

En términos de apariencia y de ambiente del hotel, tenía una visión muy clara de lo que quería. La playa es blanca como el azúcar y el agua es generalmente de un azul claro. Las aguas del océano frente al hotel son generalmente muy apacibles y se parecen más al mar Caribe que muchas de las playas situadas al sur. El hotel está alejado de la calle, lo que le da un aire de exclusividad, no tanto como el de un club campestre sino como un club privado o un lugar "de moda", un poquito exótico pero aún acogedor. Sabía que quería lo mejor de la elegancia de South Beach y el entorno era ideal para ello.

También sabía que podríamos aportar algo bueno a la comunidad con nuestro negocio, y que éste quizás atraería a otros de la zona. El área de la piscina sería ideal para fiestas, el salón de baile para bodas, y el *spa* podría ser una línea de negocio adicional para el hotel.

Quería que el exterior del hotel fuera claro y brillante, no chillón, sino fino y sencillo, algo que complementara el entorno natural y no intentara competir con él (de todos modos, ¿cómo se puede competir con el océano?). Y el interior del hotel debía recrear el ambiente tropical. Podía imaginarme colores claros, quizá blanco, materiales de lujo como el mármol y madera en todas partes. Más que nada, quería diseñar un espacio en el que quisiera estar yo mismo. Nuevamente calculé que si me gustaba, les gustaría a otros también. Así pues, el concepto de diseño del hotel está muy a tono con nuestras propias casas: claro, brillante, fresco y sereno.

Una vez que nos pusimos de acuerdo sobre el concepto con los arquitectos, comenzamos a analizar cómo íbamos a llevarlo a cabo. Vero Beach es parte de una isla de barrera, una franja bastante estrecha de tierra entre el Océano Atlántico y la laguna Indian River, así que es un área delicada desde el punto de vista medioambiental. No queríamos agregar ninguna tensión innecesaria y más desperdicios al área. Esa filosofía es parte integral del concepto y diseño del hotel —complementar el entorno y respetar el medio ambiente.

En el diseño, mantuvimos la estructura general de la edificación: dos alas de cinco pisos cada una, una piscina que marca el área central de recreación con una vista directa al océano, un estacionamiento frente al hotel y una calzada circular que lleva a la entrada principal al vestíbulo y la recepción. Redujimos el número de habitaciones, haciendo estas más grandes que en el hotel original y creando cuatro habitaciones con vista al océano, una *suite* presidencial en el ático y añadimos a los planos un *spa* y un gimnasio.

Emplear materiales de la localidad resultó más difícil de lo que pensaba. Quería una sensación tropical fresca pero el hotel debía ser reconstruido con materiales fuertes, lo más resistentes posible a los daños de los huracanes. Decidimos instalar pisos de mármol (el mármol fue traído de Turquía) y maderas pesadas, como la teca. Pero gran parte del resto de los materiales procedió de fuentes locales, por ejemplo los acabados, algunos de los cuales fueron creados con materiales reciclados (por ejemplo, los toques decorativos en algunas habitaciones se hicieron con vidrio machacado de parabrisas iluminados a contraluz; los pasillos y los elevadores están revestidos con juncos marinos bajo vidrio).

Invertimos en Vero Beach porque vimos obviamente una gran oportunidad pero también por las mismas razones que invertimos en Miami. Teníamos un interés en la comunidad. Cuando compramos nuestra casa en Vero Beach, creo que no nos imaginábamos realmente cuánto llegaríamos a amarlo y que acabaríamos pasando tanto tiempo allí. Pero nos enamoramos bastante rápidamente del área y de la comunidad. Y siempre nos ha gustado dar a cambio de lo que recibimos. Cuando comenzamos la construcción real del hotel, sabíamos que estaríamos creando empleos para los residentes locales, no sólo mientras durara la construcción sino, con buena suerte, a largo plazo también.

Uno de los detalles agradables de la construcción fue el poder hacer los muebles. Contraté a artesanos que habían trabajado con nosotros por años. No quise mandar a hacerlos por encargo a China, donde seguramente habría sido más barato. Y sabía exactamente lo que quería en cuanto a diseño y construcción de las plataformas de las camas, de las mesas y de las gavetas incrustadas. Utilizamos la teca para las plataformas de la cama y las paredes de los cuartos se acentúan con la misma madera. Algunos cuartos y los pasillos tienen ventanas en forma de portilla, lo que da al hotel una sensación general de un yate o de un barco de cruceros.

Los materiales de construcción y todos los detalles ayudaron en conjunto a crear una apariencia muy despejada y límpida, que a su vez fomenta un ambiente de distensión, casi como el de un *spa* —agradable, reservado y tranquilo. Y aunque la apariencia y el ambiente son muy importantes, cómo funciona el edificio y cómo lo administramos nosotros son también elementos clave. Como la mayoría de los hoteles en la actualidad, colocamos tarjetas en las habitaciones animando a los huéspedes a reutilizar las toallas y la ropa blanca, pero eso no es suficiente. Instalamos dispositivos para ahorrar agua, como inodoros de menos consumo y Gloria creó pequeñas tarjetas que van en la parte posterior de cada inodoro, explicando cómo utilizar los diversos botones para descargar: "Oprima el de la derecha, para el número dos; oprima el de la izquierda, para el número uno".

El restaurante del hotel ofrece una combinación de cocina asiática y clásica. El menú fue creado por nuestro cocinero, con nuestro aporte. El nombre del restaurante, Oriente, es el mismo del restaurante original de nuestro hotel en South Beach, y hay semejanzas en el gusto, pero el chef creó nuevos platos para el Oriente, en los que se emplean ingredientes locales de Vero Beach. Renombramos el hotel como Costa d' Este —Este porque el hotel está en la costa este y también porque son las cuatro primeras letras de Estefan.

Supervisamos la construcción del hotel; era bastante fácil llegar hasta Vero Beach regularmente para constatar el progreso. Pero para el funcionamiento a largo plazo del negocio decidimos que necesitábamos otro plan. La hospitalidad es uno de esos negocios orgánicos, donde, como empresario, consigues aplicar tus diversos talentos y habilidades. Pienso que es por eso en gran parte que lo disfruto tanto. Éste había sido un proyecto que comenzamos prácticamente de cero, por lo que participé en cada paso, desde la negociación de la compra del hotel hasta el diseño y la selección de los materiales de construcción, el trabajo en la decoración interior —elegir tejidos, colores, materiales para el acabado— el restaurante y el menú, y la comercialización, por supuesto.

En el pasado, hemos tenido a nuestra propia gente, o sea personas empleadas directamente por Estefan Enterprises, a cargo de nuestros restaurantes y del hotel, del estudio, de las propiedades inmobiliarias, la industria musical, todo. Comprendimos que necesitábamos toda una empresa de servicios que se dedicara a la administración del hotel puesto que no podríamos hacerlo de manera remota. Vero Beach queda a solamente dos o dos horas y media por carretera de Miami, pero eso es lo suficientemente lejos como para necesitar tener a alguien en el sitio y a una distancia conveniente del negocio.

Conocimos a Burt Cabañas, fundador, dueño y director ejecutivo de Benchmark Hospitality International, una empresa de gestión con sede en Houston. Burt y yo hicimos buena liga, profesional y personalmente, enseguida. Como yo, es un hombre y empresario que ha alcanzado todo gracias a su propio esfuerzo. Fundó él mismo Benchmark y continúa dirigiendo las operaciones cotidianas de la compañía. Y, como yo, es cubano. ¿Tengo que decir más? Burt y su Benchmark nos proporcionan un servicio del que estamos tan seguros como si lo hiciéramos nosotros mismos. Tienen la misma atención al detalle que Estefan Enterprises y son especialistas en el campo. Benchmark también ayuda a promover la propiedad (aunque, por supuesto, también participamos activamente en ese aspecto del negocio).

La concepción, el diseño y la construcción de un pequeño centro turístico es una tarea importante. Esto se convirtió en un proyecto de $50 millones. Los presupuestos equivalen a tiempo, el tiempo equivale a dinero. "El tiempo es oro," es mucho más que un refrán. Es la realidad de los negocios. Aprendimos muchísimas pequeñas lecciones de la experiencia de Vero Beach, pero entre las grandes para mí estuvieron, en primer lugar, que tras los huracanes de 2004, tuve que planear y volver a planear porque el concepto original no iba a funcionar después que el edificio fue prácticamente destruido; y, en segundo lugar, la terminación del edificio no significó la culminación del proyecto. Una vez que acabamos el edificio, todavía teníamos un centro turístico que administrar. Contratar a una empresa de gestión no era algo que hubiéramos hecho típicamente para otros proyectos (como el Cardozo o los restaurantes), pero el alcance del proyecto y la distancia hicieron de esa una solución necesaria y verdaderamente acertada.

El hotel y centro turístico de playa Costa d'Este Beach Resort abrió sus puertas en tiempo (y dentro del presupuesto), en junio de 2008. Con nuestra renovación y operación del hotel he agregado otra cuenta a mi cadena de negocios. Para mí, la hotelería ha sido un modelo comercial más que aprender pero no he tenido que salir de mi zona de competencia para emprenderla. He aplicado lo que aprendí aquí en el Cardozo. Gastamos decenas de millones en Vero Beach pero estamos haciendo el Cardozo por una fracción de ese costo. Puedes escuchar a un decorador que te cuenta sobre luces especiales que se encargan a Hawaii o puedes ir a Home Depot y comprarlas tú mismo. Cuando el dinero escasea tienes que gastarlo solamente si en realidad tiene sentido.

Para 2008, cuando el hotel se inauguró, yo había vivido en Estados

Unidos cuarenta años. Puedes volver atrás y releer las páginas de este libro y ver cuántas veces reinventé mi rueda personal. ¿Quién habría pensado cuando salí de Cuba que incursionaría en el negocio de la hotelería y de la renovación hotelera? Esto es un buen momento para detenerme y hacer un balance y observar adonde me ha llevado todo eso.

CAPÍTULO TREINTA Y DOS

Haz un balance y mide tu éxito

En una cálida tarde, hacia fines del verano de 2007, Gloria y yo organizamos una presentación previa de *90 Millas*, un documental en el que habíamos estado trabajando gran parte de los dos años anteriores y que acompañó el álbum de Gloria del mismo nombre. La película y el álbum son un tributo a la música cubana y en ambos participaron leyendas latinas como Cachao, Arturo Sandoval, Carlos Santana, José Feliciano, Generoso Jiménez, Alfredo "Chocolate" Armenteros, Johnny Pacheco, ¡y muchos, muchos más! El pre-estreno se realizó en el Tower Theater de la Pequeña Habana en Miami, no lejos de donde compré mi acordeón, hace ya tantos años. Eché una mirada alrededor en el teatro y constaté la presencia de muchos amigos y colegas, viejos y nuevos.

El documental significa muchísimo para nosotros. Es un entrañable proyecto sobre la cultura y la música que amamos. Es también nuestra primera película, lo que significa que hemos llevado nuestra música a un área totalmente nueva. Hemos realizado videos durante las dos décadas pasadas y Gloria ha actuado en varias películas. Pero esto era algo nuevo para nosotros, y nos divertimos. Nos divertimos mucho. Pasamos dos años viajando por el país con pequeñas cámaras y luces portátiles, documentando la grabación del álbum y entrevistando a algunos de esos magníficos y apasionados músicos que dan vida a nuestras tradiciones.

Fue otra obra de amor verdadero, no solamente para Gloria y para mí, sino también para todos los que participaron en la producción de la película.

Noventa millas es la distancia que hay entre Cayo Hueso y Cuba. En línea recta, no es tanto; pero en todo otro aspecto es una distancia muchísimo mayor. Para todos lo que hemos transitado esa ruta, ha sido una larga y penosa travesía personal. Andy García afirma en la película que Cuba es el amor imposible, la chica que amas pero con la que no puedes estar. Carlos Santana y José Feliciano, quienes tocan con Gloria y Sheila E en el primer sencillo del álbum, titulado "No llores", cuentan en la película sobre sus inicios y lo difícil que era hacer música latina en los Estados Unidos hace años.

José Feliciano, de Puerto Rico, fue quizá la primera estrella en hacer la "transición" (o *crossover*), con "Light My Fire" en 1968. José narra la anécdota de un hombre de la compañía discográfica que le sugería cambiarse el nombre a Joe Phillips. José dijo que él nunca deshonraría a su padre de esa manera. De aquellos tiempos parecen separarnos esas noventa millas. Están igual de lejanos y de cercanos a la vez. Compartimos esos recuerdos, esas luchas y esos éxitos. Hemos desandado un largo sendero.

Menos de un año antes del pre-estreno de la película, en octubre de 2006, produje la gala de apertura del nuevo centro de las artes interpretativas, Performing Arts Center, de Miami. Este nuevo y bello sitio queda a poca distancia también de la tienda de instrumentos donde compré el acordeón. La noche antes de la gala, observaba el ensayo de estrellas como Bernadette Peters, Carlos Vives, Alejandro Sanz y José Carreras, pensaba en todos los cambios de los que he sido testigo en Miami y, por supuesto, sobre cuánto me había sucedido durante el mismo período. Miami finalmente inauguraba un centro de conciertos de primera clase, uno que atraería talento local, nacional e internacional sobresaliente. ¿Quién no querría presentarse en instalaciones con la última tecnología para espectáculos en Miami? La coincidencia de producir un evento importante en aquella magnífica sala, a pocos metros de donde había dado los primeros pasos de mi carrera profesional cuarenta años atrás, no me pasó desapercibida. Sentí una oleada de gratitud. Me sentí satisfecho. Y como un niño, me sentí emocionado.

Soy joven. Todavía tengo toda una vida por delante. Y, con todo, he llevado una existencia plena e interesante —¡hasta ahora! Tengo la sensación de que hay tanto más que hacer y tanto más que deseo hacer. Habría podido escribir esas mismas palabras hace diez años, hace veinte años y ciertamente hace treinta. Todavía hoy, siento exactamente lo mismo.

Cada vez que intento algo nuevo, me asalta una tremenda emoción. Si alguna vez solía ponerme nervioso respecto a hacer nuevas cosas, esa sensación me abandonó hace mucho, mucho rato. Pero cada vez que produzco un álbum o acometo alguna otra actividad familiar que realmente amo, siento como si lo estuviera haciendo por primera vez. El trabajo me proporciona una alegría genuina.

Hace poco, se presentó una nueva ocasión para divertirnos en grande, la ocasión de aventurarnos en un área absolutamente nueva: deportes de grandes ligas. Steve Ross, un exitoso promotor de bienes raíces y ahora dueño y gerente general de los Miami Dolphins, se puso en contacto con Gloria y conmigo para que invirtiéramos en el equipo de fútbol americano. Una vez más otra ocasión para tener un interés en la comunidad así como la oportunidad de participar en el cambio y perfeccionamiento de una excelente marca.

En junio de 2009 adquirimos una participación minoritaria en el equipo y fuimos los primeros cubanoamericanos en poseer una concesión de la NFL. ¡Gloria ya se ha metido de lleno en el asunto! Junto con Hank Williams Jr., grabó la canción tema del programa *Monday Night Football* (Fútbol del lunes por la noche): "Are You Ready For Some Football". Y mi imaginación vuela (¡y mi corazón se acelera!) ¡de sólo pensar en todo lo que se puede hacer con un equipo de fútbol americano!

Y sobre todo, le ofrece a la NFL la posibilidad de acercarse a los hispanos y a los hispanos de familiarizarse con este deporte auténticamente estadounidense (¡yo mismo soy un aficionado desde hace tiempo!).

Celebré un cumpleaños más el pasado mes de marzo. Pensé, "Ya soy otro año más viejo", pero para mí, la edad es apenas un número. A decir verdad, ya estoy bien entrado en los cincuenta, pero todavía estoy esperando mi "crisis de la mediana edad". De algún modo, pienso que probablemente no voy a tener una. Creo que sólo quienes tienen remordimientos tienen crisis de la mediana edad. Ése no soy yo. No tengo nada que lamentar y solamente cosas por las que sentirme agradecido y hacia las que mirar.

Todavía me rijo por los principios que me trajeron a este lugar. La mayoría de los días despierto y mi primer pensamiento es sobre lo feliz que estoy de contar con un día entero por delante. Ésa es tal vez la gran ventaja de siempre planear, como lo hago. Tengo obligaciones que cumplir y si logro cumplirlas, me siento generalmente satisfecho al final del día. Planificar tu vida y estar preparado para lo que el futuro te ponga en el camino te coloca en la posición adecuada, emocional, espiritual, intelectual, financieramente… en todo sentido. Ahí es donde estoy en estos momentos: mirando hacia el futuro.

He trabajado larga y arduamente para construirme un nombre y ese nombre y esa reputación son las que me permiten seguir intentando nuevas cosas. Y lo mismo es cierto en tu caso. Tú eres tu mejor referencia, tú y tu historial, tú y tu buen nombre. Tienes que aprender a traducir eso en algo concreto, esforzarte por prosperar y llevar tus sueños al siguiente nivel, y hacer esto continuamente. No puede haber pausa, y aunque es sabio planear para la jubilación, financiera y profesionalmente, la mayoría de los empresarios nunca quieren aflojar el paso. Eso es lo que nos hace una casta aparte. Siempre hay otro día, siempre hay otro desafío, siempre hay otra oportunidad.

Y gracias a Dios por eso.

Si me preguntaras lo que considero mi logro profesional más relevante, diría que creo haber desbrozado el camino para que otros artistas latinos fueran aceptados en la corriente cultural general de Estados Unidos. Cuando se me abrieron las puertas, las forcé a abrirse aún más para los demás. Y lo que me ha motivado genuinamente, a medida que he cosechado éxitos en mi carrera, es ver a otros artistas latinos emerger después de mí. Su éxito es gratificante. Es más gratificante que cualquier recompensa monetaria.

Esa clase de éxito, que no es mi éxito sino el éxito de la comunidad mayor, es la mejor. Todos se benefician de él, al aumentar el nivel de aspiraciones y al crear consciencia de todo ese talento. ¿Pero qué hay de tu éxito individual? Esa clase de éxito puede ser una espada de doble filo. Por una parte, te permitirá hacer otras cosas. Y por otra parte, puedes implicarte demasiado. En cuanto comienzas a hacer demasiadas cosas, demasiado rápido, pierdes calidad. Es más importante tomarse el tiempo y hacer las cosas bien, y quizá esperar a que surjan determinadas oportunidades. La experiencia y el buen juicio serán tu guía.

Siempre hablo de planear, de hacer listas y de cumplir los plazos. Ésas son todas reglas a observar en la vida cotidiana. Pero debes ver el panorama amplio; tienes que examinar tu vida y tus metas desde 30.000 pies. Tener metas consiste en mucho más que marcar tareas en la lista de cosas por hacer. Alcanzar metas específicas puede ser apremiante pero el panorama más amplio es más importante.

En el capítulo cuatro lo hablamos, ¿cómo se mide el éxito? Para algunos éste puede traducirse en poder sentarse en una barra y mirar un partido de fútbol toda la tarde o pasar mucho tiempo en la playa. Podría abordarse desde una posición de seguridad financiera o con una actitud de "bah, qué importa". Ésas son decisiones sobre el estilo de vida y no lo que yo considero verdaderos logros. Si repaso mis logros, pienso que puedo sentirme absolutamente satisfecho con lo que he hecho.

He producido para la TV; incluyendo eventos en la Casa Blanca. Eso es una gran cosa para cualquier persona… ¡Imagínate para un inmigrante! Intenté contar el número de eventos que he perdido la cuenta de cuántos eventos he hecho con presidentes. He conocido y he hablado con el presidente Obama. Me senté y conversé con el presidente Bush (el último) en el avión presidencial, acerca de la situación general en el país. Compartí con él mis preocupaciones sobre los graves problemas de América Latina, y por supuesto sobre Cuba. La última vez que lo vi me preguntó si iba a votar por John McCain. Le dije que iba a votar por Obama. Que no es lo que quería oír.

Puedo contarte sobre los últimos cinco presidentes por mi experiencia. Aunque son muy diferentes, cada uno me impresionó a su manera. El Presidente Bush (hijo) era muy abierto a los latinos. Y por supuesto,

Obama nombró a una latina, Sonia Sotomayor, a la Corte Suprema de Justicia, una elección muy importante y significativa. La actual Casa Blanca tiene un espíritu distinto, con mucha gente joven e inteligente. Pienso que el presidente Obama cambió la imagen de los Estados Unidos en el exterior en 24 horas. Existen tantas ideas falsas sobre Estados Unidos y los estadounidenses, algo que nunca he podido entender.

¿Qué más? He producido música para el espectáculo intermedio del Super Bowl; música para las ceremonias de apertura y clausura de las Olimpiadas, los Grammy Latinos. He ganado 14 premios Grammy yo mismo; he sido nombrado Compositor del año de BMI; he recibido doctorados honoris causa; una estrella en el Paseo de la Fama de Hollywood. La lista crece. Pero llenar una hoja de vida solamente no es el éxito.

¿Es el éxito material el criterio? Las primeras veces que fui a Sony, lo hacía en mi bicicleta porque no tenía suficiente dinero para la gasolina. ¡Así que el poder comprar un coche fue sin duda un paso adelante! El comprar algo sin tener que mirar el precio es ciertamente un aspecto del asunto. Es un subproducto agradable del éxito. Pero el no tener que preocuparse por gastar $300 en un par de jeans no es, en sí, el éxito. Y eso no quiere decir que necesariamente soltaría un par de cientos de dólares en unos jeans. No compro cosas únicamente porque puedo. Lo que me impulsa es más bien si lo necesito o no, y luego, si lo quiero realmente.

Cuando era niño, quería comprarme una chaqueta que costaba bastante para nosotros. Todos los días iba a la tienda con mi mamá a verla. Le dije al dueño de la tienda que quería comprarla a plazos y dejé $5 en depósito. Ahorré, escatimé, estaba loco por tener aquella chaqueta. Finalmente llegó el día. ¡Tenía el resto del dinero! Por supuesto, no había tomado en cuenta los impuestos sobre la venta, que eran otro 4 por ciento. Tuve que esperar una semana más para reunir todo el dinero. Y cuando pude comprar la prenda, sentí la importancia que había tenido cada centavo para llegar a conseguir ese sueño. Cuando veo un centavo en la calle, todavía me agacho y lo recojo. Ahorro centavos en un frasco. Me recuerda que las grandes fortunas, como los grandes sueños, exigen aprecio por los pequeños pasos. Da mucha satisfacción el poder decir "Puedo conseguirlo". Y más aún decir "No lo necesito".

He visto muchísimas noticias en las que se estima mi patrimonio neto. Para mí, eso no es importante, realmente no es importante. Es más importante tener metas y terminar cosas. Además, el dinero se puede esfumar de un día a otro. Como Gloria y yo hemos descubierto, la vida puede cambiar en un instante.

Pienso que una gran medida del éxito es la manera en que reaccionas ante los errores. Todos cometemos errores. Me he equivocado en la vida pero por lo general ha sido cuando no he seguido mi propio instinto. Cuando fundé el sello discográfica Crescent Moon Records acepté las condiciones pero con dudas porque Sony controlaba el dinero y yo sentía que no comprendían el mercado latino lo suficiente para que el sello fuera un éxito. La empresa sin duda no fue fracaso —ganamos premios Grammy, vendimos discos— pero la distribución estaba fuera de mi control. Me doy cuenta de que una medida de mi éxito es que me he ganado el derecho a cometer mis propios errores.

CAPÍTULO TREINTA Y TRES

Da a cambio

Una de las mejores medidas de éxito es la manera en que das a cambio por lo recibido. ¿Así pues, cuándo debes comenzar a hacerlo? Mi consejo es comenzar enseguida. Una vez que te hayas ganado el primer dólar, piensa en una forma de dar a cambio con el segundo. ¿Por qué? Porque si te haces el hábito de dar, cuando no tengas mucho dinero, te harás el hábito de donar tu tiempo. Y es tan importante dar parte de tu tiempo como lo es dar parte de tu dinero. No querrás ser de esa gente "exitosa" que primero está demasiado necesitada como para dar dinero y después demasiado ocupada como para dar su tiempo.

Nosotros siempre hemos tratado de contribuir con causas que consideramos importantes y también en momentos de gran necesidad. Gloria y yo hemos participado ampliamente en proyectos filantrópicos, y no solamente como benefactores financieros. Dimos conciertos con fines benéficos desde nuestros tiempos de Miami Latin Boys, y hemos continuado esa tradición. Hemos organizado conciertos y recaudado fondos después de los huracanes Andrew, George y Katrina, así como actividades para las familias de nuestros militares. Después de los hechos del 11 de septiembre, me uní a otros sesenta artistas para interpretar una canción titulada "El Último Adiós"; lo recaudado fue donado a la Cruz Roja de Estados Unidos.

Seguimos dando a cambio. Nuestro amigo Alejandro Fernández, estrella internacional, organizó dos conciertos en Mexico en junio de 2009 para demostrar al mundo que se podía viajar allá después del brote del virus de influenza porcina, y Gloria participó en el segundo de ellos en Guadalajara.

Estoy asociado a diversas organizaciones caritativas como portavoz, recaudador de fondos y benefactor. En 1993, creamos Gloria Estefan Foundation, Inc., una fundación de puertas abiertas, que ofrece oportunidades a la juventud mediante ayuda financiera para promover la salud, la educación y el desarrollo cultural. La fundación financia becas y ayuda a jóvenes que han sido víctimas de abuso y que viven en situaciones de riesgo. A través de la fundación, también hicimos una cuantiosa donación al Miami Project to Cure Paralysis, el centro de investigación más integral del mundo dedicado a tratar a pacientes con lesiones de la médula espinal y a encontrar una cura para la parálisis. Después del accidente de Gloria es obviamente una causa muy cercana y estimada por nosotros.

No estoy diciendo que tengas que instituir una fundación (aunque cuando alcanzas un nivel de ingresos suficientemente alto, empiezas a recibir llamadas solicitando que participes en actividades de la comunidad y contribuyas financieramente, y en ese caso, no es mala idea crear algún tipo de mecanismo formal para contribuir). Lo que creo realmente que necesitas hacer, a partir del momento en que estableces tu propio negocio, es involucrarte con la comunidad y con las personas con las que te relaciones en tu trayectoria. Deberás determinar qué clase de actividades son las más cercanas a tu corazón y también en qué medida puedes donar de tu tiempo y de tu dinero a las actividades caritativas. Lo que te digo que debes hacer para ser una persona de éxito es dar a cambio, de alguna forma, y hacer de ello una de las metas en tu empeño por hacer crecer tu negocio. El dar a cambio forma parte del éxito.

TANTA GENTE SE NOS ACERCA de manera espontánea y nos da las gracias por todo lo que hemos hecho para "nuestra gente" —no sólo los cubanos, sino todos los latinos. Un día, una mujer joven golpeó ligeramente en la ventana de mi coche, creo que era colombiana, y me dijo: "Qué Dios los bendiga y gracias". Un cubano ya mayor, en una cabina de peaje en el elevado de Miami, me dio su mano y me dijo: "Qué Dios le devuelva todo lo que ha hecho por otros". En otra ocasión, me dirigía a un evento en el Kennedy Center en Washington, y varios camareros comenzaron a formar revuelo por mí. "Emilio, Emilio", me llamaron en voz alta. Todas esas cosas me llenan, valen más de lo que te puedes imaginar. Y sólo aumenta mi deseo de hacer más.

Pero no es el ser reconocido lo que es gratificante. Lo que me hace sentir satisfecho es comprender que he logrado algo importante. La fama es irrelevante. Hace poco, una mujer me reconoció y se acercó para saludarme. Estaba muy emocionada y le dijo a su niña: "Dale, vamos, pídele un autógrafo". La niña alzó su mirada hacia mí y dijo: "¿Quién es usted?" ¡Eso pone las cosas en perspectiva!

La fama es un regalo, mientras la utilices de la manera correcta y no te la tomes demasiado en serio. Algunas profesiones dan a la gente mucha fama y notoriedad. Pero eso no significa que éstas vayan a dejar un legado duradero. Igual hay profesiones que no ofrecen mucha exposición y aún así pueden dejar una huella increíble en el mundo. El mejor legado que puedes dejar es el hacer tanto bien como puedas.

Mi gente es también mi familia. Mi comunidad latina. Me siento muy vinculado y muy unido a mi comunidad, y no sólo a mis compatriotas cubanos, sino a todos los latinos. Siempre veo a los artistas ganar un Grammy u otro galardón y decir: "Dedico esto a mi país, Colombia" o "México" o a cualquiera que sea su país de procedencia. Yo no puedo hacer eso. ¿Cómo puedo dedicar un triunfo a Cuba? Cuba es mi país, el lugar donde nací, parte de lo que soy. Pero no. Todavía es gobernada por un régimen tiránico y es una gran frustración y hondo motivo de tristeza el no poder agradecer y dar mérito a la tierra que me vio nacer, por mis logros. Pero tengo a mi gente, mi comunidad, mi país, en los latinos de aquí. Tantos colombianos, puertorriqueños, dominicanos y de otras naciones han sido parte importante de mi crecimiento y mi éxito. Y me han acogido, y honrado y adoptado en sus países de origen. Llego a esos lugares y me siento como en casa. El respeto, el afecto y el reconocimiento sobrepasa lo que habría podido esperar. ¿Qué más podría pedir?

Realicé uno de mis sueños más grandes hace bastante tiempo, y eso me dio mucha paz. Sacar a mi familia de Cuba y hacer dinero suficiente para encaminarnos a todos fueron las motivaciones originales, que me hicieron esforzarme y luchar y salir adelante. Mi madre finalmente pudo salir, años después que mi padre y yo, y nos establecimos en Miami. Ella viajó de Cuba a México y cruzó la frontera entre ese país y Estados Unidos a pie, con la guía de un coyote. Nadie habría podido apoyarme más en mis sueños y mis ambiciones que mi madre. Ella tenía una paciencia y un optimismo extraordinarios. Nunca flaqueó; nunca dudó de que todo fuera a salir bien.

Pocas cosas me daban más placer que recoger a mis padres en las noches y llevarlos a tomar helado. Disfrutábamos tanto de la compañía mutua; disfrutaba tanto el ir en carro a comprar helado con ellos, el estar todos juntos, que a menudo lo sentía como un sueño hecho realidad. Verdaderamente, así era de simple para mí. Eso era el éxito para mí. Hasta el día de hoy, esos recuerdos, tan dulces, son una de las mayores medidas de mi éxito. El hombre había cumplido lo que el niño se había propuesto hacer.

He realizado el sueño más importante de todos: tener reunida a mi familia, y reunida en un país libre. Mis padres ya no viven. Perder a mi papá dejó una enorme cicatriz, aunque él vivió una vida larga y buena. Todavía lo extraño. Y mi madre murió mucho después. Y aún me duele también, por supuesto. Pero pudieron compartir mi sueño americano, por lo que estoy profundamente agradecido. Sin embargo, mis ambiciones y motivaciones siguen siendo las mismas. Me siento impulsado a buscar el éxito por mi familia y ahora también por todos mis empleados y sus familias, y por supuesto nuestros admiradores. Mi hijo Nayib ya es todo un hombre, pero uno siempre es padre, así como yo siempre fui un hijo para los míos. Estoy orgulloso de Nayib y de lo duro que trabaja, y de la vida que se ha construido. Emily es todavía joven —así que, supongo que yo también. Cuando tienes un hijo adolescente, te das cuenta de cuán joven de corazón en realidad puedes ser. A ella todavía le queda tiempo en casa con nosotros, pero ése pasará también volando. Gloria sabe dónde está el equilibrio: Ha tenido éxito con varios hermosos libros infantiles y se encuentra escribiendo guiones para películas. Tiene de verdad dotes de escritora. Además, se dedica a lo que dice amar más que nada: ser mamá. Su prioridad es cuidar de nuestra bebé prodigio, Emily.

Desarrollé mi vida personal a la par que mi vida profesional. Fue una decisión consciente. No sucedió simplemente. Y todo lo que tengo hoy, en lo personal y lo profesional, no surgió de la noche a la mañana. El amor por lo que hago, la fidelidad a mí mismo y a mi cultura, el pensar en grande y el trabajo con dedicación y empeño me han llevado adonde estoy hoy. Y todas esas cosas me mantendrán allí y me llevarán al nivel siguiente también.

CAPÍTULO TREINTA Y CUATRO

Mira hacia el futuro

L a industria del espectáculo, en general, y la industria musical, en particular, han sufrido pérdidas importantes en los últimos años debido a la forma de acceso que tiene el público al producto. La única manera de resarcirse de esas pérdidas y de promover a nuevos artistas es utilizar las nuevas tecnologías como Internet y los teléfonos celulares en nuestro beneficio. Por demasiado tiempo, la industria musical ignoró a la posibilidad de compartir archivos y otros avances tecnológicos, para su infortunio.

Uno de los aspectos más emocionantes y más desafiantes de la industria del espectáculo es que los consumidores son exigentes, no sólo respecto a lo que quieren mirar, escuchar y leer. Están exigiendo sobre la forma de disfrutar del espectáculo. Eso es bueno. Y nosotros, en esta industria, debemos seguir sorprendiendo a los consumidores con un magnífico contenido; pero además, tenemos que descubrir cómo ponerlo a su disposición de la manera más fácil, y más económica posible.

En estos momentos, los consumidores se han vuelto adictos a la tecnología. Hay tanto material disponible, y es tan fácil tener acceso, que los medios tradicionales están sufriendo como consecuencia. Los nuevos medios amenazan a la existencia de los viejos medios. Mira lo que ha sucedido con las cadenas de televisión. Y los periódicos se han ido cerrando a una velocidad alarmante por todo el país.

Una vez que los medios tradicionales asimilen completamente los nuevos medios, la industria probablemente encontrará la forma. Cualquiera puede crear un blog hoy en día. ¿Pero es capaz de atraer visitantes a su sitio de manera permanente? Lo mismo sucede con el sector artístico. La nueva generación necesita aprovecharse de esto. Cualquier chico con una guitarra y una voz puede hacer un vídeo, publicarlo y si es bueno (o realmente, realmente malo) le dará la vuelta al mundo. La industria del espectáculo descubrirá como dominar la tecnología, y los consumidores adquirirán el mejor contenido disponible. En lo que todos los medios están rezagados en la actualidad, es en el uso de la tecnología. Espero que las compañías discográficas, especialmente, encuentren una solución, porque de la manera que van las cosas, en algunos años habrán desaparecido.

Las empresas asumen a menudo, peligrosamente, que la gente va a seguir comprando sus productos, por lo que se duermen en los laureles dándolo por sentado. Por muy bueno, y muy popular, que sea el producto que tienes, siempre debes tener tu mirada puesta en el futuro. Eso significa que no sólo tienes que detectar las tendencias y adoptarlas; tienes que ayudar a crearlas.

No dedico mucho tiempo a rememorar el pasado. Estoy siempre demasiado entusiasmado respecto al futuro. Pero cuando lo hago, y pienso en cuando empecé en la industria musical, me siento casi abrumado por lo lejos que hemos llegado. Mucho tiene que ver con el emocionante nuevo mundo de la tecnología multimedia en que vivimos; mucho tiene que ver con la globalización y con la posibilidad que tienen las personas de viajar por todo el mundo y de tener contacto con otras culturas y otros gustos. Cualesquiera que sean las razones, existe ahora mucho más aprecio por la diversidad en las ofertas de música, películas, moda y comida que nunca antes. Ése es el mundo en el que vivimos en la actualidad. Es un momento emocionante para vivir y crear.

Como empresario, no puedes sólo centrarte en el crecimiento de tu compañía. También tienes que enfocarte en ayudar a expandir el mercado. Necesitas ayudar a expandir el mercado para ganar consumidores, pero también porque crees en lo que haces y es natural que quieras que más gente lo obtenga también. Cuanto más grande es el mercado para tu idea, más dinero habrá que invertir en mejorar y comercializar lo que estás haciendo.

Cuando comenzamos a grabar álbumes, el presupuesto para un álbum en idioma inglés era probablemente de $200.000 y para uno equivalente de música latina bordeaba los $20.000 (y recuerda, ¡muchos que los que fuimos pioneros en esta área, tuvimos que aportar una buena parte de ese dinero!) Hemos llegado lejos, sí señor, pero no fue nada fácil. Las nuevas ideas encuentran resistencia y el éxito encuentra envidia. Ambos son inevitables, y vas a tener que aprender a lidiar con ellos. Las personas de éxito son con frecuencia miradas con envidia y víctimas de observaciones desagradables. "Ah, tuvo mucha suerte", algunos podrían decir. O, "El tenía palanca". Por mucho que te duelan tales comentarios, no permitas que te desalienten. Cuando tomes la delantera, como yo lo he hecho en muchas cosas, no puedes escapar a la controversia, así que prepárate.

HE AQUÍ UNA PREGUNTA PRÁCTICA: ¿Dónde hay necesidad de nuevas ideas? Diría que simplemente en cada industria y en cada sector existen condiciones para la innovación. Los servicios, la tecnología y la comercialización son todas áreas de enorme crecimiento y competencia. Y ten presente, siempre hay sitio para las buenas ideas, no importa cuán congestionado parezca el campo de actividad en cuestión.

El mundo está cambiando más rápidamente que nunca. Sin dudas, no es lo que era cuando comencé a trabajar hace casi cuatro décadas. Estamos más cerca unos de los otros y hay una tendencia inparable a hacer más y más fácil que la gente se conecte entre sí, tanto para hacer negocios como por razones personales.

La industria de los servicios (de la hospitalidad, el turismo, las actividades bancarias, las ventas minoristas, por nombrar algunas ramas) está experimentando un verdadero auge, en gran parte debido a la globalización. Mucho de lo que hoy en día se denomina exportación a terceros (o *outsourcing*) es en realidad una nueva manera de prestar servicios.

Hay tantas excelentes ideas orbitando que nadie imaginaba hace apenas diez o quince años: planes de negocios, maneras de hacer negocios, incluso dónde se hacen los negocios. Crece el número de personas que trabajan por su cuenta y lo hacen a distancia (es decir, no en tu oficina, ni en tu área postal, ni siquiera incluso en tu misma zona horaria). Generalmente tienen más de un "jefe" —crean un pliego de clientes. Muchos contadores, por ejemplo, trabajan fuera de sus oficinas y tienen múltiples clientes. La mayoría de los negocios pequeños y medianos, los que componen la médula espinal de nuestra economía y de nuestro país, no pueden permitirse emplear a un contador a tiempo completo. La contabilidad —que es un servicio— se ha vuelto muy innovadora en estos últimos años. Hay muchas empresas contables que funcionan sin papeles, lo que me agrada como defensor del medio ambiente que soy. (Y desde hace ya algunos años, ¡puedes presentar tu declaración de impuestos sobre la renta por vía electrónica!)

¿Sabías que puedes pedirle a un asistente ejecutivo o a un *concierge* que organice tu agenda de manera remota? Todo lo que se requiere es una llamada telefónica o un correo electrónico. Se está aplicando mucha innovación en la industria de los servicios (pienso, no obstante, que falta mucho para que podamos usar camareros en terceros países. No es una idea particularmente buena o práctica, ¿cierto?). No es absolutamente necesario crear una nueva posición; tener a alguien trabajando para ti, a tiempo parcial, desde un lugar distante es una nueva manera de realizar esa función.

Lo que ha permitido en gran medida la innovación en la industria de los servicios, así como en muchas otras industrias, es por supuesto la tecnología. Los avances en tecnología, particularmente en las dos décadas pasadas, han simplificado nuestras vidas menos complicadas en muchos sentidos (Tienes que convertir a la tecnología en tu esclava; y no vice-versa). La mayor disponibilidad de computadoras y de acceso a Internet, la creciente competencia en los servicios telefónicos, las transacciones bancarias en línea, el pago de impuestos en línea, la posibilidad de hacer los pedidos de tus comestibles en línea, esas son apenas algunas estupendas ideas e innovaciones que han hecho la vida moderna más fácil.

En el mundo del espectáculo nos hemos beneficiado mucho con los avances tecnológicos. La tecnología no sólo ha reinventado la manera en que hacemos y grabamos la música. Ha revolucionado la forma en que escuchamos la música (con los reproductores de archivos MP3, por ejemplo), y quizá más importante aún, cómo compramos música (transferencias directas, por ejemplo; ¿cuándo fue la última vez que estuviste en una "tienda de discos"?). ¿Y qué me dices de tonos de llamadas para los teléfonos moviles? ¡Ahí hay un gran negocio!

Todos esos cambios e innovaciones son fantásticos, y estoy sumamente entusiasmado con la manera en que la tecnología y los servicios están mejorando nuestras vidas.

Y hay mucho que decir a favor de la simplicidad también. Quienquiera que tuvo la idea de aplicar una tarifa única para servicios como los gimnasios, estuvo brillante. La gente puede hacer uso de un servicio tanto o tan poco como guste, así se benefician en la medida en que ellos mismos lo permiten. Y quien presta el servicio se beneficia porque puede contar con esos ingresos y no pierde si el cliente utiliza el servicio mucho o sólo un poco.

Algunas tecnologías, afortunadamente, han aparecido y desaparecido (¿alguien se acuerda por ahí de las cintas magnéticas *eight track*?), pero otras permanecen e incluso se reciclan. En estos días pienso mucho en cómo podemos mezclar lo viejo y lo nuevo. ¿Recuerdas las compras por correo? Usted recibía un catálogo, ordenaba por correo y su artículo era entregado por correo. Bien, observa las compras en línea. Con pocas excepciones, cuando compras en línea todavía necesitas los servicios postales o de mensajero para la entrega. Hay una mezcla de lo viejo (correo) con lo nuevo (Internet).

Hay tantas buenas ideas ahí afuera, justo a tu alcance. El refrán "No hay nada nuevo bajo del sol" es solamente una verdad a medias. Hay un montón de nuevas maneras de hacer las cosas, nuevas aplicaciones para las cosas viejas y una manera de mezclar lo viejo con lo nuevo. No olvides la mantra: Reciclar, renovar, revitalizar. Pienso en cómo grabamos *90 Millas*. Grabé el sonido en el mejor equipo moderno con que cuenta la industria de la grabación y después transferí la mezcla a viejas cintas de dos pulgadas. Tuvimos la calidad del nuevo equipamiento y la calidez del viejo. Lo viejo y lo nuevo junto, creando magia.

Por supuesto, todo debate sobre el futuro debe tomar cuenta algo que no tenemos manera real de predecir: la recesión global actual. Atravesamos una etapa económica tumultuosa y existe una terrible incertidumbre sobre el porvenir. Estoy convencido de que los tiempos de crisis pueden ofrecer inmensas oportunidades para los que sean creativos, serios, ingeniosos y organizados. Ahora es el momento de crear. Es la época de ser audaz, de realizar tu sueño. El crédito escasea y los inversionistas andan nerviosos pero la gente también está harta de la negatividad reinante. Te sorprendería ver lo receptivo que podría ser el mercado ante una nueva idea ahora. ¿Qué esperas? No hay tiempo como el presente.

Los tiempos duros te retan a ser más creativo. No tengas miedo. ¡Motívate! ¡Inspírate! Porque también vivimos en un gran momento. Hay tanto sitio hoy para la innovación y el pensamiento impredecible, fresco, original. Descubrí que las ganancias de nuestro restaurante Larios on the Beach estaban disminuyendo. La recesión nos estaba afectando. El sentido común convencional me habría sugerido recortar gastos y costos y consolidar. Pensé (¡fuera del marco tradicional!) y dije: ¡Vamos a remodelarlo! Lo ataviamos completamente: más sombrillas, más ventiladores, más alegría. La gente me decía que estaba loco pero cuando abrimos con la nueva ambientación, ¡rompimos nuestro récord de recaudación para un día!

Si tus principios de negocio han sido sólidos desde el principio, entonces estarás en mejor forma. Si los bancos hubieran sido más frugales y no hubieran alentado a la gente a tomar préstamos exorbitantes, estaríamos en mejor forma. Y lo mismo si la gente que pedía el dinero prestado lo hubiera pensado dos veces. Analiza nuestras inversiones en bienes raíces. Cuando compré, compré la ubicación. Compré en Ocean Drive, y sigue siendo una ubicación fabulosa. Recuerda esas pautas positivas y no pierdas tu entusiasmo.

FOTOGRAFÍA DE OMAR CRUZ

Conclusión

na persona puede marcar una diferencia enorme en tu vida. Para bien o para mal.

Si soy capaz de inspirar a una persona con este libro, el tiempo y el esfuerzo que he puesto en él habrán merecido la pena. Hablo con la gente todo el tiempo: cuando ando de viaje, camino por la calle, voy entrando a un edificio para una reunión. Cuando estoy en Miami monto bicicleta, o voy a la playa a diario, y hablo con los individuos sin hogar que me encuentro allí. Encuentro a niños que son de la edad que yo tenía cuando salí de Cuba para España y hablo con ellos con la esperanza de poder inculcarles algunas de las lecciones que he aprendido con los años. Si alguien consigue inspirarse por algo de lo que le digo, soy feliz.

Hay algunos mensajes que quiero hacer llegar a través de mi libro. Ninguno de ellos es más importante para mí que expresar mi gratitud hacia los Estados Unidos. Quiero narrar mi historia y contarle a la gente cómo alcancé el éxito. Quisiera que la historia de mi vida inspirara a la gente. Pero también quiero agradecer a los Estados Unidos por acogerme y darme todas las oportunidades que he tenido en los últimos cuarenta y tantos años.

Llegué aquí como inmigrante sin nada más que la disposición a trabajar y el impulso de triunfar y Estados Unidos puso a mi alcance todas las oportunidades.

Podría dejar de trabajar ahora mismo y habría hecho ya más de lo que habría podido imaginarme cuando salí de Cuba. Cuando arribé a Miami y vi todo ese caudal de posibilidades, y escuché las historias de personas que llegaron con solamente la ropa a sus espaldas —como yo— y que habían cosechado éxitos enormes, no habría podido imaginar todas las cosas maravillosas que me han sucedido.

En mayo de 2009, Gloria y yo fuimos honrados por la fundación Statue of Liberty-Ellis Island por lo que ellos han denominado "contribuciones a la sociedad norteamericana". En la ocasión, se celebraba la octava ceremonia de premiación anual Ellis Island Family Heritage Awards, que galardona a inmigrantes llegados a Estados Unidos a través de Ellis Island y a sus descendientes. Gloria y yo tuvimos el honor de recibir un premio especial, el B.C. Forbes Peopling of America Award, que se entrega a quienes hayan inmigrado a este país alrededor del período de Ellis Island (en nuestro caso algunos años más tarde). Había un grupo de personalidades muy distinguidas recibiendo el premio junto a nosotros. El reconocimiento nos conmovió profundamente.

Cuando me encuentro en el extranjero, a menudo tengo la oportunidad de hablar de este país, y por lo general es para aclarar ideas falsas. La gente en los Estados Unidos es asombrosamente humilde en muchos sentidos y generalmente está muy, muy agradecida por sus oportunidades. Siempre afirmo, aquí y en el exterior, que vivimos en el mejor país del mundo. Me complazco en afirmarlo. Eso no significa que el país y su gente sea perfecto, pero me enorgullezco inmensamente por todo lo que este país representa.

Me maravilla este país. Es verdaderamente la tierra de las oportunidades, como ninguna otra. Créeme, hay pocos lugares del mundo donde yo no haya estado. ¿Hay algún otro país en el mundo que haya sido tan generoso para con tantas personas? Doy gracias a este país por acogerme. Doy gracias por lo que me ha dado y por lo que me ha enseñado. He aprendido tanto sobre la disciplina pero también he podido mantener mis propias costumbres y tradiciones. Estoy agradecido por mi disciplina norteamericana y por mi corazón latino. Estoy agradecido porque mis derechos han sido reconocidos y protegidos. ¿Y sabes cómo pago a este país maravilloso? Creyendo en el sueño americano.

Los inmigrantes tenemos tanta fe en los Estados Unidos; a veces pienso que tenemos más fe en este país y su promesa que mucha gente que nació aquí. Creo que habría podido ser exitoso dondequiera, pero no en el grado en que lo he sido en los Estados Unidos. Este país valora el espíritu emprendedor y recompensa a los que se arriesgan y a los que crean oportunidades para sí mismos y los demás.

Muchos han venido a este país en busca de una mejor vida. Otros, como yo, han venido en busca de libertad. Las nuevas generaciones que llegan —especialmente los latinos— tienen mucho que ofrecer y mucho por lo que sentirse orgullosos. Tenemos que mantener nuestras cabezas en alto y mostrar lo que somos y lo que podemos hacer. Siento un gran orgullo cuando veo los logros de los latinos en este país; ocupando posiciones en las altas esferas del gobierno, trabajando como médicos, abogados, arquitectos, ingenieros; convirtiéndose en estrellas del deporte y del mundo del espectáculo y ahora hay una latina en la corte más importante del país. No debemos sentir vergüenza por quiénes somos; ninguna, nunca.

Creo que las cosas son más fáciles ahora que como solían ser para los latinos en este país. Antes de 2030, uno de cada cinco habitantes de este país será de origén latino y consecuentemente estamos consiguiendo mayor influencia y mayor poder en el gobierno, en la política y en la sociedad.

Cuando llegué a este país, no existía un mercado hispano como tal. Había solamente un puñado de estaciones de radio y en Miami había solamente una estación de radio en español, en AM. Pero el panorama es diferente actualmente. El mercado hispano es enorme. Hay estaciones de habla hispana de televisión y radio que abastecen al cada vez mayor mercado hispano. Las corporaciones de todo tamaño tienen que dedicar parte de sus esfuerzos a las ventas a los latinos si no desean perder buena parte del negocio. Las empresas crean anuncios y sitios web en español, toman en cuenta los gustos de los hispanos en la gastronomía y la música, respetan las tradiciones de los pueblos de todos los países latino-americanos.

Estoy muy orgulloso de todas las oportunidades que se nos han brindado pero estoy aún más orgulloso de las oportunidades que hemos creado para nosotros mismos y para otros. Hay muchos nombres latinos famosos en el mundo artístico, de la moda y de los deportes. Pero los latinos también han hecho contribuciones significativas en todos los campos. Hoy en día hay latinos que ocupan cargos relevantes en el universo empresarial estadounidense, dirigiendo empresas Fortune 500 y también sus propias pequeñas empresas.

En los cuarenta años que he vivido en este país nunca he dado nada por sentado. La libertad es el eje principal de la vida y la libertad es lo que define a este país. Llegar a los Estados Unidos fue una meta largamente acariciada por mí y por mi familia. Nos esforzamos mucho para llegar aquí y cambié de continente dos veces —de Cuba a España y de España a Estados Unidos— para hacerlo realidad.

Mi historia de inmigrante es parte de lo que podría decirse fue la única migración de gente de clase media que este país ha experimentado jamás. Abogados, médicos, hombres de negocios y muchos otros salieron de Cuba en un período muy corto. Todas esas personas sintieron y sienten gratitud por las oportunidades que se les dieron y estuvieron dispuestas a hacer lo que fuera necesario para prosperar en este país. Incluso si significaba limpiar pisos y trabajar en una gasolinera, ¡trabajos que no hacían los profesionales típicamente! Pero estaban dispuestos a hacerlo.

La comunidad de inmigrantes cubanos ha sido la más agresiva de todos los grupos porque nos arrebataron todo. Salí de Cuba con una camiseta y un par de pantalones. Nuestro país nos quitó todo: Dinero, vida, libertad. He visitado la Casa Blanca muchas veces a lo largo de los años. La última vez que estuve allí, le dije al presidente Obama que debería escuchar a tres generaciones de cubanos para obtener una perspectiva correcta de la situación. Hay gente de la generación de mis padres que conoció la vida antes de Castro, después gente de la generación mía y de Gloria que salió cuando era joven y luego nuestros hijos, que nacieron en este país. Los de la generación de nuestros padres fueron los que hicieron los sacrificios más grandes. Los de mi generación, bien, pudimos continuar nuestra educación en nuestro nuevo país. Pero las tres generaciones aman a Cuba, incluso sin conocerla, como mis hijos, que nunca han estado allí. Todos queremos lo mejor para Cuba, y eso es libertad, la libertad de expresión, la libertad para hacer negocios y sobre todo la libertad para elegir a su propio gobierno.

Los inmigrantes cubanos a los que les fue negada la libertad son mucho menos propensos a dar por sentado la libertad que disfrutamos en este país por sentado. Es como cuando te enfermas. Hasta que no caes enfermo, descuentas la salud. Despiertas, te tomas una taza de café, todo está de maravillas. Entonces te enfermas y ya ni esa taza de café en la mañana la das más por descontado. La vida en la libertad es igual para la mayoría —no la aprecian realmente hasta que la han perdido. Nunca doy nada por sentado, y definitivamente no mi libertad. Después del terrible accidente de Gloria en 1990, cuando despierto cada mañana, le doy gracias a Dios por estar vivo.

Creo que éste era un país muy inocente hasta el 11 de septiembre de 2001. Sin importar dónde nacimos o de dónde vinimos, ese día nos unió. Ese día el país perdió su inocencia y empezamos a dejar de dar por sentado lo que tenemos.

Los Estados Unidos y su gente son increíblemente calurosos, contrariamente a lo que mucha gente piensa en el resto del mundo. Este país ha sido extremadamente generoso con los recién llegados. Aunque necesitamos una reforma migratoria, urgentemente, tiene que ser hecha de una manera pacífica y organizada para que el país, su gente y los inmigrantes se beneficien todos.

Es un privilegio vivir en un país donde no naciste, que no te corresponde por derecho de nacimiento. Nosotros los inmigrantes debemos ser siempre humildes. Tantos de nosotros, al llegar a los Estados Unidos hemos ganado oportunidades y libertdades que jamás habríamos podido tener en nuestras propias tierras. Debemos estar agradecidos por esto, es realmente especial el ser recibidos de esa manera.

Después de eso, necesitamos garantizar que la gente inmigre legalmente. Hoy en día si vas a México de manera ilegal, se te devuelve, si vas a Cuba, se te devuelve. Si vas a España, se te devuelve. Todos los países del mundo tienen regulaciones y lo mismo deberíamos hacer nosotros. Teníamos una frontera que no era segura y la gente se aprovechó de eso. Quiero decir, ¿qué vas a hacer? No puedes sacar a doce millones de personas —el número estimado de indocumentados— de este país. Es demasiado tarde.

Necesitamos arreglar la situación porque no es bueno para Estados Unidos. Hay personas peleando en las guerras en ultramar para esta nación, que no tienen todos los documentos que los acrediten como ciudadanos. Al mismo tiempo, hay gente que vive con el temor de recibir la visita de las autoridades de inmigración. Creo que si la gente trabaja honestamente, paga sus impuestos y no se mete en problemas deben ser autorizados a quedarse.

Recuerdo que mi mamá me dijo antes de venir a este país, "Por favor no te metas en problemas". El país está siendo muy bueno en acogerte, debes ser humilde a cambio. Respeté el país y le di a cambio. Hice exactamente lo que me dijo. Ojalá mi mamá hubiera estado viva para verme recibir el premio en Ellis Island.

Cuando llegué a Estados Unidos no había cabida aquí para la música latina. Fuimos muy persistentes, creímos en lo que hacíamos. La mayoría de la gente nos dijo que no, y cuando me dicen que no es cuando me empeño más en las cosas, y triunfé. Amo el desafío. Me encanta reinventarme y probarme una y otra vez, con la energía positiva que impulsa todo lo que hago. Creo que cuando me despierto por la mañana y digo "esto va a suceder", sucede. Así soy.

En algunas ocasiones en mi vida, lo negativo ha tomado el control. En marzo de 1990, Gloria y yo estuvimos en la portada del *Miami Herald* dos días seguidos. La primera vez en una foto de mi familia con el presidente George H. W. Bush en la Oficina Oval. Al día siguiente, en una foto de nuestro vehículo después de haber sido destruido por un tractor y de que Gloria fuera llevada en estado grave a un hospital. Sé que nunca puedo dar nada por sentado.

Pienso de nuevo en los instantes en que partía de La Habana con mi papá y miraba a través de la ventanilla como se me escurría mi patria bajo las ruedas del avión, mientras pensaba que no volvería a ver mi madre. Sustituí la tristeza terrible que sentí aquel día por música, y creé el ritmo hacía mi propio éxito. Mi único pesar son los años de vida que mi madre perdió en Cuba antes de poder venir a compartir mi sueño en libertad. La recuerdo de la misma manera en que quisiera ser recordado, con una sonrisa.

Aunque éste es el mejor país del mundo, Cuba sigue estando en mi corazón. Miro hacía el cielo tal como lo hacía de niño. Igualmente que yo estaba anhelando mi propia libertad, hoy por hoy anhelo la libertad de mi patria. En mi carrera musical he trabajado para rendir tributo a mi herencia cultural. La música representa para mí el lugar donde nací, las experiencias que viví con mis padres y los sonidos que crecí oyendo. Respeto todo eso tanto, es quién soy.

Llegué a la tierra de la libertad con la ropa que traía puesta, una maleta repleta de sueños, y un corazón lleno de optimismo. Siempre he sentido un gran amor por la vida y una pasión por crear algo diferente, aún cuando era niño en Santiago de Cuba y no sabía nada acerca del mundo más allá del mío. Para mi, ningún sueño ha sido inalcanzable o absurdo. Siempre que me propuse alcanzar una meta, lo primero que hice fue creer que podría lograrla. Y aprendí a convertir las cosas negativas de la vida —que nos pasan a todos— en algo positivo. Esa ha sido la clave de mi éxito y de mi afortunada vida.

Le agradezco tanto a todos los que me han ayudado a lograr mis sueños, sobre todo a mi família, quienes siempre me han motivado, inspirado y apoyado.

Tuve la bendición de nacer en Cuba. Pero estoy profundamente agradecido al país que he adoptado y abrazado, y que me ha adoptado y ha abrazado a su vez. Qué Dios bendiga a los Estados Unidos de América.